POÉSIES FRANÇOISES

DES XVe ET XVIe SIÈCLES

JEAN FAVRE AU LECTEUR.

Ja n'est besoing, amy lecteur, t'escripre
Par le menu le prouffict et plaisir
Que recevras si ce livre veux lire,
Et d'icelluy le sens prendre as desir;
Vueille donc prendre à le lire loisir,
Et que ce soit avec intelligence ;
Si tu le fays, propos de grand plaisance
Tu y verras, et moult prouffictéras,
Et si tiendras en grand resjouyssance
Le tien esprit, et ton temps passeras.

Paris. — Impr. Guiraudet et Jouaust, 338, rue S.-Honoré.

RECUEIL
DE
POÉSIES FRANÇOISES
DES XVe ET XVIe SIÈCLES

Morales, facétieuses, historiques

RÉUNIES ET ANNOTÉES

PAR M. ANATOLE DE MONTAIGLON

Ancien élève de l'école des Chartes
membre résident de la Société des Antiquaires de France

TOME I.

A PARIS
Chez P. JANNET, Libraire
—
M.DCCCLV

AVERTISSEMENT.

Dès ses commencements et par la condition même de son essence, qui fut de multiplier les copies d'un même ouvrage et de les pouvoir donner à meilleur compte que les manuscrits, l'imprimerie fut dans le sens populaire. Les premiers produits de la presse furent des gravures pour le peuple, et, quand elle fabriqua des livres, si elle commença par les ouvrages sérieux de controverse et de droit, par les classiques de l'antiquité, elle en vint bientôt à la littérature contemporaine, et par là aux petits livres, imprimés pour la vente journalière, et d'autant plus répandus qu'ils étoient moins lourds comme volume, plus insignifiants comme prix, et plus vite lus.

Ainsi, dès les vingt dernières années du quinzième siècle, il se forme un cycle poétique de ce genre qui a, on le peut dire, une existence et un caractère à part. Par ce qui y figure de la poésie savante, on voit ce qu'il en a pénétré dans les masses. Mais à côté, et c'en est resté la part la plus curieuse, ces petits livrets de quelques pages renferment toute une littérature, presque entièrement anonyme, qui n'a rien de savant ni d'officiel, celle des facéties. Elle est cependant tout à fait digne d'attention ; car c'est elle qui, sans se laisser sérieusement entamer par l'école tourmentée et subtilement inutile des poètes en renom de la seconde moitié du quinzième siècle, ni plus tard par l'école mythologique et en un sens anti-françoise de tout le suivant, perpétue et conserve, concurremment avec les Farces, l'esprit vraiment national des fabliaux et des conteurs, pour le transmettre aux farceurs du temps de Henri IV et de Louis XIII, par lesquels il arrivera jusqu'à Molière et à La Fontaine.

En même temps, les faits historiques contemporains, conservés pour l'avenir par les Mémoires, qui ne devoient que plus tard passer dans le domaine de tous, arrivoient au peuple par ces petits livrets, seuls journaux du temps, et la politique même ne dédaignoit pas ce moyen pour répandre soit la connoissance des événements, soit les idées qu'elle vouloit jeter ou entretenir dans les esprits.

C'est donc toute une littérature secondaire et comme inférieure ; mais, par sa nature éminemment populaire, elle a à la fois sa curiosité et sa valeur. Tout ce qui a occupé ces époques, tout ce qui les caractérise, s'y trouve représenté ; les idées religieuses, par les pièces morales, les vies des saints, les satires catholiques ou protestantes ; — l'histoire, la petite encore plus que la grande, par les pièces de circonstance ; — surtout, enfin, la gaîté gauloise, par les facéties de tout genre. Aussi avons-nous cru qu'il y avoit à la fois intérêt et utilité à réunir en un corps et à rendre accessibles à un plus grand nombre toutes ces plaquettes éparses.

En effet, leur peu d'importance matérielle et leur popularité momentanée ont contribué à les vouer à une destruction qu'on s'étonne de ne pas trouver encore plus complète, et celles qui restent, et que leur rareté force à poursuivre partout, non seulement dans les grandes bibliothèques, mais jusque dans les cabinets d'amateurs, sont en réalité moins connues qu'elles ne le paroissent être. Les bibliographes, et surtout le savant M. Brunet, en ont mis les titres sous les yeux de bien des gens, et les ont par là même rendus d'autant plus familiers. Mais, à part quelques érudits et d'heureux collectionneurs, on peut dire qu'en fait les textes sont encore très peu connus ; c'est à les répandre, à les faire entrer un peu dans le courant général, que ce recueil voudroit arriver.

Notre but, et il importe de le bien préciser, c'est uniquement d'essayer de former une collection de pièces en vers imprimées d'abord en gothique et ensuite en lettres rondes, dans la période du quinzième siècle et du seizième qui s'étend du règne de Louis XI et de Charles VIII jusqu'à l'extinction des Valois. Tout ce qui cesse d'être une plaquette pour devenir un volume, tout ce qui n'a pas été imprimé à part, se trouve forcément en dehors. Rien ne sera pris à des recueils, et les chansons n'y figureront que si elles ont été imprimées séparément. Rien non plus, même satisfaisant à cette condition, ne sera pris aux poètes qui viennent d'être réimprimés en entier ou qui méritent de l'être, comme Villon, Coquillart, Gringore[1], Marot, et quelques autres. L'on arrive par là, ce qui étoit nécessaire, à fixer des bornes au Recueil ; mais le champ à parcourir reste encore si vaste que, même dans ces limites et avec ces restrictions, nous ne pouvons pas espérer de ne rien laisser à faire après nous.

Quant à l'ordre à adopter pour la disposition respective de ces pièces, on avoit à choisir entre plusieurs. L'ordre chronologique se présentoit le premier. Mais lequel? Celui de la composition, ou celui de la première impression? D'un côté, le texte n'offre souvent rien qui puisse servir à fixer

---

1. M. Charles d'Héricault et l'éditeur de ce recueil préparent pour la Bibliothèque elzevirienne une publication complète de ce dernier. (P. J.)

une date un peu approximative ; de l'autre, la plupart des éditions sont sans date et sans noms de lieu ni de libraire. On voit facilement l'époque, on ne peut dire l'année ; c'eût été se lancer de gaîté de cœur dans un travail impossible et qui n'auroit abouti qu'à des erreurs.

On pourroit avec plus de facilité les ranger méthodiquement et comme par matières, mettre ensemble les Débats, — les Testaments, — les Sermons joyeux, — les Vies de saints, — les pièces pour ou contre les femmes, — les pièces historiques, — celles sur les Modes, etc. Mais, si nombreuses que nous eussions fait les subdivisions, il seroit toujours resté un certain nombre de pièces difficiles à faire entrer dans aucune classe, et il auroit toujours fallu ouvrir une série de *Varia*. Nous avons aussi craint qu'en mettant côte à côte des pièces analogues de forme et d'idées, il n'en pût résulter de la monotonie. De plus, la rareté de toutes ces pièces ne permet pas de les trouver à jour dit, et, ne pouvant avoir quand il en auroit été besoin toutes celles se rapportant à un sujet, nous aurions été forcés de reculer indéfiniment l'époque où chacune de ces séries auroit pu être publiée, sans pour cela détruire la chance de ne pas être forcé d'en venir à une publication incomplète.

Devant toutes ces difficultés, nous nous sommes résigné à les imprimer un peu au hasard, sans observer d'autre loi que de mêler entre elles et de faire se succéder les unes aux autres les pièces morales, amoureuses, facétieuses et historiques. La lecture recevra peut-être quelque agrément et quelque repos de ce contraste, et nous serons par là toujours à même de publier, quand elle nous viendra, une pièce jusque alors vainement cherchée. C'étoit le seul moyen de pouvoir profiter des rencontres ou des communications, et cette considération nous a surtout déterminé.

Il nous reste maintenant à parler de la méthode adoptée par nous dans la publication de ces textes. Elle sera nécessairement différente de celle des réimpressions, tirées à petit nombre et presque toutes déjà difficiles à trouver, qui ont été faites de quelques uns d'entre eux. Nous ne parlons, bien entendu, ni des décalques lithographiques, qui, reproduisant mécaniquement leur original, sont sous un rapport la pièce elle-même, ni des réimpressions légères ou tout à fait inintelligentes, comme il seroit facile d'en citer, mais de celles de M. Pontier, de MM. A. Veinant et Giraud, de M. Herisson, du regrettable M. Gratet-Duplessis, dont l'érudition bibliographique nous eût été si précieuse, de M. Pichon, et peut-être encore de quelques autres [1]. Ils ont voulu produire des fac-simile, et ils l'ont fait avec un

---

[1]. Nous ne parlons ni de Caron ni de Montaran, parcequ'ils se sont moins occupés de poésie que de théâtre.

scrupule et un soin assez grands pour que la vérification des originaux suivis par eux nous ait seulement montré que l'on pourroit s'en dispenser. Mais ils étoient dans des circonstances bien autres que celles où l'on se trouve aujourd'hui. Sans parler de la différence du temps et du progrès de ces études, comme ils faisoient des réimpressions isolées, ils étoient, pour arriver à leur but, maîtres de varier les caractères, de changer à chacune de format, de justification et d'imposition ; de plus, ils s'adressoient à un cercle restreint d'amateurs et de curieux tout à fait versés dans ces matières, et connoissant sinon leurs originaux mêmes, au moins des originaux analogues. Notre travail, au contraire, et par cela même qu'il est un recueil, n'a qu'un caractère, qu'un format, et, par le nombre plus élevé de son tirage, il peut tomber sous bien des yeux encore peu familiers avec ces lectures, et qu'il faut y attraire plutôt qu'en éloigner. Leurs publications isolées ont déjà commencé la vulgarisation de ces raretés, et rendu des services, réels qu'il seroit injuste et puéril de ne pas reconnoître. Mais, dans les conditions présentes, il est interdit de les suivre ; le public, car c'est de plus en plus à lui qu'arrivent les travaux de ce genre, demande quelque chose de moins difficile à lire et de plus difficile à faire qu'un fac-simile, et l'on est forcément conduit à ne plus lui présenter que des éditions.

Il ne faut pourtant pas croire que, pour se départir d'une transcription figurative, l'on arrive par là à devenir inexact et infidèle. Au fond, on le seroit même moins, car autre chose est de s'éloigner d'un texte, de le moderniser, d'en changer l'orthographe, ce qui seroit déplorable et ne doit jamais être fait, autre chose de le débarrasser des obscurités et des irrégularités typographiques dont sont criblés tous ces textes, et particulièrement ceux imprimés en gothique. Ce n'est pas y faire des changements que d'employer à leur éclaircissement les moyens que présente à ce point de vue la typographie moderne. Le texte, avec leur usage, reste aussi pur, aussi ancien, que s'ils n'y étoient pas introduits ; il est seulement plus clair, plus intelligible, et c'est toujours le premier devoir d'un éditeur d'ôter à la lecture le plus de difficultés qu'il peut sans y toucher réellement. C'est seulement appliquer régulièrement à notre ancienne littérature ce qu'on fait pour tous les autres livres ; et précisément parcequ'elle ne vaut pas les classiques, il y a d'autant plus lieu de ne pas augmenter à plaisir la distance qui l'en sépare.

Ainsi, nous avons fait la distinction de l'*i* et du *j*, de l'*u* et du *v*, introduit l'apostrophe et la ponctuation, les guillemets pour indiquer les interlocuteurs, les tirets pour les distinguer, mis des grandes lettres aux noms propres, supprimé les abréviations, coupé convenablement les mots et les vers, disposé ceux-ci selon leur longueur relative au lieu de les laisser tous appuyés à la marge, séparé les strophes par des blancs. Tout cela ne touche en rien au texte lui-même. Si le lecteur veut discuter toutes ces choses et y faire des changements, il n'a qu'à les supprimer par la pensée pour avoir le texte nu et le pouvoir traiter comme il voudra. En réalité tous ces changements n'en sont pas, et je n'en dirois même rien si, le résultat en étant de rendre le texte beaucoup plus facile, beaucoup plus françois et par là presque moderne, je n'avois tenu à me défendre à l'avance du reproche, qui seroit injuste et superficiel, de l'avoir retouché et mutilé.

Pour en finir avec ces petits détails, j'ajouterai que, lorsque, par suite des incorrections des imprimeurs, les vers étoient trop courts, j'en ai parfois complété, mais en renfermant entre crochets [ ] la syllabe ou le mot ajoutés, pour prévenir de leur absence dans l'original et de leur restitution. Quand, au contraire, ils étoient manifestement trop longs, j'ai enfermé entre parenthèses ( ) les parties superflues, pour conserver, à cause de la rareté des originaux, le fac-simile du texte, et indiquer seulement que la lecture n'en devoit pas tenir compte. L'emploi de ces deux signes est un moyen fort simple et tout à fait commode pour dispenser de notes oiseuses qui, toujours les mêmes et fort nombreuses, occuperoient une place facile à mieux remplir. Il est important seulement de se souvenir de la différence de sens attachée aux deux signes, pour ne pas tout considérer comme des additions, d'où il suivroit que j'aurois stupidement allongé des vers. Je l'ai fait seulement quand cette addition ou l'indication de ce retranchement pouvoient avoir lieu sans rien changer au reste. Lorsque le vers ne pouvoit être redressé qu'en étant refait, j'ai laissé subsister l'incorrection.

Je remarquerai encore, sur cette question de la mesure des vers, que beaucoup peuvent paroître incorrects qui ne l'étoient pas à ces époques, où la liberté étoit extrême sous ce rapport. Ainsi, selon le besoin, toute syllabe féminine pouvoit ne pas s'élider devant une voyelle et aussi compter ou ne pas compter aux césures; au pluriel, elle pouvoit s'élider; deux voyelles se suivant dans un mot pouvoient indifféremment compter pour une seule syllabe ou pour deux. En dehors de ces facilités, on y ajoutoit celle plus grande encore de compter les syllabes d'un mot, non pas selon son orthographe écrite, mais selon sa prononciation possible. Le lecteur fera d'autres remarques du même genre; il suffisoit de le mettre sur la voie.

Enfin, nous avons ajouté des notes, dans la pensée que ces pièces, dont les réimpressions ont été jusqu'ici à peu près dépourvues de tous renseignements autres que bibliographiques, ne pourroient que gagner à quelques explications de mots, et, quand il y a lieu, à de certains éclaircissements historiques. En fait de notes, comme il est à peu près impossible de ne pas tomber dans le défaut du trop ou du trop peu, nous n'avons pas la prétention d'avoir tout dit, ni même de ne pas avoir commis d'erreurs. Mais si, par là et par l'établissement de la ponctuation, qui fixe le sens, nous nous sommes condamné à un labeur et à un péril dont il eût été facile de s'affranchir, nous espérons que notre travail ne sera peut être pas tout à fait inutile, et que l'indulgence pourra venir au lecteur de cette pensée que, s'il s'est glissé des fautes ou des omissions, elles lui seront en quelque sorte indiquées par nous-même et par l'éclaircissement général que toutes ces pièces auront reçu.

Je ne finirai pas cette note sans exprimer ma gratitude à tous ceux auprès de qui j'ai trouvé une aide si nécessaire dans un pareil travail, et surtout sans reconnoître en particulier tout ce que ce recueil doit et devra à M. Armand Cigongne, de la Société des Bibliophiles françois, et à M. Jules Ravenel, conservateur au département des imprimés de la Bibliothèque impériale. L'un, avec l'intelligente libéralité dont la Bibliothèque elzévirienne a déjà reçu des preuves, a mis à ma disposition toutes les richesses de son précieux cabinet, où les raretés sont si nombreuses qu'elles en forment le fond, au lieu d'y être à l'état d'exception [1]; l'autre, par ses indications et sa complaisance infatigable, m'a mis à même de puiser plus facilement dans les trésors de ce genre conservés dans l'admirable bibliothèque confiée à ses soins. Réduit à mes seules recherches, je n'aurois certainement pas pu arriver au même résultat, et surtout j'aurois dû y passer un temps bien plus considérable. Avec leur bienveillant secours, le travail de ce recueil ne reste que difficile; on peut dire que sans lui il seroit demeuré presque impossible.

A. DE MONTAIGLON.

1. Ainsi, sans entrer dans le détail de tout ce que lui doit ce volume comme collation d'éditions différentes, *les Regrets de Nicolas Clereau* et *l'Eglogue sur le retour de Bacchus*, qui s'y trouvent réimprimés, l'ont été d'après les exemplaires jusqu'à présent uniques possédés par M. Cigongne.

Le Debat de l'Homme et de la Femme,
(par frère Guillaume Alexis[1]*.)*

L'Homme *commence.*

Adam jadis, le premier père,
Par femme encourut mort amè-
Qui très mal le consilia : [re,
Bien eureux est qui rien n'y a.

La Femme *respond.*

Jhesus de femme vierge et mère
Fut fait homme, c'est chose clère ;
Aussi nous reconsilia :
Malheureux est qui rien n'y a.

L'Homme.

Dieu ne voulut oncques femme estre,
Ne quelque femme faire prestre
Pour chanter le *Per omnia :*
Bien eureux est qui rien n'y a.

---

1. On connoît de cette pièce une édition in-8 gothique de 6 ff. de texte à 23 lignes par page, avec un f. de titre et un f. blanc à la fin. Il s'en trouve une réimpression dans le troisième volume de *Joyeusetez.*

La Femme.

Premier de femme voulut naistre
Le Seigneur de tous et le maistre
Qui les prestres sanctifia :
Malheureux est qui rien n'y a.

L'Homme.

Nulz anges ne sont transformez
En fames, des dyables assez,
Par quoy maint apostasia :
Bien eureux est qui rien n'y a.

La Femme.

Plusieurs anges se sont monstrez
A mainte(s) femme(s) et transportez ;
L'ange le filz Dieu nuncia :
Malheureux est qui rien n'y a.

L'Homme.

Joseph fut par femme en prison,
Urie tué en trahison,
Et David adulteria :
Bien eureux est qui rien n'y a.

La Femme.

Pour nous delivrer tous de peine,
Dieu le père à nature humaine
Son filz par Marie maria :
Malheureux est qui rien n'y a.

L'Homme.

Par femme fut tué Amon,
Deceu le saige Salomon,
Qui par femme ydolatria :
Bien eureux est qui rien n'y a

La Femme.

Femme fut bien de grace plaine,
Quand Dieu, en ceste vie mondaine,
S'i submist et humilia :
Malheureux est qui rien n'y a.

L'Homme.

Virgille, saige et entendu,
Fut à la corbeille pendu,
Jusqu'à ce qu'on le deslya ;
Bien eureux est qui rien n'y a.

La Femme.

Dieu nous a par femme rendu
Paradis, qui estoit perdu,
Et sur tous la glorifia :
Malheureux est qui rien n'y a.

L'Homme.

Villes destruictes et citez,
Tant d'hommes par femme dampnez,
L'ung fut pendu, l'autre on nya[1] ;
Bien eureux est qui rien n'y a.

La Femme.

Par Hester furent respitez
Tous les Juifz, à mort condamnez,
Quand pour eulx elle supplia :
Malheureux est qui rien n'y a.

L'Homme.

Priam, Paris, Deyphœbus,
Troylus, Hector, Helenus,

1. Noya.

Tuez, quand Troye(s) on spolia :
Bien eureux est qui rien n'y a.

La Femme.

Judic cent mille hommes et plus
Fist fouir et rendit confus,
Tant vaillamment s'[y] employa :
Malheureux est qui rien n'y a.

L'Homme.

Femme fait souvent les doulx yeulx,
Pour decepvoir jeunes et vieulx ;
Le fort Sanson femme lya :
Bien eureux est qui rien n'y a.

La Femme.

Femme est honnorée en tous lieux
Royne de la terre et des cieulx,
Qui pour tous Dieu pacifia :
Malheureux est qui rien n'y a.

L'Homme.

L'une cabasse, l'autre amasse,
L'autre quelque traïson brasse ;
Oncques saige ne s'i fia :
Bien eureux est qui rien n'y a.

La Femme.

Femme est tresorière de grace,
Qui l'a pourchassée et pourchasse,
Et pour tout advocat i a :
Malheureux est qui rien n'y a.

L'Homme.

Plusieurs, que l'en cuyde bien saiges,
Vendent meubles et heritaiges ;

Par femme viennent *à quia :*
Bien eureux est qui rien n'y a.

LA FEMME.
Par femme ont offices et gaiges,
Benefices et avantaiges ;
Femmes font *mirabilia :*
Malheureux est qui rien n'y a.

L'HOMME.
Quant jeune pigon femme englue,
Elle le fait devenir grue,
Et croyre *impossibilia :*
Bien eureux est qui rien n'y a.

LA FEMME.
Il [ne] luy fault une massue ;
Fut homme ou beste vestue,
Qu'une femme ne mestria[1] ?
Malheureux est qui rien n'y a.

L'HOMME.
Femme a son dit et son desdit,
Et pour bien mentir ne rougit ;
Jamais elle ne s'en soucia :
Bien eureux est qui rien n'y a.

LA FEMME.
De l'advenement Jesucrist
Mainte devote femme escript,
Et haultement prophecia[2] :
Malheureux est qui rien n'y a.

---

1. Impr. : Qu'une femme le mestria.
2. Allusion aux prétendues prédictions des Sibylles.

L'Homme.
Bailler leur fault ce qu'ilz desirent ;
De batre et corriger empirent ;
Nulle onc voulentiers ne plya :
Bien eureux est qui rien n'y a.

La Femme.
Jusqu'à la mort, Jesus suivirent.
Tous les apostres s'en fouyrent ;
Nulle femme ne le renya :
Malheureux est qui rien n'y a.

L'Homme.
Se d'aucun sçai l'intention
Ou secret, en fait mention :
Mainte jadis le publia :
Bien eureux est qui rien n'y a.

La Femme.
Pour nostre consolation,
La saincte resurrection
Premier la femme nuncia :
Mal eureux est qui rien n'y a.

L'Homme.
Femme veult avoir l'auditoire ;
Mainte en print jadis possessoire,
Tant se tourmenta et cria :
Bien eureux est qui rien n'y a.

La Femme.
Que l'homme doit la femme croyre,
A Abraham, il est notoire,
Dieu le dist et signifia :
Malheureux est qui rien n'y a.

L'Homme.
Tant cauteleuses et tant faintes,
Fardées, jolies, gentes et cointes ;
Mais dedans de l'ordure y a :
Bien eureux est qui rien n'y a.

La Femme.
De bones femmes treuve-on maintes,
Qui ont esté chastes et sainctes,
Et dont nulle ne desvya :
Malheureux est qui rien n'y a.

L'Homme.
Des mauvaises, c'est une lyre ;
L'ordre en croist, tousjours empire ;
Ne sçay qui les multiplia :
Bien eureux est qui rien n'y a.

La Femme.
L'une vierge, l'autre martire,
Tant grant nombre qu'on ne sçait dire ;
Pour ung jour unze *milia*[1] :
Malheureux est qui rien n'y a.

L'Homme,
Considère les maulx produictz

---

1. Allusion aux onze mille vierges de Cologne, si fameuses dans le moyen âge, et immortalisées par les peintures de Memling. On sait l'explication donnée par la critique moderne de l'inscription XI M VIRGINVM. Au lieu de *undecim millia virginum*, il faut traduire : *undecim martyrum virginum*.

De femme venuz et produitz :
Fuir les fault doncques, *quia*
Bien eureux est qui rien n'y a.

La Femme.

[Tous] les bons preux du temps jadis
Et tous les sainctz de paradis
Sont venus de femme : *eya*,
Malheureux est qui rien n'y a.

L'Homme.

Soit mis blasme et loz en balance,
On pourra veoir la difference
En moins d'ung *Ave Maria*[1] :
Bien eureux est qui rien n'y a.

La Femme.

De touts les blasmes et offence
La louenge bien recompense
De Marie *plena gratia :*
Malheureux est qui rien n'y a.

(La femme replique.)

Les hommes se monstrent infames
Et veullent diffamer les femmes.
Aucun mal en est procedé ;
Mais les grands biens ont excedé.
Des grans oultraiges et meffaitz
Des hommes ne parlent jamais :
Cayn tua Abel son frère ;
Judas aussi Ruben, son père ;
Neron a fait sa mère ouvrir,
Les Juifz Jesuchrist mourir ;

---

1. En moins de temps qu'il n'en faut pour dire un *Ave Maria*.

L'ung le vendit et se pendit,
Et trahit, dont il fut mauldit;
Ses apostres le renièrent;
Les hommes le crucifièrent.
Tirans enragez, hors du sens,
Fait mourir petis innocens,
Dix mille hommes prins et lyez
Pour ung jour et crucifiez;
Fait decapiter unze mille
Vierges; d'autres en mainte ville
Lapidez, batus, detrenchez,
Decollez, escorchez, fendus,
Tourmentez, trainez et pendus.
Hommes ont eu pervers courages
D'avoir fait aux sains telz outrages.
Ilz font guerres, discentions,
Larrecins, meurdres et trahysons.
En plusieurs lieux pourrez trouver,
Comme on peut justement prouver,
Qu'il est trop plus de mauvais homes
Et aussi plus de femmes bonnes;
Plus d'hommes pendus et noyez
Que de femmes; par tout voyez
Plus d'hommes tauxez en amende;
Plus de femmes vont à l'offrande;
Il est plus d'hommes en prison
Et plus de femmes aux sermons;
De tous hommes, povres et riches,
Ont esté mères et nourrisses;
Femmes ont eu auctorité
Sur tous hommes qui ont esté,
Qui sont et qui jamais seront.

(Et) toutes femmes gouverneront ;
Par quoy on en doit dire bien :
A mesdire ne gaigne[-on] rien,
A tencer ne à contredire.
Qui n'a la grace de bien dire.
Ou la grace de soy bien taire,
Et qui ne peult ou veult bien faire,
De mal faire se tienne en paix.
Dieu veuille amender les mauvais !

Cy fine le debat de l'homme et de la femme, composé par frère Guillaume Alexis, religieux de Lyre[3] et prieur de Bussy[3]. Imprimé à Paris en la rue Neuve-Nostre-Dame, à l'enseigne de l'Escu de France.

1 Lire, bourg avec abbaye de la congrégation de Saint-Maur, dans la Normandie, sur la Rille, à neuf lieues d'Evreux, vers le couchant. Le fameux commentateur Nicolas de Lyre, dont Rabelais a dit : *Lira delirat*, étoit né dans cette petite localité.

2. Ou Buzy au Perche, dans le diocèse d'Evreux (La Croix du Maine, 1, 305). La Monnoye (*ibid.*) se trompe en disant que le Débat de l'homme et de la femme et le Passe-temps de tout homme et de toute femme sont le même livre.

Le Monologue des Nouveaulx Sotz de la Joyeuse Bende, faict et composé nouvellement [1].

Marguet, surnommé Raye-en-Teste,
Allant, par [def]faulte de beste,
A son beau pied le plus souvent,
Noble seigneur d'Angoulle-vent [2],
A reverent père prieur

---

1. Cette pièce (in-8 gothique de 4 ff.) appartient à l'époque du succès de *Mère sotte*, et l'énumération des sots, qui en forme une des parties principales, tiendra bien sa place à côté des vers de Gringore dans le Cry de sa Sottie du Prince des Sots, et du

    Sermon joyeulx et de grande value
    De tous les fous qui sont dessoubz la nue

faisant partie de notre réimpression du recueil du British Museum, qui forme les trois premiers volumes de l'Ancien théâtre françois. Notre monologue a été réimprimé dans les Poésies gothiques françoises (Silvestre, in-8), à la suite du Sermon de saint Harenc, et M. Gustave Brunet l'a reproduit, d'après la même édition, dans le *Bulletin du bibliophile belge*, III, 1846, 411–14.

2. Il est curieux de retrouver dans la première moitié du XVIe siècle ce nom d'Angoulevent, si fameux, au

Des Andouilles [1] et proviseur
De toute la joyeuse bende,
Salut et gloire ; pour prebende,
D'escus et nobles grant planté,
Et aussi plaisir et santé.
Noble prieur et trionphant,
Combien que soyés jeune enfant,
Consideré [2] vostre excellence,
Hault renom et magnificence,
Je vous constitue maistre et prince
De tous les sotz de la province ;
Je vueil qu'ilz vous portent honneur
Comme à leur souverain seigneur,
Sur peine de punition,
Ou de mettre en confiscation
Tous les gaiges de leurs offices
Et les fruictz de leurs benefices ;
Et de ce non exceptez nulz,
Sotz glorieux et sotz cornuz,
Sotz grans, sotz petis et moyens,
Sotz villagois, sotz citoyens [3],

commencement du XVIIe, à propos du procès de Nicolas Joubert, Sr Angoulevent, prince des sots, au sujet duquel se sont faites tant de publications. On en peut voir les titres dans M. Brunet, I, 109 ; III, 837, et IV, 368.

1. Les andouilles ont toujours joué dans les anciennes facéties un rôle distingué. On sait combien Rabelais y revient souvent. Un opuscule des plus rares et du style le plus effronté parut en 1628, sous le nom de Ballet des Andouilles portées en guise de momons (G. B.)

2. Imp. *considérez*.

3. C'est-à-dire citadins, de la ville.

Sotz gras, sotz maigres, sotz refaitz,
Demi-sotz et sotz tous parfaits,
Sotz vieulx, sotz jeunes innocens,
Sotz affolés, sotz hors de sens,
Sotz anciens et sotz nouveaulx,
Sotz garongnés[1] comme pourceaulx,
Sotz vassaulx et sotz gentillastres,
Sotz dangereux, sotz lunatiques,
Sotz estourdis, sotz fantastiques,
Sotz cours, sotz longs, sotz clers, sotz lais[2],
Sotz villains, sotz beaulx et sotz laitz,
Sotz esbays, sotz estonnez,
Sotz larges, sotz habandonnés,
Sotz taquins, sotz gours [et] sotz chisches,
Sotz marchans, sotz clercs et sotz prestres[3],
Sotz piteux et sotz ypocrites,
Sotz qui font bien les chattemittes,
Sotz forts, sotz foibles, sotz paoureux,
Sotz hardis, sotz adventureux,
Sotz felons, sotz espoventables,
Sotz malheureux, sotz miserables,
Sotz mariés, sotz amoureux,
Sotz maistres comme j'en ai deux[4],
Maistre Louis et Guillemine,
Ung tas de nonnains et beguines,

1. Garon est la saumure (Cotgrave); garongnés veut donc dire saumurés, salés, et probablement ici vérolés.
2. Laïques.
3. On pourroit lire : Sotz marchands, sotz prestres, sotz riches.
4. Ceci est un essai de restitution; l'imprimé a la leçon inadmissible : comme neux dais.

Et tous les sotz de la vatine [1],
Aussi sotz de la religion,
Car ils sont [de] la legion ;
Sotz gros, sotz menus, sotz estroitz,
[Sotz bossus, sotz boiteux, sotz droictz,]
Sotz bruns, [et] sotz blons, et sotz chaulx [2],
Sotz biberons et sotz bons rustres,
Sotz lordaux et sots burelustres,
Sotz jungs [3], sotz plains jusques aux yeulx,
Sotz rechinés et sotz joyeulx,
Sotz subjects au feminin genre,
Et tous les sotz qui sont sur terre.
 De tous sotz generallement
Vous baille le gouvernement,
Et, pour lesquelz entretenir,
De boire et menger soubstenir,
Veu qu'avez petite prebende,
Pour mener la joyeuse bende,
Je vous en donne largement
En suyvant, et premierement,
Quatre muys [4] de blés mis en miches,
Douze sengliers, six cerfz, neuf biches,
Soixante oysons, trente chevreaulx,
Et la chair de quatre vingt veaulx,
Cinquante liepvres, cent congnins,
Et autant de petits lapins,
Deux centz paons, trois mille chappons,

1. Cotgrave : Vastines, wastgrounds, deserts (an ol word.) — C'est le même mot que *gastines*.
2. Il manque la rime de ce vers.
3. Sotz qui ne mangent pas.
4. Imp. *mays*.

Mille ramiers et vingt herons,
Soixante et dix poulles à fleur,
Trente en rost et quarante en four,
Cent plinges, deux centz cormorandes,
Trois mille perdris toutes grandes,
Cinq centz videquos, mille cercelles,
Autant de cailles et de merles,
D'allouettes quatre milliers,
Deux cens maulvis, cent chevaliers,
Mille faisans, cent morillons,
Trois septiers d'autres oysillons,
Deux cents butors, cent cochons gras,
Soixante-huit brocz d'ypocras,
Quatre centz canards de rivière,
Vingt-quatre hambours [1] de bière,
Cinquante-deux gastus de trippes,
De cervoise trente-deux pipes,
Cinq cens bouteilles bien fournies
De Muscades et Rommenies,
Trois cens poinsons de vin vermeil
Et de cleret nombre pareil,
De vin blanc d'Anjou cinq centz queuz [2],
La chair de quatre-vingt-[dix] bœufz,
[Et] de beurre vingt et sept queux,
Quatre cens [dix] corbeilles d'œufz,
Deux cens tartes, trois cens tourteaux,
Troys miliers de tourte[re]aulx,
Pain fleury, dix mille pains blans,
Cent fromaiges durs, deux cens flantz,

1. Gotgrave: Hambourg, a kind of barillet, or firkin. (De la contenance de neuf galons.)
2. Il veut dire : queues.

Sept chevaulx [tout] chargez d'oignons,
Dix de cocombres, huit de pompons[1],
Vingt chevaulx chargez de navèz,
Autant de raves et (de) panèz,
De saulces rouges (et) saulpiquetz,
Ponces et aultres sabaretz [2]
Trois barilz, et, que ne l'oublie,
Quatre chevaulx chargez d'oublies,
Les boudins de trois cens pourceaulx,
Trente fournées de pastez chaulx.
Desquelz biens vous metz en saisine,
Et de present vous les assigne
Sur les plumes de vingt corneilles,
Ou à prendre sur les oreilles
De l'asne à monsieur[3] de Laval,
Ou sur les roches d'Orival [4].
Donné après demain jeudy,
Ung tantinet après midy,
Au chasteau où (il) n'y a que frire.
Ainsi signé, et chiens de fuire.

Explicit.

1. Cotgrave : Pompon : A pumpion or melon.
2. *Ponces* doit être pour réponces, et *sabarets* doit être une faute d'impression pour *cabarets*, espèce d'herbe astringente qui pourroit entrer dans les condiments.
3. Imp. Monseigneur.
4. Il n'est pas probable, à cause de la langue de cette pièce, qu'il s'agisse d'Orival à douze lieues de Barbezieux, dans la Charente ; il seroit plutôt question de la localité de ce nom qui est à quatre lieues et demie de Rouen, ou de celle qui est à neuf lieues d'Amiens.

Les Tenebres de mariage[1].

Cy ensuivent, en bref language,
Les tenebres de mariage,
Lesquelles furent, sans mentir,
Composées par ung vray martyr,
Lequel fut dix ans au servage,
Comme appartient en mariage.

S'ensuit la première leçon.

Helas.

Quomodo peult avoir plaisir
Qui femme a hors de son desir
Et qui ne la trouve à propos?
Plus grand mal ne sauroit choisir;
Il pense qu'il n'a pas loysir
De prendre souvent son repos.

1. Peu de pièces ont eu plus de succès que celle-ci, souvenir évident de ce chef-d'œuvre qu'on appelle *Les quinze Joyes de mariage*. Nous en avons eu entre les mains sept éditions anciennes, dont trois gothiques, et il en existe d'autres. (Voy. Brunet, *Manuel*, IV, 410) Celle qui nous paroît la plus ancienne de ces trois, parcequ'elle est

Mariage n'est qu'ung sabat;
On y crie, on tance, on s'i bat,
On s'i morfond, on y a la toux;
Si vous comptez haut, on rabat;
On y a dueil en lieu d'esbat:
Ainsi vous en prent-il à tous.

Des grans seigneurs n'en parlons point,
Car il n'y a rien mal à point;
Tout se gouverne par compas.
Quand y a quelque dueil qui point,
On ne vient pas frapper au point:
On pense ce qu'on ne dict pas.

Les princes, grans seigneurs et dames,
Sont gouvernés de corps et d'ames,

la meilleure, n'est tout au plus que la troisième en date. C'est un in-8 de 8 ff., sous les signatures A-B, ayant son titre encadré d'un filet, et offrant 22 lignes à la page. Elle a été publiée à Lyon, en 1546, par les successeurs de Barnabé Chaussard. De toutes les éditions que nous avons vues, c'est la seule où l'on trouve complet le sixain du titre, la seule qui donne la cinquième strophe de la *Huytiesme leçon*, la seule où le rondeau final soit entier. Nous désignerons cette édition par la lettre A. La seconde de ces éditions gothiques (B) a aussi 8 ff., sous les signatures A-B. Le titre, orné de trois ou quatre bois maladroitement agencés, porte : *Tenebres de mariage*, et à la fin se trouve le mot *Explicit*. La troisième édition gothique (C) a 8 ff., sous la seule signature A. Les quatre éditions suivantes, qui ont toutes 8 ff., sont eu lettres rondes, et de la fin du XVIe siècle ou du commencement du suivant. Deux sont de Paris. L'une porte au titre : « A Paris, pour Laurent du Coudret, imprimeur, de-

Ainsi que les aultres humains.
Si souvent nous avons des blasmes [1]
Et reprehensions de nos femmes,
Las! pensez qu'ilz n'en ont pas moins.

Des seigneurs nous fault deporter
Sans aulcun mal en rapporter,
Car à nostre estat n'apartient;
Mais parlons, sans plus disputer [2],
Du mal qu'il nous convient porter,
(Et) qui mon cœur enveloppé tient [3].

Joly mal an, joly mal an,
En mariage souvent à l'en.

meurant en la rue du Bon-Puis, près la porte Saint-Victor, 1587 »; l'autre, sans date et vers la même époque, porte : « A Paris, par Pierre Menier, portier de la porte Sainct-Victor. » C'est celle qui a été réimprimée dans les *Joyeusetez*, mais en caractères gothiques, probablement par manière de fac-simile, et pour donner des idées tout à fait justes sur l'époque où Pierre Menier a imprimé. Les deux autres éditions ont paru à Rouen, où, de 1580 à 1620, l'on a tant réimprimé de pièces de ce genre. L'une parut « Chez Abraham Cousturier, tenant sa boutique près le Palais, au Sacrifice d'Abraham »; l'autre « Chez Loys Costé, libraire, rue Escuyère, aux trois ††† couronnées.» Mais toutes ces éditions, en lettres rondes, sont très fautives, et nous sommes heureux d'avoir pu les rectifier d'après les éditions gothiques.

1. A : Si de nul en avons des blasmes.
2. A : Sans nous transporter; B : Sans nous deporter.
3. A : En mon cœur de ma part n'en tient.

La seconde leçon.

Hé Dieux!

Entre nous autres pouvres gens,
Qu'estions si mignons et gens
Devant qu'en l'ordre fussions mis,
Nous sommes pouvres, indigens,
Et n'attendons que les sergens,
Qui sont noz mortelz ennemis.

Mesnage [1] nous vient assaillir
Qui nous faict trembler, tressaillir,
Et met nostre plaisir bien loing ;
De toutes joyes nous fait faillir,
Et de nostre œil le deuil saillir [2]
Ce qu'il faut donner au besoing [3].

Il faut du pain, du vin, des noix,
Du lard, des febves et des poix,
Des oygnons et des choux cabus,
Des fagotz, chandelles, du bois.
Je ne sçay qui a faict ces loix ;
Quant à moy, je n'y vois qu'abus.

Il faut robbes et chapperons,
Houseaux, pantoufles, esperons,
Lictz, draps, mouchoers et cœuvre-chiefz,

1. Var. : Mariage.
2. B : N'ose saillir.
3. Ed. goth. :

Sen qu'il faut donner au besoing.

Paniers, corbeilles, corbeillons,
Chausses, souliers et cotillons [1],
Et Dieu sçait qu'ilz sont empeschez !

En lieu de nous reconforter,
Desplaisir il nous faut porter,
En nostre bon eur attendant ;
Par faulte de nous supporter,
Les oreilles nous fault porter
En la guise d'un [2] chien pendant.

Joly mal an, joly mal an,
En mariage souvent a l'en.

La troisième leçon.

TOURMENT.

Si la femme a maulvaise teste,
Vous ne veistes onc telle tempeste :
C'est enfer loing de paradis ;
Du moins on vous nommera beste,
Et villain, pouilleux, deshonneste,
Sans ce que [3] vous serez [4] maudit.

De jour il fault que nous tayson,
Et, s'on nous faict tort ou raison,
Dieu sçait comme on va debatant !

1. A, C et Costé offrent : et coterons.
2. A : Du.
3. Ed. Costé : Sans cesse.
4. A : Nous serons.

Glic, flus [1], ne nous sont de saison ;
Mais, en gardant nostre maison,
Jouer nous fault au mal content.

Et si, se jalousie s'i met
Et on ne tient ce qu'on promet,
Dieu sçait comme on est chapitré !
Jean le Groing [2], maistre Jehan Fumet,
Racompte [3] le mal qu'on commet,
On est eschellé et mitré [4].

On faict le soleil eclipser ;
Pouvres ne font que ratisser ;
Ilz ont peine en toute saison :
Le lict faut couvrir, tapisser,
Et donner le pot à pisser,
Ainsi comme il est de raison.

Helas ! c'est un petit enfer :
Il ne s'en fault que Lucifer,
Chaux, souffre [5], poix et plomb fondu.
Il faut la chemise chauffer,
En hyver les piedz eschauffer.
Le mary en est morfondu.

Joly mal an, joly mal an,
En mariage souvent a l'en.

1. Jeux de cartes.
2. A : Le Grain.
3. Var. Racompter.
4. Escheler se disoit d'un criminel qu'on exposoit publiquement sur un échafaud avec une mitre de papier sur la tête. Voy. Cotgrave, au mot *Escheller*.
5. Une éd. goth. donne : Chault souffre.

La quarte[1] leçon.

DOULEUR.

Quand la femme enceinte sera,
Cent fois le jour on pensera
Comme on luy fera du civé ;
Elle plaindra, elle faschera,
De rechiner ne cessera.
Le bon homme est bien arivé.

Quand vient à l'enfant recevoir,
Il faut la sage-femme avoir
Et des commères un grand tas ;
L'une viendra au cas pourvoir[2] ;
L'autre n'y viendra que pour veoir
Comme on entretient tels estas.

Vous ne veistes onc tel caquet :
« Çà, ces drappeaulx ; çà, ce paquet ;
« Çà, ce baing, ce chremeau, ce laict. »
Et voilà le pauvre Jacquet
Qu'il luy servira de lacquet[3],
De chamberière et de varlet.

Si d'enfans avez à foyson,
Il les faut nourrir, c'est raison ;
Vous y songerez en dormant.

---

1. Dans la seule éd. de Chaussard ; dans toutes les autres : quatrième.
2. A : En cas pour vray.
3. Deux éd. goth. : Nacquest. Naquet, c'est le petit garçon qui ramasse les balles pour les joueurs de paume.

On crie, on brait par la maison ;
Il n'est prière n'oraison
Qui vous sceut oster ce tourment.

Il faut des bonnets et chappeaulx,
Des robbes, chemises, drapeaulx
Ou à crier sont tous esmeus ;
Poyres, pommes et gros naveaux.
Quant vous engendrez tels oyseaux,
Allez chanter *gaudeamus*.

Joly mal an, joly mal an,
En mariage souvent a l'en.

La cinquiesme leçon.

COURROUX.

Quand la bourgeoyse si a geu [1],
Le bon homme est si tres esmeu,
Car il faut la garde payer ;
Le mesnage sera vendu,
Et puis le pouvre morfondu
Coura partout comme ung panier.

Aussitost qu'il s'en va coucher,
Sa femme le viendra prescher
En faisant semblant de gemir :
« Il vous faut de l'argent chercher

---

1. Eté en *gésine*, en couches. L'une des éd. goth. porte :
est en arju ; les deux autres : est en grant argu.

« Pour parpayer nostre espicier. »
Il n'a garde de s'endormir.

Puis le bonhomme est en dangier
D'estre cité du boulengier,
Et puis du tavernier, aussi
Sages-femmes. Pour abregier,
Le mary ne faict que songier,
Tant est irrité [1] de soucy.

S'il faut que le mary soit riche [2],
Il faut avoir une nourrice [3]
Et un bers pour l'enfant bercer ;
Et si de nuit sa femme cliche,
Ou dedans le lict elle pisse,
Le mary n'osera gronder [4].

S'il faut qu'el ait mal aux mameles,
Il usera bien deux semelles,
De courir fera ses efforts
Pour lui cercher des attivelles,
Medecins et herbes nouvelles,
Pour garder l'enfant d'aller hors.

Joly mal an, joly mal an,
En mariage souvent a l'en.

---

1. Herité. Deux éd. goth., dont l'une à 22 lignes.
2. A : chiche.
3. B, C : Si fauldra-il avoir ung cliche.
4. Les éd. goth. donnent ces trois vers autrement :

> Et, si de nuict sa mère en tince, (entiche)
> D'aultre côté son mari pince, (sa mère pinche)
> A son lict ne peult eschauffer.

LES TENÈBRES

La sixiesme leçon.

DOLENT.

Si vous avez femme de bien,
Pensez qu'el vous grevera bien
De luy faire aulcun desplaisir;
Vostre vouloir si sera sien,
Et si n'aurez soucy de rien
Que d'accomplir son bon desir.

S'il faut qu'elle vous face grevance,
Et qu'à la chasser on s'avance,
Ne sera pas sans vous fascher [1];
Elle assemblera sans doutance
Ses amys en grant abondance;
Encor vous viendront-ilz tancer.

La mère viendra divertir
Vostre vueil et vous convertir [2],
Si bien qu'en serez rassoty [3],
Et, si d'elle vous faut partir,
Vous serez beaucoup plus martyr
Que sainct Laurent, qui fut rosty.

Et puis sa parente viendra ;
Prester l'oreille convendra :

---

1. B, C : Et vous en voulez despescher.
   A : Et jamais vous en despescher.
2. A : Sa mère vous viendra convertir,
   Contre vostre vouloir subvertir.
   C : Sa mère vous vient convertir
   Et vostre vouloir divertir.
3. Edit. Menier et Coudret : ressoty.

« Helas! la voulez-vous laisser? »
Puis ceste fortune viendra
Que desirer la conviendra;
Ne reste que se [1] confesser.

Quand d'elle serez absenté,
Vous penserez à sa santé[2],
Et s'elle a de quoy pour menger;
Las! il n'est pas tant tourmenté,
Ny en douleur tant augmenté,
Qu'il est de luy se gouverner.

Joly mal an, joly mal an,
En mariage souvent a l'en.

La septiesme leçon.

Rigueur.

près tous ces maux tant pervers
Veez en cy ung plus divers
De tous les autres, sans faillir :
Car, après qu'il les a souffers
Et que vers luy se sont offertz,
Pouvreté le vient assaillir.

Un soir, que le temps est relent,
Le pouvre homme a en grand talent
Avec sa femme s'esjouyr.
Elle dira par mal talent

---

1. A : la.
2. Manque dans les éditions en lettres rondes, sauf dans l'édition de Cousturier.

Qu'il est bien entré en mal an;
A peine en pourra-il jouyr.

Au bout de deux ou de trois mois,
Elle se plaindra cent mille fois,
Dit qu'elle doubte d'encharger
Le bon homme. Ainsi que je vois,
Il a du soucy plus que trois,
Tant a paour de ce danger.

Puis en brief temps il adviendra
Que bailler l'enfant conviendra
A nourrice sans plus de plait;
De l'allecter elle se faindra,
Et incessamment se plaindra
Qu'il ne tette que mauvais laict.

Mariage trouve si cher,
Qu'il ne sçait de quel pied clocher,
Et n'est pas repeu à demy;
Encor luy convient-il marcher :
Pour la nourriture chercher,
Pas ne faut qu'il soit endormy.

Joly mal an, joly mal an,
En mariage souvent à l'en.

La huictiesme leçon.

Ennuy.

u bout de tous ses griefs tourmens,
Il faudra des habillemens
A luy et à sa femme aussi,
Pareillement à ses enfans;

Car il voit qu'ilz deviennent grands ;
D'y penser il en est transi.

Il s'en yra chez un drappier,
Et sera marchant de pappier[1],
Car d'argent il n'est pas saisi ;
Il ne luy faut point de courtier[2] :
Car, fust Phelippot ou Gautier,
Il s'obligera par *nisi*.

Après, quand le temps est passé,
Il est à demy trespassé :
A payer n'a pas mis le guet.
Après qu'il a bien traquassé
Et beaucoup de temps amassé,
Il faut qu'il voyse veoir Doguet[3].

Pour vous le faire[4] brief et court,
Il prend les termes de la court ;
A l'hostel n'en fait mention ;
En plusieurs lieus court et racourt,
Et ne trouve qui le secourt :
Il faut qu'il face cession.

La bourgeoyse est à l'hostel
Qui demaine ung tel frestel
Et faict au mary tel tourment
Qu'en brief temps le cas sera tel

C'est-à-dire qu'il fera des billets pour avoir de l'argent.
2. Les éd. en lettres rondes ont en général : courier.
3. Nom du geôlier, ou peut-être, au propre, le nom des chiens de la prison.
: tailler. Autre éd. goth. : tailler fort et court.

Qui n'y peult plus tenir castel.
De chevir il ne sçait comment[1].

Joly mal an, joly mal an,
En mariage souvent a l'en.

La dernière leçon.

Meschief.

près, pour le parhabiller,
Tous ses biens on viendra piller,
Par sergens qui sont sans raison.
Il n'a garde de sommeiller :
Son hoste le vient resveiller
Pour le terme de la maison.

Quant la bourgeoise si verra
Que son mari plus ne pourra
Subvenir, car tout est poly,
Reconfort ne luy donnera ;
Mais à la parfin se fera
Bien fringuer à d'autre qu'à luy.

Sa femme verra transporter
En plusieurs lieux, courir, trotter
A Sainct-Mor et Sainct-Adrien[2].

---

1. Nous n'avons trouvé cette strophe que dans l'édition de Chaussard ; mais elle doit être dans les éditions antérieures. (Voy. Brunet, IV, 410.)

2. Toutes les éditions autres que celle de Chaussard ont
   A Gentilly, à Vaugirard.

Cette variante prouve que la pièce n'a pas été origi-

Menteries orra raconter ;
S'elle vint du pré ouyr chanter,
Elle viendra de Sainct-Julien[1].

Elle recouvre habitz nouveaux,
Chapperons, nicquets et joyaulx
Qu'il ne luy a pas ordonnez,
Demy-ceints, bources et cousteaulx,
Qu'elle prouve par macquereaulx
Que ses amys luy ont donnez.

Sans raconter bourdes ne fables,
Je prouveray, par gens notables
Qui se sont en cest ordre mis,
Les tenèbres bien veritables ;
On y a des maux execrables,
Et tous malheurs y sont commis[2].

Joly mal an, joly mal an,
En mariage souvent a l'en.

nairement écrite à Paris, mais que ce changement a été fait pour l'y rendre tout à fait de mise et de vente. Par les trois mentions de Saint-Mor, de Saint-Adrien et de Saint-Julien, nous croyons qu'il s'agit de Rouen : car ces trois noms se retrouvent dans les environs, ce qui convient d'autant mieux aux mensonges de la femme. Saint-Mor est la chapelle Saint-Maur, qui était celle du cimetière des pestiférés, en dehors de la porte Cauchoise ; Saint-Adrien, c'est l'église Saint-Adrien-lez-Anthieu, à deux lieues et demie de Rouen; Saint-Julien, c'est le prieuré de ce nom, qui étoit une léproserie de femmes.

1. Les deux derniers vers sont aussi différents :

    Du sermon ne sçauroit conter,
    Car elle vient bien d'autre part.

2. B : Plus que de bien n'y sont permys.

Rondeau.

Tous les tourmens qui sont en mariage
Je ne sçauroys resumer en langaige,
Car on y trouve griefz maulx bien divers;
Mais reciter par leçons et par vers
Une partie de mon grief outraige.

Ceulx qui seront submiz en ce servaige,
Ne disent pas l'estat de leur mesnaige;
Car à moy seul ne sont pas descouvers
Tous les tourmens qui sont en mariage.

Les ungs y sont plus serfz que n'est ung page,
Plus on y pert qu'on n'y a d'avantage,
Car nuyt et jour de soucis sont couvers
En vieillesse ou au temps qui sont vers,
Dont j'avertis à tout humain couraige
Tous les tourmens qui sont en mariage.

Cy finent les Tenèbres de mariage, nouvellement imprimez à Lyon en la mayson de feu Barnabé Chaussard, près Nostre-Dame-de-Confort.
M.D.XLVI.

*Cy commencent les Ditz de Maistre Aliborum,
    qui de tout se mesle*[1].

Je m'esbahys en moy très grandement
Du grant engin et grant entendement,
Du grant sçavoir, fantasie et memoire
Qui sont en moy, et m'esbahys comment
Ung seul engin peult faire surement
Tant de choses comme je sçay bien faire.

---

1. Cette jolie pièce a eu trois éditions gothiques, que nous avons pu consulter toutes : deux chez M. Cigongne et une à la Bibliothèque impériale. L'une (A), sans titre, a 4 ff. in-8, de 25 lignes à la page, et finit par cette mention : *Cy finent les ditz de maistre Aliborum. Imprimé à Paris pour Pierre Prévost.* La seconde (B), aussi de 4 ff. in-8, a 26 lignes à la page ; sur le titre un bois en hauteur représentant un guerrier cuirassé et debout, et au dernier verso un bois d'un jeune garçon écoutant respectueusement ce que lui dit un homme à longue robe. On lit à la fin : *Cy finissent les ditz de maistre Aliborum.* Toutes deux paroissent imprimées dans le XVe siècle, mais certainement tout à la fin, car la mention faite de la bataille de Fornoue, arrivée, comme on sait, le 6 juillet 1495, empêche de faire remonter la pièce à une date antérieure. La troisième (C), aussi de 4 ff., est du

Je suis parfait en tout art et affaire ;
De tous mestiers est en moy le gibier ;

XVIe siècle, beaucoup moins correcte, et sur papier très grossier. On y trouve, au frontispice, un bois représentant un grand et un petit page avec deux faucons, et, au verso du dernier feuillet, une tente en avant de laquelle sont cinq personnages bourgeois. De nos jours, M. Veinant en a publié une réimpression gothique dans la petite collection de Silvestre.

Maistre Aliborum a été attribué par quelques bibliographes à Pierre Gringore. Il en est digne, mais ce n'est pas une raison suffisante ; et, malgré la façon dont les strophes sont terminées par un vers-proverbe, manière habituelle à Gringore, mais commune à tous les poètes de son temps, nous croyons que notre pièce doit rester anonyme jusqu'à nouvel ordre. Il nous paroît douteux aussi que ce monologue ait été écrit pour la scène, comme le Franc Archer de Bagnolet : l'absence de tout jeu de scène fait penser qu'il ne s'agit que d'une œuvre de poésie. Il a eu, du reste, une certaine fortune, et *Maistre Hambrelin, serviteur de maistre Aliboron, cousin germain de Pacolet, le Varlet et la Chambrière à louer pour tout faire*, que nous mettrons aussi dans ce recueil, sont, dans la suite du XVIe siècle, d'évidentes imitations de Maître Aliboron.

Quant à son nom même, il seroit assez difficile d'en rendre raison. Le Duchat*, qui a dit que le grand Albert ou Obéron en étoit l'origine, parceque Albert, Aubert, Obéron, Aubéron, Aliboron, sont le même mot, aura peu d'approbateurs aujourd'hui ; et, de nos jours, M. Camille Duteil (*Dict. des hiéroglyphes*, 1841, in-4, p. 6), disant que l'ancien symbole de la divinité, dans les sanctuaires de Thèbes et de Jérusalem, portoit le nom d'Aliboron, qui, décom-

---

* Notes sur Rabelais, et dans le *Ducatiana* (Amst. 1738, II, 45).

Ce que je faitz n'y a rien que refaire :
A l'ouvrage l'on cognoist l'ouvrier.

Car, tout premier, je suis très bon meusnier,

posé dans la langue sacrée, donne : *Al*, grand; *hi*, Dieu ; *bor*, souffle ; *un*, principe, n'en aura probablement pas davantage.

Ce qui est sûr, c'est que la première fois que je rencontre le mot, il a un tout autre sens : c'est dans le Roman du Renart. Celui-ci, allant à la cour pour guérir le roi, et voyant un pèlerin endormi, lui prend son aumônière,

> L'ouvre, si a trové dedenz
> Une herbe qui est bone as denz,
> Et herbes i trova assez
> Dont li rois sera respassez.
> *Aliboron* i a trové,
> Que plusors genz ont esprové,
> Qui est bone por eschaufer
> Et por fièvres de cors oster.
> (Ed. Méon, vers 19,305-12.)

La plante *aliboron* ne seroit-elle pas une modification d'*elleborum?* Plus tard, on se sert du mot pour désigner un niais, un sot, un important. Ainsi l'on voit, dans la Passion par personnages (Paris, Ph. Lenoir, 1532, in-4), les bourreaux se servir par dérision de cette expression en parlant au Christ :

GADIFER.
Sire roi, *maistre Aliborum*,
GRIFFON.
Hoe, ave rex Judæorum.

Dans une Moralité à IIII personnages du manuscrit La Vallière, *Chascun* dit du *Temps* :

. . . . A la teste
Le bonnet rond, cornes, cornete;

Bon pannetier, patissier, cuisinier,
Bon hostelier, tavernier, rotisseur,
Gantier, boitier, coutelier, ceinturier,
Barbier, boucher, cordonnier, chappelier,
Fustier, cloistier[1], serrurier, fourbisseur,
Bon pavisseur et d'images faiseur[2],

> Tant de papiers, c'est un grand nombre ;
> Tant d'engins, l'un droict, l'autre contre :
> Te semble un *maistre Aliborunt*.

L'auteur de Pathelin lui a donné ses lettres de noblesse, et Rabelais les a confirmées en faisant dire par Panurge à Nazdecabre (liv. 3, ch. 20) : « Que diable veult pretendre ce *maistre Aliboron ?* » Et il a été suivi par l'un de ses plus spirituels imitateurs, celui qui a écrit les *Nouvelles des régions de la lune*, qui appelle ses trois chercheurs de fortune « *Maistre Aliboron*, Enguerrand le franc archer de Bagnolet, et Roger Bontemps. » Eutrapel (ch. 24) ne manque pas non plus de l'employer ; mais, dans toutes ces citations, il ne s'applique pas à un âne. Seroit-ce ce méchant calembour de Sarrazin, dans son Testament de Goulu (Œuvres, 1656, in-4, p. 60) :

> Ma sotane est pour maistre Aliboron,
> Car ma sotane à sot asne appartient.

qui a fait donner par La Fontaine ce nom à son âne de la fable des Deux Voleurs ? Depuis, le plus spirituel emploi qu'on en a fait se trouve dans l'avertissement que Courier mettoit sous le nom de son libraire, et où il annonce une lettre à Champollion sur les deux races des souverains égyptiens *Aliboron* et *Demoboron*.

1. C : cloistrier. Ne seroit-ce pas cloutier?
2. C'est-à-dire faiseur de pavements et sculpteur de statues.

Relieur, doreur¹, brodeur et argentier,
Tournier, gaisnier², miralier³, essaveur;
Bon armurier, coustelier, souffletier.

Encore suis de maint autre mestier :
Arbalestrier, pelletier⁴, tuppinier,
Esperonnier, verrier et revendeur⁵;
Potier, cartier, tonnelier, papetier,
Sellier, bottier, menuisier, tainturier;
Bon chaussetier, drapier et imprimeur⁶,
Fondeur, laveur⁷, triacleur, basteleur,
Saulteur, lucteur, danseur, apoticaire,
Pescheur, pipeur, hasardeur, escrimeur,
Bon advocat, procureur et notaire.

Tant de mestiers me rompent le cerveau,
Et avec ce je suis nud comme ung veau,
Et n'ay de quoy fourbir mes dentz; en somme,
Trouver me fault ung bon mestier nouveau :
Car tous ceux-cy ne valent ung naveau,
Ou autrement toujours seray povre homme.
Je m'esbahys merveilleusement comme
Ceux qui les font pevent bonnement vivre.
Si je n'ay mieulx, je ne prise une pomme;
J'en sçay par cueur plus qu'ilz ne font par livre.

1. B : tondeur. C : fondeur.
2. B : cuisinier. A : guisnier.
3. A : mitalier.
4. A : pelestier.
5. A : tendeur. B : vendeur.
6. A : tondeur.
7. Teinturier.

Pour medecin, pour congnoistre une orine
Il n'est que moy ; si bien en determine :
Je la cognois dedans une penthouffle.
Le cours¹ du ciel, du soleil, de la lune,
Des estoilles, sans en excepter une,
Je le sçay tout : j'en suis maistre Micouffle.
De la pluye, du vent qui si fort souffle,
Du chault, du froid, et gresle et tempeste
Ne cuidés pas que je dye une mouffle :
Leurs proprietez sont fourrées en ma teste.

De theologie j'en diray haultement
Loix et decretz ; en mon entendement
Sont, long-temps a ; j'en ay veu tout le cours ;
Sur un plancher², accoustré noblement,
Chascun livre avoit son parement
De camelot, de cuir et de velours³ ;
Par les degretz j'y montay à grans cours,
Dont fuz gradué, mais tost desgradé m'ont :
Car au retour je cheuz tout au rebours,
La teste en bas et les pieds contremont.

O vous, souffleurs, qui voulez pratiquer
Sur les metaulx et les souffistiquer,
Pour decepvoir ung chascun et chascune,
Venés à moy et vueillés appliquer
Entendement et à moy repliquer :
Je vous diray la grant voye commune.
Aucuns ont dit que la pierre n'est qu'une,

1. A, C : corps.
2. B, C : blanchier.
3. A : veloux.

Que chacun l'a, et ne le scet-on mye,
Et tel le dit qu'onque n'en veit aulcune;
Mais moy, sans feu, aux dentz faitz l'arquemie.

J'ay trassé[1] plus que nulle aultre personne;
J'ay veu le Turc, le souldan de Bablone,
Le prestre Jehan; j'ay tout veu, bien et mal,
Hierusalem, la cité saincte et bonne,
Et du monde les termes et la borne,
Puis çà, puis là, puis amont, puis aval;
Et puis à pied, par faulte de cheval,
A Romme vins, où je fis [fus?] mains nouveau;
Peu s'en faillist que ne fus cardinal;
Mais ung vent vint qui m'osta le chapeau.

De Romme party pour revenir en France;
Là m'arraistay au hault d'une montaigne;
Mais, quand je fus à Fournoue, je pense,
J'ouys tip, tap, et grans coups à puissance
Frapper, ferir, et d'escu et de lance,
Abattre gens parmy une campaigne.
Alors, comme ung vaillant capitaine,
Je prins d'assault une grant vieille souche;
J'entray dedans, sans faire ou perte ou gaigne,
Aux escoutes, jusqu'après l'escarmouche.

En France suis revenu maintenant,
En maintz propos tousjours me maintenant,
Pour acquerir bien, honneur et chevance;
Chascun me vient faire le bienvenant;

1. Le même sens s'est conservé dans le mot *tracer*, appliqué aux plantes qui ne s'élèvent pas, mais se répandent sur le sol et y jettent de nouvelles racines.

Mais il n'est nul qui me soit survenant
A mon besoing, dont si cognois et pense
Qu'à petit gaing fault petite despense.
Mais, Dieu mercy, bien me passeray d'eulx,
Car en moy gist le gibier de science
Pour acquerir tantost ce que je veulx.

C'est assés dit; entrer fault en besongne.
Il n'est celuy qui de ma vie se songne;
Chascun ne quiert fors qu'à son fait panser;
La nuyt s'aproche et le jour fort s'eslongne;
Il est jà tart, le soleil le tesmoigne;
De besongner me convient advancer;
Mais je ne sçay par quel bout commencer :
Je n'ay nulle besongne commandée,
Ne je ne sçay, ne puis contrepenser
Faire chose qui soit tost demandée.

Feray-je point quelques engins nouveaux
A prendre ratz, ou lacz pour les oyseaux,
Ou des cibletz [1] pour les enfans petis,
De beaulx verteilz [2], quenouilles et fuseaulx,
Ou de belles fleurs pour ces jouvenceaux,
Fleustes, tabours où l'on prent apetis?
Nenny, nenny, ces gains sont trop petits [3];
En povreté on n'y gaigne plus rien,

---

1. B.: cebilles. Cibletz, subletz, ce sont des sifflets.
2. *Verteil.* C'est un anneau qu'on adaptoit au fuseau pour le faire tourner plus facilement.
3. A : . . . . sont convertis
   En pauvreté. . . . .

Et toutes gens en sont si advertis
Qu'on n'y acquiert joye, soulas ne bien.

 Crier me fault. Quoy? A la molle dent,
Et en ung sac porter un gros serpent,
Pour metridal[1] et triacle esprouver,
Et puis user d'ung noble cernement
Que je sçay bien, qui est bon grandement
Estancher sang et cheveulx recouvrer;
Nul ne me peut en ce cas reprouver;
Les ditz sont prins de la Saincte Escripture;
Mais l'Eglise ne les veult approuver,
Car ils sont faictz trestous à l'adventure.

 Quant j'y pense, je ne sçay quel mestier
Je doy faire, n'auquel pour le premier
Doy commencer; l'ung et l'autre me trouble :
Ung homme n'a besoing que d'ung mestier[2],
Et, si le sert de bon vouloir entier,
Il luy donra tousjours sa vie au double.
L'homme inconstant mestier sur mestier double;
De son estat[3] jamais ne se contente;
Mais ung constant d'ung mestier ne se trouble[4],
Dont à la fin acquiert chevance et rente.

 Cy finent les Ditz de Maistre Aliborum.

1. Mithridate.
2. C : Ung homme n'a que d'un mestier mestier.
3. B : mestier.
4. A : double.

S'ensuit le Mistère de la Saincte Lerme, comment elle fut apportée de Constantinoble à Vendosme [1].

Du hault et souverain empire
Est descendu Dieu, nostre sire.
Il a prins humaine nature
Pour racheter sa creature,
Et, pour luy donner congnoissance
De luy et de sa grant puissance,

1. Parmi les reliques impossibles qui ont donné la partie si belle aux railleries des Huguenots, la sainte larme du monastère de la Trinité de Vendôme n'est pas une des moins bizarres. Le poème que nous publions, d'après un in-8 gothique de 4 ff. de 26 lignes à la page, est, croyons-nous, le seul ouvrage en vers qui ait été publié sur ce sujet; mais ce n'est pas le seul livre qui ait été écrit, car le premier ouvrage en prose, *l'Histoire véritable de la sainte Larme* (A Blois, par François de la Saugère, imprimeur du roy, de son Altesse royale et de la Ville, 1641, in-8 de 60 pages*), s'exprime ainsi

* Thiers (*Disssertation*, p. 14) cite cette histoire d'après une impression de Vendôme, chez Sébastien Hyp. — Il doit y en avoir au moins une édition antérieure à 1641, puisque l'auteur anonyme s'exprime ainsi à un endroit : « Ce miracle, qui arriva en 1631, il y a deux ans ».

Avant qu'il souffrit passion
Pour humaine redemption,
Il a fait miracles et signes
Qui sont de grant memoire dignes,
Entre lesquieux il en fit ung
Qui est à tous assez commun,
Duquel saint Jean, de Dieu ministre,
Dist ainsi en ceste manière,
Que Lazare, qui estoit frère
De Marthe et de Magdalène,
Trespassa de la vie humaine,

(p. 44) : « Nous avons en main plusieurs poèmes, épigrammes, sonnets et autres sortes de poésies, tant en françois qu'en latin, composez en divers temps et par diverses personnes graves et doctes », et, p. 46, deux miracles, arrivés en 1578, sont indiqués comme tirés « d'une vieille rime françoise, la simplicité et la naïfveté de laquelle mérite toute créance », et qui a peut-être été imprimée. Enfin l'on connoît sur ce sujet l'ouvrage de J.-B. Thiers, *Dissertation sur la Sainte-Larme de Vendôme*, Paris, 1699, in-8. Mabillon y répondit par une *Lettre à monseigneur l'évesque de Blois, touchant le discernement des anciennes reliques, au sujet d'une dissertation de M. Thiers*, Paris, Pierre et Hubert de Bats, 1700, in-8. Thiers ne manqua pas de reprendre victorieusement la parole dans une *Réponse au père Mabillon, touchant la prétendue larme de Vendôme*, Cologne (Paris), chez les héritiers de Corneille d'Egmond, 1700, in-8. Ces trois lettres ont été réimprimées à Amsterdam en 1750 et 1751.

Pour en revenir à notre pièce gothique, qui est malheureusement sans indication de ville, elle a été évidemment faite pour être vendue sur le lieu même aux pèlerins et aux fidèles qui le venoient visiter ; les prières

Par quoy il fut ensevely,
Et dedans la terre enfoui ;
Adonc, les deux sœurs le mandèrent
A Jhesuscrist, et le prièrent
Qu'il vint leur frère visiter,
Affin de le resusciter.
Quant Jesus, le sauveur du monde,
Ouquel toute pitié habonde
Ouy qu'estoit mort son amy,
D'où il estoit s'en est party,
Et tous ses disciples après
Et (tous) ses apostres par exprès.
Quant il arriva à l'hostel
Où les deux sœurs faisoient grant dueil,
Plourant de leur frère la mort,
Lequel Jesus aymoit tant fort,
Adonc[ques] s'est prins à fremir
Nostre Sauveur et à gemir,

latines qui la terminent en sont la preuve*. Enfin, nous en aurons fini avec cette note quand nous aurons dit qu'au titre se trouve un vaisseau sur la mer, que le recto du dernier feuillet offre le Christ en croix entre la Vierge et saint Jean, et le verso une Notre-Dame-de-Pitié.—Le souvenir de la Sainte-Larme subsiste dans un proverbe dont on se sert encore aujourd'hui très fréquemment dans le pays. Quand quelqu'un, n'ayant pas sujet d'être content, est disposé à pleurer, on dit toujours de lui qu'il est *plus près de la Sainte-Larme que de Vendôme.*

* On peut voir dans Thiers (*Ibid.*, p. 13, 97) les deux proses sur la Sainte-Larme qui ont figuré au XVIe siècle dans des Heures imprimées.

Et ploura des yeux de sa teste
Cil de qui les anges font feste;
Puis après au tombeau alla
Et à haute voix appella
Le Lazare et dist : « Viens dehors
« Toy qui es avecques les mors. »
Adonc le Lazare, qui puoit,
Car dejà quatre jours avoit
Qu'il estoit ensepulturé
Et en un tombeau emmuré,
Tout plein de vie s'est levé.
Par quoy Jesus si fut loué
De tous les Juifz grans et menus
Qui en ce lieu estoient venus.

Or entendez, au nom de Dieu,
La manière comme en ce lieu
Et en ce très sainct sanctuaire
Et [si] très noble monnastère,
La larme de Jhesus plorée
Fut notablement apportée.
Incontinent qu'el cheust des yeux
De Jhesu-Crist le filz de Dieux,
L'ange[1] la receust cherement,
Et, comme on le voit clerement,
La mist en vaisseaulx precieux

---

1. Imp. : laage.
2. On en peut voir la description dans l'*Histoire véritable*, chap. 9, p. 20-23. Dans la *Lettre* de Mabillon, on peut voir, entre les pages 48 et 49, la gravure des sculptures de l'arcade où étoit enfermée la relique et la gravure du coffret où elle reposoit.

Et, à bien les voir, merveilleux ;
Car il n'y a nulle fracture,
Ne souldure, ny ouverture,
Et nul, tant soit sage ou savant,
Ne sçauroit estre appercevant
Comme en ces vaisseaulx est pousée
Pour [y] estre dedans gardée.
Le vaisseau, qui est le plus grant,
De dessus est de couleur blanc ;
Pas n'est de cristal, ne de verre,
Ne de nul metal, ne de pierre ;
Mais, par le vouloir déifique,
L'ange l'a fait si manifique :
Et l'autre est [placé] dedans ce,
Qui de couleur d'or à double ance,
Là où reluist, je vous afferme,
La digne et precieuse lerme
Que ploura le Sauveur Jhesus,
Est de belle couleur d'azur ;
Puis après, quand elle fut mise,
Ainsi qu'avons fait la devise,
L'ange à Maria Magdeleine,
Qui de la mort de Jhesus pleine,
La bailla precieusement,
Et elle, moult devotement
La garda tant comme elle vesquit,
Ainsi qu'on treuve en vieil escript.
Après, quant elle trespassa,
A saint Maximin la laissa,
Qui fut evesque de Marceille,
De Provence notable ville ;
Puis après, en [la] ville noble

Et cité de Constantinoble,
Très precieusement gardée
Y fut jusques en celle année
Que l'en disoit mille et deux vings
Quant le comte des Angevins,
Geffroy Martel, ainsi nommé,
Funda ce temple renommé
Par divine inspiration
Et saincte revelation.
    Entendés merveilleuse chose.
Comme (ce)luy et sa bonne espouse
Agnès, contesse de Poitiers,
Regardassent très voulentiers
Icy embas par les creneaulx
Du chasteau, qui est en lieu haulx,
Par les nobles gens dessus ditz
Furent veues par trois sabmeditz
Trois grans lances pleines de feu,
Descendans du ciel en ce lieu,
Qui toutes trois ilz s'assembloient
En une comme elle cheoit;
Ainsi, par l'amonition
Et bonne disposition
Et conseil des clercs et des saiges,
Ilz fondèrent par bon couraige,
Et à leurs despens firent faire
Ce [si] très noble monastère
En l'honneur de la Trinité,
Et, pour eulx et pour leurs amis
Dieu prier, moynes noirs ont mis,
Lesquelz sont exemptz de l'evesque,
Du legat et de l'arcevesque.

DE LA SAINCTE LERME.

Ou temps dessus dit, l'empereur
De Grèce demanda sequeur
A Henry, noble roy de France,
En faisant ou luy aliance
Pour jecter les Turcs hors de Grèce,
Qui luy faisoient molt grant opresse,
Et le roy, pour la foy veillant,
Envoya(nt) pour le plus vaillant,
Le bon conte Geffroy Martel :
Car en France n'avoit itel
Comme luy de vaillant courage
Pour resister au grant oultrage
Que faisoient Sarrazins et Turcs
A Dieu et à ses serviteurs.
Quant le conte fut par delà,
A l'aide de Dieu batailla
Contre les Turcz, et par tel suyte
Que les mist lors trestous en fuyte.
Et, quant le conte hors de Grèce
Eust mis les Turcz par sa proesse,
De l'empereur voulut partir
Pour en son pays revenir.
Adonc, pour le remunerer,
L'empereur luy voulut donner
D'or et d'argent moult grant chevance,
Et des tresors grand habondance ;
Mais le conte les refusa,
Et de les prendre s'excusa,
Et demanda tant seullement
Des reliques, que large[me]nt
Avoit en tresor l'empereur,
Des sainctz de Dieu, nostre seigneur.

Adonc, l'empereur commanda,
Et à son tresorier manda
Qu'on luy bai[l]last à son plaisir
Trestout ce qu'il vouldroit choisir.
Et, ainsi que le conte estoit
Au sanctuaire et regardoit
Les reliques, qui estoient maintes,
De plusieurs sainctz et plusieurs] sainctes,
Ung clerc secretement luy dist
Que la lerme de Jhesucrist,
Laquelle plourée il avoit
Quand le Lazare ressuscitoit,
Estoit là dedans ce tresor,
Qui n'estoit pas couverte d'or,
Mais si estoit cela meilleur,
Nonobstant qu'el[le] fust mineur.
Lors le conte fut resjouy
Moult de ce qu'il avoit ouy,
Et print la lerme dignement,
En merciant Dieu grandement,
Et puis la ba[i]lla à ses gens,
Qui furent assez diligens
De ce pays-là (ce) destourner
Pour par deçà s'en retourner.
Puis en après le noble conte,
De quoy on doit faire grant conte,
S'en vint après sa compagnie,
Qui devant luy estoit partie.
Mais adonc[ques], quand l'empereur
Sceut bien que ce noble seigneur
Avoit ce joyau precieulx,
Lequel sus tous aymoit le mieulx,

Moult courroucé fut à celle heure,
Et, sans faire longue demeure,
Envoya de ses gens après,
Pour arrester tous par exprès
Le conte, qui s'en retournoit
Et la saincte lerme emportoit.
Deçà et delà tant allèrent
Que le conte Geffroy trouvèrent,
Et ado[ncques] luy commandèrent
Par l'empereur, et demandèrent
La lerme de Jhesus plourée,
Qu'avec lui avoit emportée,
Et qu'autres reliques auroit.
Adonc le conte dessusdit
Gratieusement respondit
Que la mer jà passé estoient
Ceulx qui la relique portoient;
Et, courroucés et [très] marris,
D'o le conte s'en sont partis
Les gendarmes et les heraulx
Et messagiers imperiaulx.
Adonc le bon conte Geffroy
N'eust plus peur d'eulx [ny] nul effroy;
Mais tellement il s'avança
Et hastivement chevaucha
Qu'il aconceut ceulx de devant
Qui estoient partis par avant
Et portoient la saincte relique,
Sur toutes autres authenticque.
Puis finablement, ensuyvant,
Le prince dessus dit souvent,
La lerme [de] Nostre Seigneur

Jhesucrist, notre redempteur,
Apporta par oblation,
En grant joye et devotion,
En ce sainct et digne oratoire
Et très excellent monastère;
Et les nobles religieux,
Qui en furent [tous] moult joyeulx,
La receurent en verité
En moult [très] grant solennité.
Nul ne sçauroit penser ne dire,
Depuis que Dieu voulut eslire
Ce lieu pour la larme honnourer
Et devotement l'adorer,
Les grans miracles de Dieu fais
Sur yeulx malades et deffaitz
Des gens qui, par devotion
Et par devote intention
La requièrent à leur besoing.
Plusieurs gens, de près et de loing,
Qui estoient malades des yeulx,
Les ung d'un, les autres de deux,
Qui estoient blecez d'aventure
De coup ou d'aucune pointure,
Ou de trop grant douleur de teste
Ou de mauvais vent de tempeste,
Quant requis ont de vraye foy
Devant plusieurs ou à par soy
Ghesu-Crist et sa lerme saincte,
Ont eu santé sans nulle feincte;
Les ungs, tantost qu'on[t] fait leur veu,
Incontinant santé ont eu;
Les autres aussi en venant,

Aucuns en leur en retournant,
Les ungs en nouvaines faisant,
Et les autres en la baisant.
Encore en est venu de tieulx
Qui jamais n'avoient veu des yeulx,
Lesquelz ont receu veue ferme
Par vertu de la saincte lerme.

Qui plus à plain en veult sçavoir,
Ou en espécial le veoir,
Lise ou escoute en ces tableaux
Qui sont ycy entour si beaulx :
Car il y a de grans merveilles
Qu'onc homme ouyt de ses oreilles,
Nonobstant qu'il n'i a nul homme
Qui en sceust nombrer la somme ;
Mais aucuns ont esté tirez
De plusieurs enterinez,
Affin qu'on retienne tousjours
Les miracles que tous les jours
Dieu fait aux loyaulx crestiens,
Qui sont dolens des yeulx, ceans,
Par la puissance et la vertu
De la lerme du roy Jesus.

Amen.

S'ensuyt ung miracle d'une fille de Bloys.

Une jeune fille de Bloys,
Qui n'avoit que dix-huyt moys,
Ou quart moy[s] les yeulx lui couvrirent
Ne oncques puis ne luy ouvrirent,

Tant que sa mère la voua
Et la saincte lerme advoua ;
Si deservit par sa prière
Tant que sa fille eut veue entière.
Ainsi moult bien luy prouffita
Et puis de son veu s'aquicta[1]. Amen.

ANTIPHONA.

Fremuit spiritu Jesus et turbavit seipsum et dixit Judeis : « Ubi posuistis Lazarum ? » Dicunt ei : « Domine, veni, et vide. » Et lacrimatus est Jesus.

VERSUS.

Quoniam tu illuminas lucernam meam, Domine, Deus meus, illumina tenebras meas.

OREMUS.

Deus, cujus unigenitus essumpte humanitatis probabile augmentum in resuscitatione Lazari lacrimando exhibuit, concede nobis famulis tuis ut per ejus gloriosissimam lacrimam tue pietatis imploramus auxilium in confessione lacrimis nostrorum misericorditer abluas sordes peccatorum et in hac mortali vita nobis interiorum et exteriorum clarum lumen et sanitatem conserves oculorum. Per Dominum nostrum Jesum Christum filium tuum qui tecum, etc.

---

[1]. Ce miracle est relaté dans l'*Histoire véritable*, p. 50, et l'auteur dit le mettre le dernier parcequ'il l'a trouvé sans date d'an ni de jour.

*Les Regretz de Messire Barthelemy d'Alvienne
et la chançon de la defense des Venitiens*[1].

Très puissant roy de France, valereux,
Très vertueux, hardy comme ung lyon,
Et vous, nobles François chevalereux,
Qui defferiez de gens ung million,
Vous avez fait si grant occision
En la terre qui fut Venicienne
Que maintz regretz feray sans fiction,
Moy qui ay nom Barthelemy d'Alvyenne.

« Barthelemy d'Alvyenne je suys
Tout plein de cueur comme je l'ay monstré,
Bien esbahy, doulent, peu esjouys,
Des fors lyens de guerre enchevestré ;

---

1. Nous aurons plus d'une fois occasion de publier dans ce recueil des pièces relatives à nos expéditions d'Italie. Celle-ci est de ce nombre, et se rapporte à la bataille gagnée par Louis XII en personne dans les plaines de Vella, près d'Aignadel, le 14 mai 1509, et qui décida de la campagne. Le poète anonyme a pris, pour en parler, la forme de regrets mis dans la bouche du fameux capitaine Barthélemy d'Alviano, sur lequel on peut voir l'article de Brantôme dans ses *Vies des grands capitaines*, liv. 1er, ch. 64 (éd. du Panthéon, I, 151–5). Il ne recouvra la liberté qu'en 1513, par suite de l'alliance des Vénitiens avec le roi, de

Puisque fortune a sur moy rencontré
A mon dommaige, il fault, par motz esprès,
Affin qu'il soit à chascun remonstré,
Que je fasse mes douloureux regretz.

« Pour le premier, je regrette beaucoup
La belle ville et dames de Venise.
Mieulx j'eusse aymé estre mort d'un beau coup,
Puisque failly j'ay à mon entreprinze.
Trevy, Trevy[1], tu fus de feu esprinze ;
A la malheure je te fis assieger ;
D'apointement tu fus par mes gens prinze ;
Mais j'ay depuis eu beaucoup à songer.

« Si j'eusse esté attendant à Cassant[2]

sorte qu'il se trouva combattre du côté de la France. Il ne survécut pas beaucoup, car il mourut le 7 octobre 1515.

On trouvera, dans les notes de la pièce, les passages qui peuvent en éclaircir les allusions, et il ne nous reste plus, pour terminer cette note, qu'à parler de l'édition originale de ces *Regrets*. Elle est gothique et de huit feuillets. Des deux côtés du titre, on a imprimé le bois d'un homme, en longue robe et en bonnet, parlant à des soldats en bataille, et, des deux côtés du dernier feuillet, un camp entouré de palissades d'où s'éloignent quelques soldats.

1. Trévi, petite ville sur l'Adda. Sur la prise et la reprise de Trévi, cf. le chapitre 29 de l'historien du *Bon chevalier sans paour et sans reproche* (Coll. Michaud et Poujoulat, 1re série, IV, 525) et le poème de Jean Marot sur le voyage de Gênes, éd. Lenglet-Dufresnoy, IV, 91-3, 96-102.

2. « Ces nouvelles sceues (celles de la reprise de Trévi par les Vénitiens) par ledit seigneur, marcha droit à Cassan, où il fist incontinent sur ceste rivière d'Adde dresser deux ponts de bateaux, où par l'ung faisoit passer les gens

Quant vous aultres passates la rivière,
Mieux j'eusse fait ; mais j'estoye pensant
Que vous estiez encore loing derrière.
J'avoye fait boullevart et barrière ;
J'avoye gens à mon commandement ;
Mais, nonobstant leur sallade ou bavière,
Ils ont esté deffaitz despitement.

« Disant : Helas ! je regrette très fort
Mes gens de pié, ma belle infanterie,
De quoy chascun estoit vaillant et fort ;
Dire le puys sans nulle flatterie ;
Huit mille et mieulx en une compaignie
J'avoys bien, triéz tous à mon choix,
Pour faire pointe emprès l'artillerie ;
Mais ilz sont morts par les mains des Françoys.

« Je les vis tous auprès de moy mourir,
Criant saint Marc qui leur fust secourable ;
Lors je mandé, pour venir secourir,
Petillane [1], infâme et misérable,
Lequel soudain, comme ung homme muable,
Tourna le dos, luy et maintz bons gens d'armes ;
Mais je les donne, autant qu'ilz sont, au dyable,
Puisqu'ilz ne firent à ce jour là fait d'armes.

de cheval et par l'autre les gens de pied, et luy-mesmes, armé de toutes pièces, y faisoit tenir l'ordre. » *Le Bon chevalier*, ibid. Cf. Jean Marot, 104-5.

1. Le comte de Petilano étoit à la tête de la gendarmerie, et Barthélemy d'Alviano étoit le capitaine général des gens de pied. Ils avoient ordre de la Seigneurie d'éviter la bataille. Ce fut Alviano qui prit sur lui de la livrer, et par là on comprend que le comte Petillane ne l'ait pas soutenue jusqu'au bout.

« Je regrette canons et bazillis,
Hacquebuttes, bouletz, aussi faulcons,
Qu'avons perduz; tous nos cueurs sont failliz,
Aussi noz traictz, picques et grans rancons.
Veniciens, jamais ne nous mocquons
Des francz Françoys; ilz nous ont monstré mine;
Laissons harnoys et prenons nos flacons.
Plusieurs font guerre et Dieu en determine.

« Ne vous meslez jamais de faire guerre,
Veniciens; croyez-moy, si vous plaist;
Vous avez tant par tout voulu conquerre;
Que l'on vous a abaissé vostre plait!
Vueillés lire, s'il vous plaist, ce couplet,
Lequel touche beaucoup à vostre affaire,
Et, s'il n'est bien à vostre gré complet,
Pardonnez-moi, je n'eusse sceu mieulx faire.

« Je regrette les estatz triumphans
De la Rommaine et ceulx de là entour;
Je regrette maintz beaux petis enfans
Que j'ay laissez attendant mon retour;
Je regrette accoustremens, atours,
Bardes, chevaux, estocz, lances et haches.
Venicians, sortez tous de voz tours;
Ne pensez plus que de garder les vaches.

« Vous me feistes l'ung de voz capitaines
Contre le roy de France très sacré;
Mais les choses ont esté incertaines;
Je n'y ay pas du tout fait à mon gré :
Car, tout bien veu et bien consideré,
Voicy ung point que je diray toujours,

Lequel est bien et promptement narré :
Le cueur fait l'euvre, et non pas les longs jours.

Si tous les cueurs des gens d'armes puissants
Que j'avoye eussent esté entiers,
Plusieurs fussent encore obeissans ;
Mais cueurs mauvais s'enfuyent voulentiers ;
Nous estions plus que les Françoys d'un tiers,
Soixante et dix mille hommes ou plus estions,
Tous d'eslitte et de divers quartiers ;
Mais je fus prins lorsque nous combations.

« Las, je fus prins en mon arrière-garde [1] ;
Las, je fus prins comme ung homme de bien
Las, je fus prins quant j'eu[s] perdu ma garde ;
Las, je fus prins d'un estrange moyen ;
Depuis le temps du bon Octavien,
Homme ne veit bataille si mortelle,
Comme on voit par escript ancien ;
L'homme est eureux d'eschapper de mort telle.

« Car qu'il soyt vray, au Garillan [2] jadis
Je fiz des tours aux Françoys bien divers ;

---

1. « Ledit d'Alvyano, après avoir été blessé en plusieurs lieux, fut prins prisonnier du seigneur de Vendenesse, ung droict petit lyon, frère du gentil seigneur de la Palisse. » *Le Bon chevalier*, coll. Mich. et Pouj., 1re série, IV, 526. Jean Marot le cite dans son énumération des capitaines de l'expédition (p. 76) :

Mil hommes a le seigneur Vendenesse.

2. Sur l'affaire de Garillan, qui est une rivière du royaume de Naples, on peut voir le chap. 25 du *Bon serviteur*:

Plusieurs furent par moy bien pourbondis;
Moy et mes gens leur fusmes trop pervers;
Plusieurs furent renverséz à l'envers;
Mais, puis ung an, on me l'a bien rendu
Et remonstré du long et du travers:
Je le cognois et l'ay bien entendu.

« Bourbon! Bourbon[1]! Hymbercourt et Conty!
Qui frapastes tout au commencement,
Par vous je suis privé de mon party;
Par vous je suis en tresgrand pensement;
Vous rompistes, on le veit plainement,
Seze ou vingt mille hommes de mon armée[2],
Et moururent en plain champ vaillamment;
Auprès de moy la terre en fut semée.

« Or sont-ilz mors; Dieu vueille avoir le[ur]s ames
Et leur vueille son paradis livrer;
Je suplye aux seigneurs et aux dames
Qu'ilz pourchassent me faire delivrer;
Impossible est que je puisse eschapper
Sans le moyen du noble roy Françoys;

Comment le bon chevalier garda ung pont sur la rivière de Garillan, luy seul, l'espace d'une demye heure, contre deux cens Espaignols. (Coll. Mich. et Pouj., 1re série, IV, 521.)

1. Cf., pour sa part dans la bataille, Jean Marot, p. 135.
2. « Des ennemis en demeura quatorze ou quinze mille sus le camp. » *Le Bon chevalier*, ibid.—Jean Marot (p. 140) augmente déjà:

> Dedans le camp de Vella proprement,
> Près Aignadel, seize mil seullement
> Y demourèrent.
> Des chevaliers, cent ou plus y finèrent.

Je souhaitte à me voir destraper ;
Mais qui souhayte, il n'a pas son franc choys.

« Prisonnier suis au noble roy de France ;
Prisonnier suis de bonne et lealle guerre ;
Veniciens, vous en aurez souffrance ;
Car vous avez par trop voulu acquerre ;
Vous n'avez sceu voz ennemys attraire,
Combien qu'eussiez peine, soucy et soing ;
Vous ne sçauriés plus dire du contraire ;
Vostre grant sens est failly au besoing.

« Il est force que tenez aultre train,
Et qu'exemple prenez aux Genevoys ;
Il vous fauldra avoir ung souverain,
Et, s'on fait guerre, dire : Plus je n'y vois ;
Donnez congié à tous vos Albanoys,
Et à d'aultres, voire pour tousjours mais ;
Gettez en mer voz armes et harnoys,
Et vostre sens vauldra mieulx que jamais.

« J'ay bien cause de regretter ;
Nul ne m'y contraint que Raison ;
Se je m'eusse sceu deporter,
Je ne fusse pas en prison ;
Je regrette fort ma maison,
Mes terres et possessions,
Et congnois, par ma mesprison,
Que vallent les discentions.

« Je suis, ainsi qu'ung homme surprins, prins,
Et, pour dire le contenu, tenu,
Entre les mains de mes ennemis mis,
Et ay esté abatu et batu.

Or ay-je bien, comme esperdu, perdu
Mon grand credit; je voy mes esbas bas;
Je suis ainsi que convaincu vaincu;
Mon cueur s'en plaint; je suis de soulas las.

« Je regrette maintz beaulx chevaulx legiers,
En qui j'avoye assés bonne fiance,
Et maintz autres gens d'armes estrangiers
A qui jamais je n'auray alliance.
Je desire et requiers allegeance;
Je me complains toujours, disant ainsi :
Adieu deduyt, tout soulas et plaisance;
Ung prisonnier n'est jamais sans soucy.

« Adieu vous dy, messeigneurs des Ytalles
Et tous aultres qui voulez guerroyer;
Vous avez fait de si grandes scandalles,
Qu'il n'est possible à vous plus arroyer.
Promis m'aviez de si bien besongner!
Mais j'ay congneu vostre grant lacheté;
Par vous je suis detenu prisonnier.
Se j'ay du mal, je l'ay bien acheté.

Souldars, souldars, qui tant sainct Marc aymiez,
Qui puis mille ans avez tousjours regnez,
Qui gaudissiez, qui tant bien vous armiez,
Qui seul à seul tant fortz vous estimiez,
Où estes-vous? estes-vous esregnez?
Si vous n'estes bien loing, si revenez
Et entendez ung peu à mon affaire;
Il vauldr[o]it mieulx moins parler et mieulx faire.

Se j'eusse eu à ce jour la victoire,
Veu que jamais ne me monstray paoureux,

Il n'est homme en ce bas territoire
Qui eust esté comme moy si eureux ;
Mis je me fusse au nombre des neuf preux ;
Homme n'est nul qui m'eust sceu rien apprendre ;
Mais au contraire ay esté malheureux :
C'est ung grant fais que de charge entreprendre.

Cueur malheureux qui avez prins la fuyte,
Que faictes-vous ? qu'esse que vous pensez ?
Qui est celuy qui fera ma poursuyte,
Veu que jadis j'euz si très belle suyte
Dont plusieurs sont très mal recompensez ?
Veniciens, il fault que dispersez
Vostre tresor, si me voulez ravoir,
Ou de trente ans ne vous iray revoir.

Françoys, Angloys, Turcz, Portingaloys, Grecz,
Savoysiens, Flamans et Escossoys,
Vueillez lire mes plaintes et regretz,
Et congnoissez que je tins mes gens prestz,
Cuidant deffaire à present les Françoys ;
Mais ma folie à present je congnois,
Par quoy, affin que l'on s'en rememore,
Je tiens prison en la place du More [1]. »

Si ces regretz ne sont bien faitz,
Si quelque chose on y presume,
Ne vous arrestez aux forfaitz,
Et vueillez excuser la plume.

1. Le duc de Milan Ludovic Sforce.

*S'ensuyt la chanson de la defence des
  Veniciens.*

Tremblez, Veniciens, tremblez à ceste foys ;
Il fault, vueillez ou non, que soyez bons
  Car Loys de Valoys,   [Françoys ;
  Le bon roy triumphant,
Vous fera tous plus doux que n'est ung chien couchant.

Ung lundi à midy[1], il s'esmeut un fort temps ;
Vous nous vinstes cercher pour vostre passe temps ;
  Vous vous mistes aux champs
  Pour aller à Carvas[2] ;
Mais ce fut pour vous ung bien maigre soulas.

Barthelemy d'Alvyenne, homme assez esveillé,
Quoyqu'il fust vostre chef, il fut mal conseillé,

---

1. Jean Marot (p. 127) commence sa description de la bataille d'Aignadel par ce vers :

  Lundy, de may le quatorziesme jour, etc.

2. L'imprimé a *Caravas*. Jean Marot l'appelle tantôt *Carrevas*, tantôt *Carvas*, que nous avons mis ici pour la mesure. — L'historien du *Bon chevalier* en parle ainsi (collection Michaud et Poujoulat, 1re série, IV, 526) : « Le roy de France sejourna ung jour ou deux au camp de la bataille. Cependant le chasteau de Caravas se voulust faire batre d'artillerie ; mais en deux heures il fut emporté, et y eut quelques rustres dedans pris, lesquelz essayèrent si leur col pouvoit par force emporter ung creneau. » Cf. Jean Marot, 148-49.

Il fut getté à pied
Par ung gentil galand
Et si fut prins ce jour et mené à Milan.

En son arrieregarde avoit de[s] gens de bien,
Lesquelz moururent tous, fors je ne sçay combien.
Vous tous, Venitiens,
Qui n'avez nulz remors,
Vos gens, de compte fait, sont bien xx mille mors.

Le conte Petilane avoyt paour du dangier;
Il nous tourna le dos, sans en vouloir menger;
Au lieu de batailler,
Pour parler du surplus,
Il s'en fuyt si loing que l'on n'en parle plus.

Toute l'artillerie, aussi leur bazillis,
Fut gagnée aux plains champs où (il) furent assailliz;
Ilz ont les cueurs faillis
Pour la chose approuver.
Ceulx-là sont bienheureux qui se sont peu sauver.

Lendemain au matin, comme gens desolez,
Breme, Carmonne et Bresse emportèrent les clefz,
(Et) d'aultres villes assez
Se vindrent rendre aussi
En suppliant au roy qui les print à marcy.

Le chateau de Pesquère estoit ung peu trop fier,
Cinq ou six heures ou mieux se laissa assiegier[1];

[1] Reste que le chasteau, aussi vray que le dy,
Fut batu dès quatre heures et prins devant midy.
(Jean Marot, p. 164, qui met cette prise au
30 may.)

Mais noz aventuriers,
Bons et vaillans aux coups,
Si les prindrent d'assault et les tuèrent tous.

Le chastelain fut pris et le providador,
Qui voulurent donner cinq ou six cens mars d'or;
Mais l'or ne leur tresor
Ne les a pas saulvez,
Car ilz furent tous deux pendus et estranglez[1].

Vous tous, Ytaliens, Plaisantins, Milannoys,
Et aussi Florentins, Lucquoys et Genevoys,
Criez à haulte voix
Par tout vostre pays :
Vive le trespuissant et vaillant roy Loys.

Veuillons remercier le puissant roy des roys
Qui nous vueille garder des inhumains desrois ;
Soyés tous bons Françoys ;
Ralions-nous tousjours
Et nous serons prisés à la fin de noz jours.

1. Jean Marot (p. 164) dit la même chose :

> Ce chastelain de là, aussi ce capitaine,
> Pour la desrision et response villaine
> Qu'ils firent au herault, furent prins et sanglez,
> Puis devant tout le monde penduz et estranglez.

L'historien du *Bon chevalier* raconte la chose un peu différemment : « Tous y moururent, ou peu en eschappa, qui furent prins prisonniers, entre lesquels estoit un providadour de la seigneurie et son filz, qui voulurent payer bonne et grosse ranson ; mais cela ne leur servit de riens, car chascun à ung arbre furent tous deux penduz, qui me sembla grande cruaulté. Un fort gaillard gentilhomme, qu'on

Entre vous, qui sçavez de chanter la fasson,
Passez le temps souvent à chanter la chançon ;
    Vueillez, si c'est rayson,
    Le facteur excuser ;
Si la plume a failly, veuillez-moy pardonner.

appelloit le Lorrain, avoit leur foy, et en eut grosses paroles avecques le grand maistre lieutenant du roy ; mais il ne s'en amenda d'autre chose. » Le grand maistre étoit Jacques de Chaumont, seigneur d'Amboise, celui dont Léonard de Vinci a fait le portrait. — Cf. aussi Jean Marot, 158-65.

*Cy finist la chanson de la defence des Veniciens.
Imprimé nouvellement.*

*La Patenostre des Verollez,
avec une complaincte contre les medecins*[1].

Pater *noster*, très glorieux,
Notre Saulveur, comme je croy,
N'oublie pas les veroleux
Qui dressent leur prière à toy,
Qui es in cœlis.

Sire, nous souffrons de grans maulx;
Et croy, si ne nous amendons
De nos pechez et nos deffaulx,
Fauldra par force que ton nom
Sanctificetur.

Les medecins ne voyent goutte
Et ne nous laissent ung denier,
Et nous avons si fort la goutte
Que presque nous fault regnier
Nomen tuum.

1. On connoît de cette jolie pièce, imprimée en gothique et composée de quatre feuillets, un exemplaire unique, entre les mains de M. le comte de Lurde. C'est

J'ay essayé maint medecin,
Autant que jamais jeune filz,
Et si ay ulcères sans fin;
Encore me doubte que pis
    Adveniat.

Nous te disons tout nostre cas;
Donne-nous donc ce qui nous fault
Non pas au ciel, mais ici-bas;
Car tu gardes bien le très hault
    Regnum tuum.

Mais tu t'en ris et nous escouttes,
Et nous souffrons en ce martyre
(Des) rognes, chancres, gales et gouttes,
Tant qu'en la fin nous fauldra dire :
    Fiat voluntas tua.

Si l'on avoit jamais la guerre,
[. . . . .]
Je croy que çà bas à la terre
Feroit aussi bon habiter
    Sicut in cœlo.

d'après cet exemplaire que M. Auguste Veinant en a publié chez Silvestre une réimpression fac-simile, imprimée en avril 1847 et tirée à 57 exemplaires. Dans le fac-simile de M. Veinant, comme dans la pièce originale, les phrases du *Pater*, au lieu de terminer chaque strophe, en sont séparées par un blanc et sont mises en tête de la strophe suivante, à laquelle elles n'appartiennent pas. Avec le but que nous nous proposons, nous devions ne pas respecter cette mauvaise disposition typographique, et le sens y gagne certainement.

Ne sçay si ce mal vient des femmes ;
Accolé en avons de belles,
Chamberières, bourgeoises, (et) dames,
Sur les bancs et les escabelles
  Et in terra.

Si bien nos plaisirs avons prins,
Sans avoir crainte ne malheur ;
Maintenant mangeons, en mespris,
En povreté, honte et dolleur,
  Panem nostrum.

Et, si c'estoit fièvre quartaine,
Deux jours (en) repos nous laisseroit,
Pour reprendre ung peu notre halaine ;
Mais ce villain mal cy nous hait
  Quotidianum.

Si tu as point quelque oignement,
Pour nous bien guérir et soubdain,
Je te supplie très humblement
Que n'actendes point à demain ;
  Da nobis hodie.

Sans faire à personne de tort,
Donne-nous, par ta grant bonté,
Ung beau saufconduit contre mort ;
Avec force argent et santé
  Dimitte nobis.

Des mis(s)es avons faict pour tien
Si grandes qu'au vray l'essayer,
Si nous vendons tout nostre bien,
A grant peine pourrons payer
  Debita nostra.

Si ceste infame maladie
Venoit à tous en general,
Point ne en porterions envie,
Quant ung chacun auroit du mal
  Sicut et nos.

Nous voyons vouluntiers les dames
Et les faisons bien festoyer;
Mais, quant sont villes et infames,
Je ne les osons pas toucher;
  Dimittimus.

Nous empruntons aux Allemans,
Ne nous en chault mais que en aye,
Argent pour avoir oignemens;
Nous faisons respondre de paye
  Debitoribus nostris.

Nous faisons veulx à sainctz et (à) sainctes
Pour garder nostre humanité,
Et faisons à ton filz noz plainctes;
Mais si ne veult qu'ayons santé
  Et ne nos.

Il y a des femmes joyeuses
Et des autres qui sont rebelles,
Et la plus part sont amoureuses;
Mais nous te prions que les belles
  Inducas in tentationem.

Il y en a des verolleuses
Ou bien gouteuses pour le moins;
Je te supplie, de ces rongneuses
Ne nous metz pas entre leurs mains,
  Sed libera nos à malo.

(Or) te supplions ainsi que soyons à delivre,
    Et nous gard(e) place en paradis,
    Et en ce monde nous delivre
    Et que ne soyons plus icy.

        Amen.

*Varlet à loüer à tout faire
(par Christophe de Bordeaux, Parisien)*[1].

Je suis varlet qui sçais tout faire,
Qui ne cherche qu'à travailler;
Si quelqu'un a de moy affaire,
Me voylà prest pour besongnier.

En ceste ville suis venu
Sur une mulle, à beau pied nu,
Exprès affin de trouver maistre,
Avec lequel me puisse mettre,
Pour le servir de mon mestier.
Je suis masson, forgeur d'estrier,
Et n'est de rien que je ne face.
Pour ce on me nomme, en toute place,

---

1. Nous ne connoissons de cette pièce que des éditions de la fin du seizième siècle; l'une a été imprimée « à Paris, par Pierre Mesnier, portier de la porte Sainct-Victor », et l'autre « à Rouen, chez Abraham Couturier, près le Palais, au Sacrifice d'Abraham. » C'est de cette dernière que M. Veinant a imprimé en 1830 une réimpression figurée, tirée à 40 exemplaires.

Le bon varlet qui sçait tout faire.
Je sçais jumens et vaches traire,
Faire soufflets, faire lanternes,
Harpes, vielles et guiternes,
Forger monnoye de bon aloy;
Je sçay plaider, alleguer loy;
Je fais havetz pour cueiller meures[1],
Horloges sonnant toutes heures,
Et si fais du tortu le droit,
Tailler morceaux de bon endroit;
Tout cela je sçay pratiquer.
Je suis charpentier, malletier,
Je sçais joüer farce sans roolle;
Je suis cousturier de parolle
Et soliciteur de procès;
Je sçais faire saulce à brochetz
Mieux que pas un de ce royaume,

Un article de La Croix du Maine (éd. Rig. de Juvigny, I, 121) nous montre que Christophe de Bordeaux appartient au milieu du XVIe siècle : « Chrestofle de Bordeaux, surnommé *le Clerc de Tannerie*, poète françois. Il a recueilli les chansons faites contre les huguenots, etc., imprimées à Paris; les *Tenèbres et regrets des predicans*, etc., imprimées à Paris l'an 1563. » Cf. Brunet, I, 417 et 631. — Faut-il comprendre de ce surnom que Christophe de Bordeaux a été attaché comme secrétaire, ou à tout autre titre, à la fort ancienne corporation des Tanneurs de Paris? C'est ce qu'il nous est impossible de décider.

1. Bonaventure Des Périers (nouvelle 7) : « Il pensoit bien qu'aller au pape sans latin, c'étoit aller aux meures sans crochet. »

Dresser lance, forger heaume[1],
Faire paniers, faire corbeilles,
Tourner chaises, bonnes et belles ;
Je fais quenoilles et fuseaux,
Allumettes, roües et aysseaux[2] ;
Et bon astrologue aux estoilles.
Je suis vray retondeur de toilles,
Et bon tisserand de papier[3].
Je sçay venaison espier,
Et, fort adroit quant à la chasse,
Mestier n'y a que je ne sçache ;
Il n'en faut point aller plus loing.
Je sçais faire draps d'aignelin,
Et j'ay apris dès mon enfance.
Expert suis en toute science ;
A la besongne on le verra,
Et homme ne se trouvera
Qui chante mieux à la vollée,
Que moy, tant à mont qu'à vallée,
Ny pour prendre poissons en mer.
Je fais chanter les asnes cler,
Et tate laict, soit doux ou sur.
Je sçais peindre d'or et d'azur,
Et piller poix dans une jatte.
Je sçais courir la poste en haste,
Faire cent lieües en un besoin.

1. En faire la hampe bien droite.
2. Essieux. (Cotgrave.)
3. Est-il nécessaire de faire remarquer que notre valet applique à un métier les termes d'un autre. On ne tond que les draps, et on ne tisse que les toiles.

Je sçay deviner près ou loing,
Faire flacons, couvrir bouteilles[1];
Je fais flambeaux, torches, chandelles,
Houzeaux, pantoufles, soulliers neufs;
Je sçay faire d'un diable deux,
Quand je m'y mets pour telle affaire,
Battre en la grange ou bien en l'aire,
Vanner, faire flustes, tambours;
J'en suis maistre, j'en sçay les tours,
Soit à brasser bierre ou godalle.
Je fais d'un sabot une malle,
Et si fais selles et harnois,
Poytrails, brides, doubles, tournois,
Escarcelles et gibecières,
Tirer les pierres des carrières,
Et bon gormet pour tater vin.
Je suis tailleur, potier d'estain,
Je sçay forger à seau une anse,
Arracher dents sans doleance.
Bon varlet qui sçais faire tout :
Mettre la pièce auprès du trou[2],
Mesurer blé, orge et avoyne;
Sans barbier je seigne la veinne,

---

1. Les entourer d'une clisse d'osier.
2. La femme qui, dans l'une des farces du recueil du British Museum (*Anc. théâtre françois*, II, 96), dit au *maignen* :

> . . . . . N'allez pas mettre
> La pièce auprès du trou,

auroit trouvé que le varlet n'étoit pas bon à tout faire.

A LOUER. 77

Et guaris les chats de la toux[1].
Je sçay prendre les loups garoux,
Medeciner chevaux et mulles,
Et n'est de medecines nulles
Dont je n'aye l'experiment.
Je sçay compter or et argent
Mieux que valet qui soit en France.
Je guaris femmes de la dance;
Avec herbe qui croit aux bois,
J'oste bien aux chiens les abois,
En leurs frotans les reins et dos.
Je fais bien la beste à deux dos,
Quand je trouve compagne à point.
Je deschire mon vieil pourpoint
Pour refaire mon haut de chausse.
Si le temps est bas, je le hausse,
En bien beuvant, voire du bon;
J'ayme au matin le bon jambon,
Et le vin blanc à desjeuner;
Je ne me cognois à jeusner,
Tandis qu'auray argent en bource.
Je sçais gouverner ours et ourse,
Et forger sans faire nul bruict[2].
Je vois, je viens, je vens du fruict;
Je me cognois en mercerie,
En lainne et en quincaillerie,
En drap de soye et parchemins.

1. Probablement en en faisant des manchons ou des civets.
2. Il auroit manqué à notre valet de ne pas être un peu faux monnoyeur.

Je sçais aller par tous chemins[1]
Sans demander aucune guide[2].
Quand le tonneau est un peu vuide,
Je sçay comme il le faut remplir.
Je garde femme de vessir.
Avec un peu de laine noire,
Je guaris les gars de la foyre,
Aussi de meinte autre douleurs.
J'oste aussi les palles couleurs,
Jouant un peu de passe passe.
Je desgraisse, j'oste la crasse,
Avec un peu d'eau de merluz.
Je fais de gros et petits culz,
Pour bourgeoises et damoyselles.
Je me cognois bien en pucelles,
En les serrant un peu de près ;
Je sçay receptes et apresls
De tous maux, fussent mangerie,
Verolle, chancre et baverie,
Mal de reins ; sans aucun soucy
J'en sais guarir, il est ainsi,
On ne m'en sçauroit rien aprendre,
Ny, moins que ce soit, me reprendre,
Tant suis asseuré de mon art.
Je sçais froter mon pain de lart,
Quand il est sec ; en toutes sortes,
Je sçais ouvrir et fermer portes,
Crocheter coffres et bahuz,

---

1. Ce vers ne se trouve que dans l'édition de Mesnier.
2. *Guide* étoit autrefois du féminin. On se rappelle *la Guide des chemins de France*, par Charles Estienne, 1561.

Et prendre dedans les escuz,
S'ils y sont, ou bien la monnoye;
Desrober au besoing une oye
Sans crier; cela tout certain.
Clerc suis de taverne[1] et vens pain;
Je suis oublieur[2], je ven meulle :
J'oste aux bestes les dents en gueulle.
Cousin suis à la dame Alix[3].
Je sçay faire bancs et chalix,
Et toute sorte de mesnage,
Bonnets, chapeaux; bref je fais rage
Quand je me met à travailler.
Je sçay endormir l'oreiller,
Faire le lict, remuer la plume,
Frapper au besoin sur l'enclume,
Pour faire cousteaux bien tranchans.
Je sçay derober les marchans,
Quand ils ont les yeux endormis.
Je sçay garder moutons, brebis,
Pressorer noix pour faire l'huille.
Je couvre de chaume et de thuille,
D'ardoise, maisons ou chasteaux.
Je sçais bien tuer les pourceaux
Et les saler en temps et heure,
Et faire, sans nulle demeure,
Tonneaux, salloirs, barils, baquets.
Je sçay servir aux grands banquets,
Besongner d'or, d'argent et soye.

1. Taverne n'a ici que son sens général de boutique.
2. Vendeur d'oublies.
3. Sans doute celle dont parle si souvent Marot.

Je cognois la fauce monnoye,
Et si fais faucilles et faux.
Je suis bon marchant de chevaux.
Je fais espieux, haches, espées,
Haut-bregeons; je fais des poupées [1],
Balances, chaudières, poislons [2],
Je prend en l'air les papillons
Et si fais chapperons d'oyseaux.
Je crie : Vieux fer, vieux drappeaux.
Savetier suis en partye ;
Je sçay bien chanter ma partye,
Et me cognois à cuire pois.
Mestier n'y a dont je ne sois
Ouvrier, la chose est bien certainne.
Je sçay carder et filler laine
Et si suis de puis bon cureur.
Je suis fort bon interpreteur,
Qui sçay parler divers langages,
Nourir oyseaux, faire les cages,
Toutes sortes d'outilz forger.
Je sçay ma jacquette engager,
Quand je suis d'haubert [3] un peu minse,
Et contrefaire le grand prince
Lorsque je me voy remplumé.
Je sçay la volaille plumer,
Et la manger quand elle est cuite.

1. Christophe de Bordeaux ne doit pas prendre le mot dans son sens de jouet, mais dans celui de fuseau, noté en même temps par Cotgrave.
2. Ed. de Mesnier : poinssons.
3. Haubert, argent; terme d'argot.

A LOUER.

Saulcer dedans la leschefrite
Mon pain, quand je tourne le rost.
Je sçay planter oignons, civostz;
Jardinier suis, de nom et d'armes[1],
Qui sçay bien sonner les allarmes
Et retraictes dedans un camp.
Je me cognois à faire tan,
Parer cuirs, faire trompettes,
Cornets à boucquins, des lunettes,
Force[s][2], ciseaux et esperons;
Brusler volleurs, pandre larrons,
Et au besoin filler la corde.
De tout instrument qui s'accorde
Je sçay jouer, tant soit nouveau;
Tuer chiens pour avoir la peau,
Dont je fais gands et esguillettes
Pour jeunes garçons et fillettes,
Qui leur sert, et fort bien à points.

1. Un passage de Shakspeare, dans la scène des fossoyeurs du 5ᵉ acte d'*Hamlet*, sera la meilleure explication de cette plaisanterie. L'un des clowns dit à l'autre : « Il n'y a pas d'autre ancienne noblesse que celle des jardiniers, des terrassiers, des fossoyeurs; ils continuent la profession d'Adam. — *Le second clown*. Est-ce qu'Adam étoit gentilhomme? — *Le premier clown*. Il a été le premier qui ait jamais eu des armes. — *Le second clown*. Comment cela? Il n'en avoit pas du tout. — *Le premier clown*. Es-tu païen? Comment comprends-tu l'Ecriture? L'Ecriture dit qu'Adam a bêché : auroit-il pu bêcher sans armes, etc. ? » On disait aussi gentilshommes de nom et d'armes.

2. Grands ciseaux à tondre le drap.

Je cognois les dez et les points;
Jouer à tous jeux me hazarde,
Bransler la picque et hallebarde,
Tirer armes à tous venans.
Je suis bon arracheur de dents :
J'en ai fait mon apprentissage.
Je fais le fol devenir sage
Et fais parler les perroquets.
Je puis empescher les caquets
Des chambrières et lavandières,
Rajeunir les vieilles crouppières
A l'âge des petits enfans.
Il est vray, et point je ne mens,
Chose n'y a (rien) que je ne face.
Je me cognois à la fillace :
Soit chanvre ou lin, ce m'est tout un.
Tout mestier m'est aussi commun
Comme de boire à la bouteille.
Je fais rage, je fais merveille.
Je suis menuisier, serrurier,
Ymager et binbellotier;
Je fais espinette et orgues,
Je fais toute sorte de morgues [1],
Je suis mareschal et charon;

1. Morgues veut généralement dire mines. Il auroit plutôt ici le sens, recueilli par Cotgrave, du siége dans lequel, quand un prisonnier arrivoit au Châtelet, il étoit tenu pendant plusieurs heures sans pouvoir bouger, pour que tous les gens de la prison pussent bien le voir et par là le reconnoître au besoin. Morgue, c'est là ce qui sert à montrer, et le nom du bâtiment du Marché-Neuf où l'on expose encore les noyés vient de la même origine.

A LOUER.

Meusnier suis, homme de raison
Et bon ouvrier pour faire un pigne.
Je guaris la mauvaise tigne,
De tous maux, aussi de plusieurs.
Je sçay gouverner les seigneurs
Et bien entretenir les dames,
Au besoing secourir les femmes
Quand elles veulent accoucher.
Je suis chaircutier et boucher;
Je vens trippes, cuites et cruës,
Harens, macqueriaux et moruës,
Poisson de mer, frais et sallé.
J'ay le visage un peu hallé,
Mais c'est d'avoir veu plusieurs mondes.
Je fais arcs, arbalestres, frondes,
Flèches, viretons et carrotz [1];
Fort bon ouvrier pour faire pots
De terre, de fonte et d'argille.
Les femmes qui ont la trop fille [2]
Je les guaris en un instant,
Et si sçay bien bercer l'enfant;
Quand il crie, je le fais taire.
Je suis drogueur, appoticquaire;
Je fais clistères barbarins,
Prest de combattre Sarazins
Et Turcs, s'ils m'echaufent la teste,
Et si n'y a aucune beste

---

1. Carreau d'arc ou d'arbalète. La Fontaine a encore employé ce mot dans la fable de Jupiter et des Tonnerres.

2. La médecine de Maistre Grimache a une recette là dessus.

Dont je n'entende le jargon.
Je sçay sonner en carillon,
Faire clochers, fondre les cloches;
Je fais patins, je fais galloches;
Je sçay fourrer habits d'hiver,
Taindre en rouge, tanné et (en) vert,
Fouler le vin dedans les cuves.
Je suis fort bon barbier d'estuves
Pour raser et tondre maujoint [1].
Espicier suis; je vens vieil oingt,
Et fais soulliers de toutes formes;
Arpenter bois, planter les bornes,
Et si fay rubans et lassets.
Je fais caquetoires, placets.
Orfèvre suis et lapidaire,
Qui fais très bien les femmes taire
Avecques deux poings seulement.
Rien n'a, en mon entendement,
Dont je n'œuvre comme de cire.
Bref, je fais plorer, je fais rire
Qui je veux et quand il me plaist.
Un seul point a qui me desplaist,
Que ne trouve maistre à ma poste :
Je le servirois de composte,
Car je suis fort bon cuisinier,
Maistre d'hostel et escuyer,
Qui ne craint foudre ni tempeste.
Je fais des espingles sans teste
Et esguilles de fin acier.
Las d'estre debout, je m'assied

---

1. Voir une note de la Chambrière à tout faire, p. 103.

A LOUER. 85

Pour composer en prose ou (en) rime
Où le plus souvent je m'enrime,
Si je n'ay un peu [vin] humé.
Sur tous autres suis estimé
Pour mon sçavoir et ma science.
Je sçay dancer à la cadence,
Faire sauts de tors et travers.
Je sçay rompre les huis ouverts,
Faire andouilles, boudins, saucisses;
Grand despuceleur de nourrices,
Ramonneur de bas et de haut[1].
Femelles qui ont le cul chaut,
(Je) les guaris avec froide glace.
Je fais de fins mirouërs. Je trace
Un chasteau sur le bout du doigt.
Le boiteux je fais aller droict
Avec un peu d'huile de chesne[2].
Je fais des fromages de cresme,
Y meslant jus de limaçons.
Quelquefois je sers les maçons,
Par passetemps, deux ou trois heures.
Paveur [je] suis. Je fais dorures,
Chesnes, bracelets et carquans[3],
Habits pour les petits enfans,

---

1. On connoît, dans les facéties anciennes, le Sermon joyeux d'un dépuceleur de nourrices, le Sermon joyeux d'un ramonneur et la Farce du même sujet.

2. A laquelle a succédé de nos jours l'huile de cottret. La première devoit être encore plus efficace.

3. Carcan, carcanet, riche chaîne à mettre au cou. (Cotgrave.)

Et prens oyseaux à la pipée.
Pour chercher la franche lippée,
Hommes n'en crains ; c'est mon mestier.
Je suis rubanier et natier,
Passementier, qui point ne chaume,
Tout prest à jouer à la paulme
Contre les plus braves joueurs.
Je fais balles, plottes, esteufz,
Raquettes, batouers ; bref, je fume.
A belles dens je prens la lune
Et fais le soleil eclipser,
Vieilles troter, chèvres danser.
Je me congnois bien en salpestre.
Bien peu s'en faut que ne sois prestre,
Car je sçays matines par cœur.
Chatreux suis et bon enchanteur,
Qui oste aux poullets la pepie ;
Bon vallet pour croquer la pie
Et ferrer la mulle au besoin.
Jamais le bon maistre Gonin
Ne fut plus expert en science
Que moy, ny en toute la France
Ne se trouvera le pareil.
Je tire la maille de l'œil
Sans blesser en rien la prunelle.
Je suis cordier, je fais ficelle,
Chables, eschiquiers [1] et colletz,
Lardoires. Je fais des fossetz [2].

1. Cela voudroit-il dire des filets à mailles carrées ?
2. Fausset, petite brochette de bois avec laquelle on bouche le trou qu'on fait au tonneau pour goûter le vin.

Et guaris les mauvaises fiebvres.
Je fais belles coiffes à chèvres,
Aussi des esperons à ratz,
Lesquels s'accordent avec chats.
Quand je veux, et de bonne grace,
Je feray une gaigne à harce ¹
Aussi tost qu'un moulin à vent.
Et toutes fois, le plus souvent,
A batre buissons je m'amuse;
Puis je sonne la cornemuse
Avec le petit Larigot,
Affin de reveiller Margot
Quand elle est par trop endormie.
Je mange la crouste et la mie :
Je ne suis dificile en rien.
Qui veut avoir beaucoup de bien
Vienne à moy, j'en ay les metodes.
Fourny suis d'instrumens et drogues,
Pour la saincte pierre trouver ² ;
Il ne me faut point esprouver,
En cela je suis passé maistre.
Heureux est qui me peut congnoistre,
Et moy plus heureux d'estre né !
Tout mon cas est bien ordonné,
Ensemble tout mon équipage.
Ne reste plus que d'estre page,

1. C'est-à-dire une *herse* à labourer, et Cotgrave l'inscrit sous les deux formes de *harce* et de *herce*. On conçoit que faire une gaîne où entrent toutes les pointes soit une marque d'habileté.
2. La pierre philosophale.

Puis lacquet, pour faire la fin.
Or, n'attendez point à demain,
Vous qui avez de moy affaire :
Varlet à loüer qui sçayt tout faire.

Par Christofle de Bordeaux, Parisien[1].

1. Ici chacun des deux éditeurs a répété son nom. Dans l'un on trouve : « A Paris, par Pierre Mesnier, portier de la porte Sainct-Victor »; dans l'autre : « Imprimé à Rouen, chez Abraham Cousturier, tenant la boutique près la grand'porte du Palais, au Sacrifice d'Abraham. »

Chambrière à louer à tout faire[1].

Je suis chambrière à tout faire,
Qui cognois tous arts et mestiers ;
Si quelqu'un a de moy affaire,
Je me loueray très voluntiers.

Je suis toute fresche venue
De Normandie, et bien connue,
Tant à Rouen qu'ès autres lieux,
Dont, passant un jour par Lysieux,
L'on me dit qu'on avoit à faire
D'une chambrière à tout faire

1. La Chambrière à tout faire est le pendant naturel du Valet à tout faire. Aussi bien est-elle du même Christophe de Bordeaux, Parisien, qui a su ingénieusement renouveler le sujet et varier l'énumération, en mettant en scène une personne d'un autre sexe. On en counoît une édition « à Rouen, chez Abraham Cousturier, tenant sa boutique près la grand'porte du Palais, au Sacrifice d'Abraham », in-8 de 10 ff., sous les signatures A-B. Au frontispice, un bois représentant la Chambrière. M. Veinant en a imprimé en 1830 une réimpression figurée, tirée à 42 exemplaires.

A Paris. Par quoy fis depart
Pour me retirer ceste part,
Veoir si je trouverois service
En quelque lieu qui fust propice
Pour moy, tendant à cette fin
D'y demourer, pour et afin
De gaigner argent ou monnoye
Pour me donner un peu de joye
Quelquefois, le temps advenir.
Pendant me vient à souvenir
Que chez les recommanderesses
Est le lieu où [sont] les addresses
Pour trouver servantes à louer [1].
Donc, ne me pensant que jouer,
De l'une d'elles je m'accoste
Pour trouver maistresse à ma poste,
Ou maistre, ne me chault lequel,
Qui, sans faire plus long caquet,
S'informa [lors] sur ceste affaire
Quelle chose je sçavois faire :
C'est assavoir, coudre et filler.
Lors je responds, sans sourciller,
Qu'il n'y avoit chose en la France
Dont je n'eusse l'experience,
Comme lui feroys apparoir.
Et tout premier luy fis sçavoir
Que je besongnois de cousture
En draps de soye, en garniture
D'habits pour les petits enfans,

1. Les bureaux de placement ne sont donc pas d'invention si récente.

Filles, garçons, moyens et grands,
De tous aages (et) en toutes modes ;
Chausses, pourpoints, cottes et robes,
Bonnets, jupes et chapperons,
Ne peut chaloir, carrez ou ronds,
Et fusse pour des damoiselles,
Et toutes sortes d'ativelles,
Comme ils me voudroyent demander.
Il ne me faut rien commander
De ce qui despend du mesnage :
De bien filler je sçay l'usage,
Lin, chanvre ou soye, ce m'est tout un,
M'estant cela aussi commun
Comme d'avaller une fraize.
De ces colletz à la grand laise,
En allemande ou renversez,
Ou bien de ceux qui sont plissez
Tant par devant que par derrière,
Il n'y a plus gentille ouvrière
Pour les accommoder que moy ;
Il n'en faut pour [point ?] avoir d'esmoy ;
J'en besongne comme de cire.
Quant est de bien lire et escrire,
Maistresse en suis, chacun le sçait,
Et n'y a maistre si parfait
Qui m'en sceust monstrer quelque chose ;
De composer, en rime, en prose,
Je n'en craindrois pas un Ronsard,
Estant si parfaicte en mon art
Que rien n'y a que je ne face :
Carder cotton, broyer filace,
Tailler, filer or et argent ;

Tant qu'homme n'a si diligent
Qui mieux que moy sçache l'affaire,
Et chose n'a si necessaire
Que je n'entende près ou loin.
Je sçay servir en un besoin
De matrosne et de sage-femme,
Traitter l'enfant, dresser la trame
Pour ourdir toilles et coustils,
Deffaire et reffaire les licts,
Les tourner, remuer la plume,
En un besoin servir d'enclume
Pour batre dessus chaud ou froit,
Le mol faire devenir droict,
Et faire d'un gros deux petits.
Pour [re]cercher mes appetits
Et les trouver en la cuisine,
Je sçay comme cela chemine
Et comme il en faut exploiter.
Je sçay marchander, achepter
Toutes sortes de marchandises,
Empeser collets et chemises
Et les godronner bien et beau.
Rien n'y a, tant soit-il nouveau,
Que je ne sçache contrefaire.
Je sçay broder, je sçay portraire
Tant sur toilles que sur papier,
Nettoyer, laver, essuyer,
Escurer potz, platz et escuelles,
Et fourbir bancs, tables, scabelles,
Mettre tout le mesnage à poinct.
J'entens par cœur le petit poinct,
Le grand et celuy de Hongrie,

En carreaux et tapisserie,
Et cognois tout ce qui en est.
Pour tenir le petit cas prest
Lorsqu'il y aura compagnie,
Cela ne me rend esbahie :
Car je sçay fort bien mon mestier,
Et la cuisine approprier
De ce qui sera necessaire,
Toutes sortes de sausses faire
Pour aguiser les appetits ;
Cuisiniers, tant soyent-ils subtils,
Au prix de moy rien n'y entendent.
Tous ceux qui montent et descendent
Ne sçavent pas ce que je sçay.
Je me bailleray à l'essay
Deux ou trois jours, si on a doute
Que je ne fasse, quoy qu'il couste,
Tout ce que j'ay dit, encor mieux ;
Et ceux seront assez heureux
Qui m'auront en leur compagnie.
Je sçay bouter dans la tremie,
Sasser, bluter, paste tourner
En pain, et le tout enfourner;
Et si fais pastés et gallettes,
Thalemouzes [1] et tartelettes,
Tourtes, flancs et casse-museaux [2],
Formage à la cresme, tourteaux,
Et toutes sortes de potages ;

1. Sorte de gâteau qu'on ne fabrique plus qu'à Saint-Denis.
2. M. Pichon, dans la préface de son excellente édi-

Faire ballets pour foeter pages
Et laquets, lorsqu'ils ont failly.
Avec du cresson de Cailly [1]
Et [puis] quelques herbettes fades,
Feray cent sortes de salades
Pour rejouyr les compagnons.
Je sçay accoustrer champignons,
Truffes, panets, courges, concombre,
Mettre mon petit cas à l'ombre
Si la chaleur du feu m'espoint;
Puis le corps blanc [2], fait en pourpoint,
Je mets pour servir en la chambre,
Où, s'il advient que quelqu'un entre
Pour voir ma maistresse à couvert [3],
La reverence à cul ouvert
Je fais, comme je suis tenue.
Je la voy souvent toute nue,

tion du *Ménagier de Paris* (I, xxxix), cite ce couplet d'un noël de Lucas Le Moigne, curé de Notre-Dame-du-Puy-de-la-Garde, en Bas-Poitou :

> Biscuyt, pain d'orge et gasteaulx,
> Fouace, choysne, casse-museaulx,
> Pain de chappitre et eschauldez,
> Mangerez, si le demandez.

Le nom indique que c'étoit une pâtisserie croquante et tout à fait dure.

1. Il y a deux Cailly en Normandie, l'un à trois lieues un quart de Louviers, dans l'Eure, et l'autre à cinq lieues de Rouen.

2. Corset blanc.

3. En cachette.

Mais c'est tout ung d'elle et de moy ;
Vray est que je suis en esmoy
Quelquefois quand j'oy la couchette
Qui souvent crie et caquette,
Et que je n'en ose approcher.
Pour porter mon maistre coucher,
Je suis, Dieu mercy, assez forte,
Et garder au besoin la porte
Si quelqu'un vient madame voir,
Rien ne manque de mon devoir
En ce qui depend de ma charge.
Si madame va en voyage
Et soit huit jours sans revenir,
En cela n'y a que tenir ;
Que si monsieur veut en sa place
Me retenir, que je ne face
Aussi bien qu'elle ce qu'il fault,
Soit pour coucher en bas, en haut,
Au grand lict, en la garde-robe,
Mettre bas cotillons et robe,
Cela vaut jà autant que faict.
S'il vient quelqu'un pour autre effect
Voir monsieur, pour jouer et rire
Après soupper, et se deduire,
J'ay cartes, tarots et des prests
De toutes sortes, propres (et) nets,
Pour jouer au gay, à la prime,
Au flux, au pair, à la centaine,
Au glic ou bien au passe-dix,
A la raffle, où maints estourdis
Laissent bien souvent de leurs plumes ;
Puis, suyvant les bonnes coutumes,

Celuy qui gaigne conte [1] tout ;
Or c'est là que je tiens mon bout,
N'y espargnant point la chandelle
Pour esclaire[r] celuy ou celle
Qui gaigne, afin d'y avoir part ;
Puis, sitost qu'ils ont fait depart,
Et que Monsieur, aussi Madame,
Sont retirez, il faut la dragme
Pour boire avant de me coucher.
Je n'ay que faire d'en cercher ;
Car, ayant la clef de la cave,
Ne seroy-je pas bien esclave
Si je n'en buvois du meilleur ?
Donc, m'ayant eschauffé le cœur,
J'en dors un peu plus à mon aise.
Le matin, j'accoustre ma braise
Et mon bois pour faire du feu.
Cependant je desjeune un peu
Avant qu'accoustrer [2] ma marmite,
Où, la chair estant demy-cuitte,
Soigneuse suis de l'escumer
Et la graisse très bien tirer,
Dont je fais de belles potées,
Qui sont puis après transportées
Et bien vendues à mon profit.
Quand est du beurre, cuit ou frit,
Morceaux de lard, bouts de chandelles,
Leveures, restants de bouteilles,
Cela est confisqué pour moy.

1. Imp. : contente.
2. Imp. : que d'accoustrer.

Si quelqu'un se plaint, j'ay de quoy
Le payer en belle monnoye.
Quelquefois j'ay peur qu'on me voye,
Par quoy j'y vais plus doucement.
J'ay le plus bel entendement
Que servante qui soit en France;
Car, si j'ay de linge souffrance,
Soit coiffes, chemise(s) ou collets,
Couvrechefs, mouchouers douillets,
(Je) ne m'en donne guère de peine,
Ne voulant rien qu'une semaine
Pour m'en fournir ce qu'il m'en faut;
Et, pour sçavoir que l'aune en vaut,
J'attens qu'on face la lessive,
Où, avec une main hastive,
Je gruppe ce dont j'ay [1] besoin;
Soit salle ou blanc, de chanvre ou lin,
Ne m'en chaut, car tout m'est propice;
Je n'y songe point en malice,
Car ce n'est que m'accommoder.
Puis, sçachant qu'il [me] faut vuider
Le logis sans point de remises,
Pour vestir deux ou trois chemises
Et faire ma dernière main,
Je n'attens point le lendemain :
Je fais mon pacquet de bonne heure.
Il ne m'en chaut où je demeure,
Car je me trouve bien partout;
Soit que sois couchée ou debout,
Je n'en fais mise ny recepte.

1. Imp. : don i'cy.

Au reste, d'estre sadinette,
Faire le musequin friant
Et monstre[r] visage riant
Pour avoir l'amour de mon maistre,
Je sçay quant[s] points il y faut mettre ;
Car je ne m'en trouve que mieux.
S'il advient qu'il soit un peu vieux
Et j'apperçois qu'il me reguarde,
Tout soudain je jette une œillade
Affin de le mettre en humeur ;
Puis, voyant qu'il y a le cœur
Et qu'il me monstre bon visage,
Pour bien jouer mon personnage,
C'est lors que je desploye mon art
Pour tirer de luy, tost ou tard,
Soubz ombre d'une amitié feinte,
Quelque demy-ceint ou estreinte
Pour me faire mieux valloir.
Ce fait, je me mets en devoir
De faire plus la reserrée
Qu'une mulle bien reparée
Qui aura servi cinquante ans.
Ce pendant je passe le temps,
Attrapant tousjours quelque chose,
Et ne fais point cecy sans cause,
Car il m'en vient un grand profit ;
Et, si cela ne me suffit
Et il advienne quelque foire,
Lors je rafreschis la memoire
Au sire ou aux clercs : c'est tout un.
Je tire une bourse de l'un,
Des cousteaux et ciseaux des autres,

Un tablier ou des patenostres,
Ou quelque autre petit joyau.
Pour recompense, à leur oyseau,
Je preste mon auget pour boire,
Et puis, pour achever l'istoire,
Nous buvons ensemble, et du bon,
Avec un morceau de jambon.
Puis je retourne à ma besogne,
Et, si madame [alors] me grongne,
Je m'en vay de l'autre costé;
Car, tant l'yver comme l'esté,
Jamais on ne me trouve oysive.
Puis, s'il faut couller la lessive
Et mettre le pissot à point,
Je n'y faudrois pas d'un seul poinct :
Je sçais cela comme ma game.
Pour ployer le linge à madame,
Tant soit-il delié et fin,
De toile d'atour ou fin lin,
Je passe en cela toutes dames.
Quand est du passetemps des dames,
Du forçat plaisant et trictrac,
Et autres jeux, j'en sçay le trac.
D'envoyer (les) hommes à l'escolle
Point ne me faut de protocolle,
Car je sçay mon roolle par cœur.
De fait, homme[1] n'a, tant soit seur,
Qui mieux que moy cela entende.
Je couds, je descouds, je desbande ;

1. Imp. : qu'homme

Je taille robbes de grands prix.
Je sçay conjurer les esprits
Qui courent de nuict par la rue;
Et, quant mon esguille est rompue [1],
Je m'ayde du cul proprement.
Quand est à danser lestement
La volte, courante et gaillarde,
La plus habille et fretillarde
N'y entend rien au pris de moy,
Et aux nopces, comme je croy,
Servante n'a qui mieux s'avance,
Ny qui entende la cadance
Des instrumens comme je fais.
Je ne desire que la paix;
Je ne demande point de guerre;
Vray est que, si quelqu'un m'enserre
Entre deux huis en se jouant,
Et me promette, auparavant,
M'espouser sans aucune fainte,
Passer sans flux pour une attainte,
Il n'y perra le lendemain.
Pour faire tissu à la main
Ruben, parement, esguillettes,
Lassets de couleur, cordelettes,
Sur le boisseau, sur le mestier,
Le plus seur et habille ouvrier
Au pris de moy n'est qu'un novice.
D'estre chambrière et nourrice,
Pour moy, on n'en manquera point.

1. C'est-à-dire : quand je n'ai pas d'ouvrage.

Advenant que me trouve à point
En quelque banquet, nopce ou feste,
Et il faille faire la beste,
Le petit bec, le con sucré,
A quelque pigeon eschancré,
Plus fine n'a, ny plus rusée;
Et, pour coeffer en espousée
Quelque fille et la mettre à point,
Et luy vestir robe et pourpoint,
Ou l'habiller en damoyselle,
J'ay, grace à Dieu, bonne cervelle
Pour en venir à mon honneur.
Puis, s'il y a quelque seigneur
Ou autre, qui, b[r]usquant fortune,
Ait gaigné quelque bonne prune
Pour mal coucher, soit bas ou haut,
Avec[ques] un bon grez tout chaut
Et autres drogues necessaires,
Fort propres pour telles affaires,
Le rendray sain, gaillard et gay.
Vray est que, comme un papegay,
Fauldra qu'il porte mes livrées,
De verd et de gris divisées,
Pour quelque temps sans se fascher;
Et ne faut en France cercher
En ce fait femme plus habille,
Ne qui manie mieux l'esguille
Pour tricoter chausses, bonnets,
Bas d'estame propres et nets,
Camisolle de soye ou laine,
Ny qui, avec plus longue haleine,

Chalume mieux au pot que moy [1].
S'il faut babiller, j'ay de quoy
Me revenger, fusse en la rue
Vendre poisson, trippe, morue,
Fruict, orenges, raves, citrons,
Asperges, grenades, marrons,
Cardes, artichaux et salades,
Au besoin traicter les malades
Et tout ce que besoin sera.
Et, si quelqu'un doute, il verra
Comme je sçais unguens dissoudre,
Et faire fards, pommades, poudre,
Pour tenir visage et teinct frais;
Encores fais-je à peu de frais
Toute sorte de medecine;
Je sçay relever la poictrine [2],
Chasser chancre et guarir des dents
Et plusieurs autres accidents,
Ce que beaucoup ne sçavent faire;
Je sçay bien bailler un clistère
Et l'accommoder comme il faut,
Faisant parler, sans nul defaut,
Les sansonnets, merles et pyes;
Au besoin oster les pepies
Aux poullets et autres oyseaux [3],
Faire tissu, faire reseaux [4],

1. Boive mieux au tonneau au moyen d'une longue paille.
2. Ceci se rapporte aux femmes.
3. Probablement en les mettant à la broche.
4. Imp. : raisseaux.

Faire gands et bourses de laine,
Plotons, esteufs, prenant grand peine
De besongner selon mon art,
Lever matin et coucher tard.
(Puis), estant mes choses esquippées,
Je vois habiller des poupées,
Et coeffer bien mignonnement,
Que je porte après gentiment
Au marché ou bien à la foire.
Après je fais de la cottoire,
Canetille et du poinct coupé,
Boutons pour yver et esté
De toutes façons beaux et lestes;
Puis je fays estuys à lunettes,
Ceintures, et brode (les) chapeaux;
Je sçay faire brides à veaulx,
Preparer baings dedans les cuves[1],
Fort bonne barbière d'estuves
Pour raser et tondre le cas[2].
Je n'ay que faire d'advocatz :
Je sçay par cœur loix et coustumes.
Je sçay enjoliver les plumes,
Cordons, pennaches et mirouers.
Je sçay cent mille sortes d'airs

1. On n'avoit alors que des baignoires en bois. En 1779 (cf. Heurtaut et Magny, I, 513) on en louoit encore chez les tonneliers pour 9 à 10 sols par jours.
2. Ce talent est aussi du nombre des mille et un mérites du Valet à tout faire. Il est aussi fait allusion à cet usage dans le Banquet des chambrières faict aux estuves le jeudy gras, et dans le Rondeau des Barbiers, inséré par Lenglet-Dufresnoy dans son édition de Ma-

Et chansons ; je joue de la harpe.
De faire tout[1] je fais bravade.
Je fais andouilles et boudins,
Voire plus mieux que mes voisins
Chaircuitiers qui soient en France ;
Qui en voudra l'experience,
Pour moins que rien le feray voir,
Et, qui plus est, je fais sçavoir
Que, pour garder des accouchées,
Les rendre traictées et chauffées,
Leur petit cas raccommoder,
Il ne m'en faut rien commander.
Je sçay tout le *pro* et le contre ;
Je ne veux point faire de monstre,
Car tout ce que je dis est vray,
Et, cependant que je vivray,
Il ne se trouvera servante
Telle que moy, qui bien me vante
De faire, sans quelque sejour,
Plus de besongne en un seul jour
Que six ne sçauroient faire en quinze.
Pourveu qu'on rehausse mon linge,
Je m'y emploieray fermement.

rot (III, 505), et écrit au moment où, à l'exemple de
François Ier, on se mit à porter la barbe longue :

    J'en ai pitié, car plus comtes ne ducz
    Ne peignerez, mais, comme gens perduz,
    Vous en irez besogner chaudement
    En quelque estuve ; et là gaillardement
    Tondre maujoinct ou raser Priapus,
        Povres barbiers.

1. Imp. : Du ferre-tout.

Je fournirois un regiment.
Tant me sens en mon fait experte.
Soit bien, soit mal, soit gain, soit perte,
Je ne me soucie que bien peu,
Moyennant que je voye au feu
Tousjours cheminer la marmitte,
La broche avec la lechefrite,
Et du reste *gaudeamus*.
D'aller en esté, les pieds nuds,
Les bras troussez en mesnagère,
Vendre la marchandise chère,
Poisson, chair, fruict, sallades, noix,
Et en esté febves et poix,
En tous endroits ferrer la mulle,
Je ne cognois servante nulle
Qui mieux que moy y sçache ouvrer,
Et n'ay peur qu'on puisse trouver
Qui mieux que moy nettoye ou frotte,
Ne qui les habits mieux descrotte
Que je fais, ne qui [1] les ploye mieux.
Je sçay frisonner les cheveux,
Tresser, accommoder perruques,
Coiffer en Flamandes ou Turques,
Ou autre mode qu'on voudra,
Filles, femmes, comme apperra,
Quand viendra au fait et au prendre.
De peu gaigner et bien despendre,
C'est le plus beau de mon mestier,
Et si [2] n'y a dans le cartier

1. Imp. : qu'il.
2. Imp. : s'il.

Servante qui mieux se gouverne,
Quand il faut faire à la taverne,
Que moy, qui en sçay tous les traicts [1],
Pour sortir le vin, faire apprects,
Mesler le blanc avec le rouge,
Laver drappeaulx, porter la courge,
Degresser robes et bonnets,
Tenir enfans propres et nets,
Les mener jouer par les rues,
Cloistres, moulins, ausquels sont veues
Maintes servantes aux caquets.
Je sçay bien faire des bouquets,
Chapeaux de fleurs, de laine et soye ;
Je cognois fort bien la monnoye,
Soit or, soit argent, soit alloy [2].
Je n'y vois [3] qu'à la bonne foy :
Je ne trompe jamais personne.
De fait, avenant [4] qu'on me donne
Quelque chose de petit pris,
Je ne le mets point à mespris,
Me contentant à peu de chose.
Quand est de ce que dire n'ose,
Je le preste assez voluntiers,
Ne demandant jamais de tiers.
Quand je veux remuer mesnage,
Je fais tout si bien que c'est rage

1. Toutes les ruses.
2. Nous disons encore une chose de bon aloi. Aloi vouloit proprement dire le *titre de la monnoie*.
3. Nous écririons maintenant : Je n'y vais.
4. Imp. : qu'avenant.

Que d'ouyr parler de mon fait ;
Je fais le fait et [le] desfait ;
Je housse, je cours, je tracasse,
Tousjours soigneuse à la bezace,
Quant il faut aller par païs.
D'une chose je m'esbahis
Qu'on ne trouve point ma pareille,
Et croy que d'icy à Marseille
N'y a une telle que moy.
Je ne me tiens pas à requoy,
Tousjours je besongne et sans cesse,
Tousjours à la première messe,
Afin de desjeuner matin.
Quelquefois, quand mon avertin
Me prend, je fais de la diablesse ;
Defie¹ que maistre ni maistresse
Ne m'empescheront de crier.
Cela passé ; s'il faut crayer
La vaisselle² et fourbir le reste,
Lors je remets ma bonne teste
Et besongne comme devant.
Mais si madame, au demeurant,
N'en veut endurer et me tance,
Je n'en fais point plus grand instance ;
Je luy fends les pieds, et m'en vois,
Quelquefois sans pile ny croix,

1. Imp. : De frit.
2. Comme la vaisselle étoit alors à peu près toute en étain, on se servoit de craie pour la faire briller, comme on se sert maintenant de blanc d'Espagne pour nettoyer l'argenterie.

Quelquefois aussi, bien garnie
De ce qu'il faut; puis, s'il m'ennuye,
Je chante et dance quand je veux.
Autant me sont jeunes que vieux,
Pourveu que sois à ma plaisance.
Or qui me voudra, qu'il[1] s'avance
De me louer bien vitement,
Ou je declare appertement
Que je m'en vay d'icy à Nantes,
Où l'on m'a dit que les servantes
Sont bien recueillies en tout temps.
Et cependant, passant le temps,
Je m'en vay faire un tour de ville,
Cerchant quelque dame gentille
Qui me donnera à disner.
Au fait, si je n'en puis trouve[r],
Au logis me viendray retraire,
Criant : « Chambrière à tout faire ! »

FIN.

Par Cristofle de Bordeaux, Parisien.

1. Imp. : qui.

S'ensuyvent les Regretz et Complainte de Nicolas Clereau, avec la mort d'icelluy (par Gilles Corrozet, 1529) [1].

Comme esbahy et esveillé d'ung somme,
Voyant la mort, qui toute gent assom-
[me,
Qui me suivoit et chassoit de trop près,
Pa[r] quoy j'ay fait ces regretz par exprès,
Pensant comment dès le temps de jeunesse
J'estoys nourry et tenu en liesse

1. Il est curieux que ni Du Verdier, ni La Croix du Maine, qui a tenu ses renseignements du fils même de Corrozet, n'aient parlé de cet opuscule, probablement le premier ouvrage sorti de la plume de Corrozet, qui, né en 1510, n'avoit que 19 ans à l'époque de la composition de ce poème de circonstance*. Il n'a pas de date, mais heureusement elle est donnée par ce passage du *Journal d'un bourgeois de Paris* de 1515 à 1536, récemment publié par M. Ludovic Lalanne pour la Société de l'histoire de France. Il explique d'une manière si complète toutes les allusions de notre pièce, que nous le transcrivons ici en entier :

« Audict an, samedy, troisiesme d'octobre (1529),

*Voyez sur Corrozet l'étude de M. Bonnardot, à propos des éditions de son livre sur Paris.

Très soefvement entre les miens parens,
Dont me complains, par cas bien apparens,
Quant je me voy en douleurs si extresmes
Qu'il me convient mourir, dont en moy-mesmes

Nicolas Clereau, vinaigrier de Paris, qui estoit marié*, pour les grandz maulx, meurdres, bateries et larrecins qu'il avoit faictz tant à Paris que dehors, fut, par sentence de maistre Jean Morin, baillyf du Palais, confirmée par arrest de la cour, pendu par les aisselles en une corde et eslevé hault, puis jecté et bruslé en un grand feu en la place de Grève. Et fut ceste exécution faicte huict jours après avoir esté amené de Bourges par l'huissier Bachelier, accompaigné de dix ou douze hommes, tout enferré et lié; car la cour y avoit envoié ledict huissier le querir et le prendre d'entre les mains et prisons du prevost des mareschaux dudict païs de Bourges et l'amener en la Conciergerie. Laquelle cour le bailla ès mains dudict Morin pour luy faire son procès, lequel incontinent l'envoia prisonnier au Petit-Chastelet du Petit-Pont, pource qu'environ deux ans auparavant, estant prisonnier en ladite Conciergerie, il y avoit rompu les prisons. Et le condamna ledict baillyf Morin comme dessus, dont le criminel appella; neantmoins, ladicte sentence fut confirmée. Il avoit regné plus de six ans à faire les maulx pour lesquels il fut condamné à mort. »

Nous ajouterons que l'exemplaire d'après lequel nous imprimons est un in-8 goth. de 4 ff. de 26 lignes à la page. Au frontispice, le bois d'un arbre à trois branches avec ses racines à nu. Au bas du recto du dernier feuillet sont deux petits bois représentant des saints, et, au verso, quatre bois de même taille représentant des sujets pieux.

* Notre pièce nous apprend de plus qu'il avoit des enfants.

Je suis dolent sans aucun reconfort ;
Mais, pour m'oster ceste douleur, au fort
Le mien escript je compose en complaincte,
En demonstrant comment, par douleur mainte
Suis assailly de pleurs, gemissemens,
Qui m'ont causé de très cruelz tourmens,
Disant en moy : Ha! povre malheureux,
Pleure ton dueil et ton cas douloureux ;
Ne voys-tu pas triste mort qui t'attend ?
Sans delayer, cela elle pretend ;
Il convient rendre au grand jugement compte
Bien tost sans plus : point n'y fault de mescompte
Pense donc bien dedans ta conscience,
Car sans elle tu n'as point de science.
Regarde bien les maulx que tu as faitz ;
Espluche bien, car ce sont villains faitz.
A ! Nicolas, Nicolas dit Clereau,
Ton cas n'est pas à ceste heure trop beau ;
Car tu es prins en main de la justice
Qui pugnit ont tout le tien malefice.
Voy-tu pas bien que l'on mayne le bruit
Dedans Paris, c'est que tu es destruit ;
Dames, seigneurs et menu populaire
T'ont condamné comme de faulx affaire.
— Las ! que feray-je au devant du grant juge,
Ne que diray ! Je n'ay point de reffuge
Sinon à toy, doulce vierge Marie !
Devant ton filz, je te pry, ne m'oublie.
Raison pourquoy ? tu es la tresorière
Des cieulx haultains et advocate chère
De nous pecheurs. J'ay en toy ma fiance ;
Donnes-moy donc maintenant pascience.

Helas ! helas ! quel dangereux diffame
Pour mes parens et pour ma doulce femme !
Ha ! doulce amye ! ayez bonne atrempance ;
Ne vous courroucez[1], voyant ma doleance ;
Prenez bon cœur sans avoir nul esmoy :
Plus je vous plains que je ne fais pas moy.
Quant je vous voy seulle [ainsi] demourée,
Je vous plains fort ; vous estes demourée
Sans nul confort, comme toute dolente,
Et je m'en voys sans faire longue attente.
Priez pour moy le très souverain Dieu
Qu'en paradis me donne place et lieu,
C'est assavoir qu'il colloque mon ame
Au ciel divin ; je vous pry, doulce dame.
Encor vous dis qu'après la mienne mort
Gouvernez-vous honnestement d'acort ;
Ne faites rien que de vous l'on mesdise ;
A faire bien soyez tousjours aprise.
Bien sçay de vray que je vous ay laissée,
Dont me desplaist ; je vous ay offencée.
Pardonnez-moy, j'ay faulcé mariage ;
Je suis marry trop fort en mon couraige.
Enfans, enfans, qui avez liberté,
Gouvernez-vous en humble honnesteté,
Faictes si bien que vous n'encourez hayne
Et n'ayez point le cœur si très volage[2]
Comme j'ay eu, et je dis davantage
Que ne soyez de si fresle pensée.
Suyvez tousjours la bonne compaignée

1. On prononçoit souvent : courcez.
2. L'imprimeur a répété deux fois ce vers.

Sans estre oyseulx et tenir en paresse.
Adieu vous ditz, toute joye et liesse;
Adieu vous ditz, m'amye l'artyllère;
Adieu vous ditz, ma doulce amye et chère;
Adieu vous ditz, celle que tant j'amoye;
Adieu vous ditz, mon plaisir et ma joye;
Adieu vous ditz, toutes filles pucelles;
Adieu vous ditz, et femmes et ancelles;
Adieu vous ditz, mon cher amy et frère;
Car je m'en vois mourir de mort amère
Comme ung larron et ung traistre meurtrier;
Mais, s'il vous plaist, vueillez pour moy prier
Le très bon Dieu, et qu'à mon ame face
Don de mercy, en me donnant sa grace.

Helas! je suis en grant perplexité,
Pensant comment à Bourges la cité
Je fus surpris et mené à Paris,
Qui est la fin de tous les miens perilz.
Là arrivay, au petit Chastellet
Fus enfermé : cela me fut fort lait,
Et cependant on faisoit mon procès,
Et le baillif, voyant des maulx l'excès,
Me fist venir au dedans des Requestes,
Là où il fist de moy bonnes enquestes,
Combien pour vray que rien ne vouluz dire,
J'avoys le cueur remply de dueil et ire;
Mais non pourtant m'amena des tesmoings
Qui contre moy tesmoignèrent maulx maintz,
Par quoy je fuz très fort honteusement
Condampné lors à mourir briefvement,
Et, mis au feu, estre bruslé tout vif.
Voilà l'exploit que me fist le baillif.

A ceste heure, pour vous le faire court,
J'en appelle vistement en la court,
Où il fut dit j'avoys mal appellé
Et bien jugé ; point ne me fust cellé.
Voilà comment je fus expedié
De par messieurs ; par quoy je fus prié
De souffrir lors la mort paciemment.
Hé Dieu ! voicy très grant encombrement ;
Paris, Paris, cité et bonne ville,
Adieu te ditz ; il m'est bien difficile
De maintenant mourir si durement.
Gentilz gallans, tenez-vous hardiment,
Sans point faillir, tousjours sus vostre garde ;
Car je fus prins par très grande mesgarde.
Très bons crestiens, quant mourir me verrez,
Priez Jesus, comme faire sçaurez,
Affin que j'aye en luy ma remembrance :
Car j'ay tousjours en sa grace fiance.
Vous, mes parens, faites chanter des messes
Pour prier Dieu à faire mes adresses
En paradis, là où est toute joye.
S'il est aulcun à qui meffait je aye,
Grace et pardon me donne maintenant.
Je voys mourir, en ceste main tenant
La saincte croix où mourut le Seigneur,
Le redempteur de nous et enseigneur.
Enfin je sens la mort, puis qu'elle vient,
Sans resister : car mourir me convient,
Comme celuy qui l'a très bien gaignée.
O dure mort, que j'ay tant esperée,
Rendre me vueil à toy sans resistance !
O crestiens, qui estes en assistance,

Sans plus parler je m'en voys sans attendre
En gloire ; lors vueillez à moy entendre
Tant que mort soys, car je ne foys que frire.
Adieu vous ditz : plus ne vous sçay que dire.

 Si bien virez et revirez,
 Le nom de l'auteur trouverez[1].

Plus que moins.

---

1. En effet, les lettres initiales des treize avant-derniers vers donnent en acrostiche le nom de *Gilles Coroset.*

116

Dyalogue d'ung Tavernier et d'ung Pyon, en françoys et en latin, imprimé nouvellement[1].

LE PYON *commence.*

A peri tu michi portas;
Hoste, est-il jour presentement?
Hec est vera fraternitas,
Qui a son goust tout prestement.
Se tu as, en ton tenement,
Diversa dolia vini,
On te dira joyeusement :
Ubi possunt hec discerni?

1. Nous avons eu sous les yeux, pour cette jolie pièce farcie, une plaquette gothique sans titre, petit in-8 de 4 ff. de 29 lignes à la page. M. Duplessis, qui n'en avoit pas eu d'édition originale à sa disposition, en avoit imprimé, en avril 1831, chez Garnier fils, à Chartres, une réimpression (gr. in-8 de 4 ff.) tirée à 40 exemplaires, d'après une élégante mais peu correcte copie de Fyot. Depuis il en avoit rencontré une seconde, faite par le même Fyot et différente sur quelques points de la première. Soit qu'elles fussent des copies exactes d'éditions que nous n'avons point rencontrées, soit que Fyot eût introduit des corrections, quelques leçons de ses deux

L'Hoste.

Amen, amen dico vobis,
J'ay vin pour resjouir son homme,
Et habitavit in nobis
Du pays de Grèce ou de Romme;
Sachez que n'est point vin de Somme[1];
Aspectus ejus est fulgur;
C'est ung vin, bref, que tout assomme,
Et postea videbitur.

Le Pyon.

Utinam ex hoc saperent
Les compagnons de la frarie,
Quam[2] *bene intelligerent*
Si vient d'estrange seigneurie;
Quant vins seuffrent qu'on les charie,
Ceteris sunt meliora;
Mais, s'ilz sont de Saincte-Marie,
Sunt prioribus[3] *pejora.*

---

copies, autrefois relevées par nous sur un exemplaire de la réimpression de M. Duplessis, sont trop bonnes pour ne pas être insérées dans le texte. C'est ce que nous avons fait, en indiquant en note la leçon de l'imprimé. — Nous remarquerons que la plus grande partie du latin, sinon même le latin tout entier, est tirée de la Bible, à la *Concordance* de laquelle nous renverrons ceux qui voudroient s'en assurer complétement.

1. Vin des rives de la Somme, vin picard. Si *vin de Somme* étoit pris dans un bon sens, il seroit l'analogue de vin théologal ou vin de théologie.

Imp. : *quen*. — 3. Ne faut-il pas lire *pejoribus*?

L'Hoste.

Non licet omnibus uti
De telz cas, [car] ilz sont trop forts,
Quod cause fuere[1] leti
De mille hommes dessus les po[r]tz;
Tous les jours, plus ivres que porcz,
Constituebant prelia,
Tant qu'en la fin ilz en sont mors
Mille et decem millia.

Le Pyon.

Laudo hoc, in hoc non laudo;
Mais venons au plus prouffitable;
Sedendo et quiescendo
L'ame est plus prudente et capable;
Si tu as chose favorable,
Infunde cordibus nostris,
Et nous metz deux potz sus la table
A dextris et a sinistris.

L'Hoste.

Ab initio, et ante
Qu'il n'y ait hutin ne tempeste,
Videte et vigilate
Que soye payé de ma reste[2],
Si voulez avoir bonne feste,
Tendite nomisma, census[3];
Car, quand on a le vin en teste,
Tutus non patet[4] accessus.

---

1. Imp. : *fueri.*
2. Imp. : *teste.*
3. Imp. : *nunsmisma, sensus.*
4. Imp. : *potet.*

Le Pyon.

Noli esse incredulus,
Je t'en prie amoureusement,
Nec sicut equus et mulus
Où point n'y a d'entendement ;
Tu nous maines bien rudement
Quoniam, si voluisses,
Mandé nous eusse prestement
Volucres celi et pisces.

L'Hoste.

Non est qui faciat bonum,
Si fais ou brouetz ou potaige,
Et non est, usque ad unum,
Qui paye sans avoir dommaige ;
Je n'ay point le vin ; d'advantaige,
Ab aquilone et mari
Chascun entende mon langage :
Non hodie sicut heri.

Le Pyon.

Redde[1] michi leticiam ;
Je te prie, entrons en joye
Et non in avariciam ;
C'est un peché que l'homme n'oye[2] ;
Apointe-nous, pour nos monnoye,
De domo tua vitulos ;
Et nous rostis, avec une oye,
De gregibus tuis hircos.

---

1. Imp. : *reddite.*
2. Pour *n'aye.* Il ne faut pas que l'homme ait ce péché.

L'HOSTE.

Quadraginta anni[s] fui,
Sans avoir de vous une maille[1];
Hec fecistis et tacui
Dissimulant qu'il ne m'en chaille;
Mais desormais, quoyqu'il en aille,
Argentum reddite michi;
Il n'y a promesse qui vaille
Pro nugis Maximiani[2].

LE PYON.

Omne promissum debitum,
Selon nos coustumes et loix,
Et qui non habet argentum,
Qui soit de mise, ou d'or, ou poix,
Il doit souffrir jusques deux moys
Sola fides in anima,
Ou qu'il s'oblige pour deux foys
Ad inferni novissima.

L'HOSTE.

Omne promissum dubium;
C'est cela que vous voulez dire.
Si cadat in opprobrium,
Encor ne s'en faict-on que rire,
Et moy menasser et maudire.
Cum gladiis et fustibus;
Ceulx puissent tumber, sans rire,
In actis[3] *vehementibus*.

1. C'est-à-dire un sou, au dire de Cotgrave.
2. Allusion au volume gothique *Maximiani nugæ*, imprimé à Paris vers 1500 par Et. Jehannot et P. Le Dru.
3. Imp. : *octis*.

LE PYON.

Fuerunt sine [1] *querela*
Jusques à cy tous noz propos ;
Sed, ne veniant scandala,
Terminons noz faitz a briefz motz ;
Pastez chaulx et feu de gros bos
Valent inter angustias ;
Ainsi font umbraige de potz
Ad futuras injurias.

L'HOSTE.

At non sic, impii, non sic ;
Se quérez vostre hoste en menace,
Surrexit ; vere non est hic ;
Querez ailleurs qui bien vous face ;
Se pour vous portoit la besache,
Mendicare erubescit ;
Mais il veut bien que chacun sache :
Qui patitur sepe vincit.

LE PYON.

Indistincta [2] *multitudo*
Sont les parolles et procès ;
In Deo jure jurando
Je te jure qu'à grands excès,
Par bondons, pertuys et faulcetz,
Vino [3] *mense redundabunt,*
Et, où tu passes à pieds secs,
Illic naves pertransibunt.

---

1. Imp. : *signe.*
2. Imp. : *inhistincta.*
3. Imp. : *Vins.*

L'Hoste.

Vanum est vobis surgere
Pour moy faire telle insollence ;
Qui se existimat stare
Garde soy de faire cadence ;
S'aucun de vous me fait offense,
Est qui querat et justiciet ;
Mieulx luy vauldroit, comme pense,
Si natus nunquam fuisset.

Le Pyon.

Quid est quod audio[1] de te ?
Meschant, malheureux, morfondu,
Potens es iniquitate,
Et n'as puissance ne vertu ;
Si tu n'as tantost attendu
In voces inimicorum,
Onc homme ne fut mieux battu
Inter natos mulierum.

L'Hoste.

Omnes bibite ex eo ;
Despeschez-vous, sans plus attendre ;
Alias oves habeo,
Où il me fault aller entendre ;
Qu'en abisme puissiez descendre,
Sicut deglutivit Datham ;
Je voy bien que de vous le mendre
Siccaret[2] fluminis viam[3].

---

1. Imp. : *odio.*
2. Imp. : *signaret.*
3. Imp. : *et ham.*

Le Pyon.

In profundum quasi lapis,
Puissiez faire tresbuschement,
Et, quasi plumbum [1] *in aquis,*
Puissez tomber subitement,
Et pour ton mauvais pensement,
Fugam ineas ut Agar,
Et condampné finallement
Cum habitantibus Cedar.

L'Hoste.

Dies illa, dies ire,
La resistance plus n'y vault ;
Sed quid vultis michi dare,
Puisqu'à la peste venir fault ?
Vos gens, séans et bas et hault,
Quesierunt cibum sibi ;
Au moins dictes, meschant corbault ;
Ego respondebo tibi.

Le Pyon.

Quod differtur non aufertur ;
Mais, s'il en failloit faire plet,
Superfluum videretur
Si j'en avoye ung seul bourbet [2] ;
Sur [3] ton papier, en ung anglet
Scribantur sermones mei,
Ou n'en escript[z] rien, s'il te plaist ;
Annos in mente habui. [4]

---

1. Imp. : *pre lumbum.*
2. La plus petite parcelle.
3. Imp. : *et.*
4. Imp. : *habuit.*

L'Hoste.

Discite a me [hoc] omnes,
Jusqu'à ce qu'on vous mandera
Juvenes, virgines, senes,
Beny soit qui vous mauldira ;
Car, par vous on me trouvera
Pauperem in abscondito,
Et demourer me conviendra
Solitarius in tecto.

Le Pyon.

A facie inimici [1]
Est compaingné l'hoste à la fin,
Sintque dies ejus pauci;
Puis il n'a plus ne pain, ne vin.
Il soit damné comme un devin
Pro [2] *confusione sua,*
Son gendre, aussi son orphelin,
Et uxor ejus vidua.

L'Hoste.

Lesus sum, plus quam ter, virgis
Et mieulx enyvré c'Oloferne ;
Dispergentur oves gregis,
Puisqu'il n'i a qui les gouverne ;
Entre vous, qui tenez taverne,
Estote fortes in bello,
Car, s'aucuns y vont sans lanterne,
Cadent in retinaculo.

Finis.

---

1. De l'ennemi, c'est-à-dire du diable.
2. Imp. : *Pre.*

Le Pater Noster des Angloys[1].

ater noster, Dieu eternel,
Tout-puissant en ciel, en terre,
[Vois] les Angloys qui ont la guerre;
Les François, par mer, par terre,
Nous feront des maulx infinis;
Rendre nous fauldra grant erre
Au puissant roy des fleurs de lys.

Qui es, fus, et aussi seras
Sans fin et sans commencement,
Fais-nous du mieulx que tu pourras,
Ou destruictz serons briefvement,
Car nous voyons bien seurement
Que les François auront le pris

---

1. Cette pièce est un in-8 gothique de 4 ff. de 23 lignes à la page. Au titre, deux personnages pris de deux bois différents; une sorte de messager, son chapeau à la main, présente une cédule à un homme coiffé d'un bonnet. Il est probable que l'auteur a eu l'intention d'écrire en vers de huit pieds; mais il en a tant employé de sept, de six, et même de neuf pieds, que nous n'avions pas à redresser une irrégularité aussi régulière.

Se ne nous secours erraument
Contre le roy des fleurs de lys.

In celis tu es hault monté ;
Regarde çà bas que faisons ;
Plus rien n'avons, tout est gasté,
Au royaume, n'aux environs,
Noz beufz, vaches et moutons
Sallez se sont empuantis ;
Force sera que nous rendons
Au très chrestien des fleurs de lys.

Sanctificetur soit ton nom
En tout temps et à toute heure,
Si nous donne de paix le don,
Affin que ton peuple labeure ;
Tu vois que rien ne nous demeure,
Sans point en demander le pris.
Chacun dit : « Demeure, demeure !
« Vive le roy des fleurs de lys. »

Nomen tuum ne soit juré
De nul de nous par nulle voye,
Mais ançois soit remercié
Du bien, du mal que nous envoye.
Assez avons or et monnoye :
Le pain, le vin sont à cher pris,
Par la guerre qui nous guerroye
Envers le roy des fleurs de lys.

Adveniat regnum tuum, vray Dieu,
A nous advienne aliance,
Nous te ferons promesse, veu
De povoir et de puissance ;

Nous gardes par ta clemence
Encontre tous nos ennemys.
Nous sommes en grant balance
Envers le roy des fleurs [de lys].

Fiat voluntas tua, que soyons
Ung peu de noz maulx allegez
De ce grant faitz que nous portons,
Sans texte ne glose alliguer;
Le pays fauldra habandonner,
Et laisser moutons et brebis,
Et nous rendre, sans long aller,
Au noble roy des fleurs de lys.

Sicut in cœlo, nous vouldrions
Avoir paix en nostre terre.
Si te plaist, nous te requerons
Que n'ayons jamais la guerre.
Ung pertuis ferons en terre
Pour nous musser[1], grans et petis,
Ou nous en aller grant erre
Rendre au roy des fleurs de lys.

Et in terra, nous regarde
Par ton amour et amitié;
L'yre des François retarde,
Et des Anglois aye pitié.
Delivre-nous par ta bonté
Du torment où nous sommes mis
Contre le hault et redoubté,
Le noble roy des fleurs de lys.

1. Imp. : muffer.

Panem nostrum tout est mengé
En nostre royaume, d'amont, d'aval ;
Tout le commun est dommagé :
Il nous en fait au cueur grant mal ;
Boute-nous en la paix final,
Si te plaist, roy de très hault pris,
Ou, de brief, sera tout esgal
Au noble roy des fleurs de lys.

Quotidianum, Dieu, nous voyons
De tous costez, il est tout cler,
Les François à tout gros canons
Tant sur terre que sur la mer.
Contre eulx ne sçaurions resister,
Car ilz sont puissans et hardis.
Rendre nous fault, per ou non per,
Au noble roy des fleurs de lys.

Da nobis hodie pascience,
Ayans de nous compassion,
Et aux seigneurs fais remonstrance
Par ta dure mort et passion.
Le glan, l'aigle, liepars et lion,
Si vous n'estes de nos amys,
Regardez la grant destruction
Que nous fera la fleur de lys.

Et dimitte nobis, pour payer
Nos debtes sans aucun terme,
Car toy seul en as le povoir,
Ou plus n'yrons à la taverne.
Des yeulx nous en cheent les lermes,
Plus souvent que toutes les nuytz,

D'estre subgectz aux gendarmes
Qui servent à la fleur de lys.

Sicut et nos, les Escossois
Nous veullent faire la guerre,
Et aussi font les Navarrois,
Par mer et aussi par terre.
Adieu, royaume d'Angleterre !
Maintenant tu es au bas mis
Et destruict, sans plus enquerre,
Par le puissant des fleurs de lys.

Et ne nous laisse en balance,
Mais deffens-nous encontre tous ;
Car, se par toy n'avons puissance,
Perdu avons nostre secours.
Tout nostre fait va à rebours,
Se de toy ne sommes conduitz,
Et en danger d'estre à tousjours
Subjectz au roy des fleurs de lys.

Sed libera nos de tout mal,
Nous ne sçaurions plus resister ;
S'en est le droit point principal,
Soit sur terre ou sur mer.
Et pour ce, sans plus proceder,
Garde-nous d'estre perilz :
Allons-nous-en, sans plus tarder,
Nous rendre au roy des fleurs de lys.

Amen, pour finable conclusion,
Priant Jesus, sa doulce mère,
Tenir les François en union
Et les garder de vitupère,

Et donner puissance, victoire
Au roy contre tous ses ennemys.
Anglois, notez ce pour memoire,
Et vive le roy des fleurs de lys!

Finis.

Le Doctrinal des nouveaux mariés[1].

Nouveaux mariez, il vous fault
Savoir les loix de mariage,
Et les garder sans nul default
De fait, de dit et de courage.
Pour mieulx entretenir mesnage
Et vivre sans noise et sans blasme,
Il fault tant obeir que c'est rage
Et le premier an à sa femme.

Nouveaux mariez, une foys
Pour le mesnage entretenir,
La maison de lart et de poys,
A tout le moins, devez garnir,
Tout bailler, sans rien retenir,

---

1. On connoît trois éditions de cette pièce. L'une, de Lyon, porte la marque de Pierre Maréchal et de Barnabé Chaussard : c'est un petit in-4 gothique de 4 ff. de 29 lignes à la page ; l'autre, de Paris, petit in-4 goth. de 6 ff., porte la marque et la devise de Trepperel. C'est d'elle que M. Duplessis a donné à Chartres, en mars 1832, une élégante réimpression, tirée à 50 exemplaires. Enfin l'on en connoît une troisième, aussi gothique, de 6 ff., imprimée à Rouen par Robinet Macé.

Le regime de la maison
A vostre femme, et luy fournir
Les necessitez de saison [1].

Nouveaux mariez, quant viendra
Qu'avecques vous aurez la belle,
Estorier [2] vous la conviendra
De ce qu'il fault au metier d'elle ;
Pour filler et faire la telle,
De beau lin vous achapterez ;
Quenouille de façon nouvelle,
S'il en est point, lui donnerez.

Nouveaux mariez, s'elle desire
Aller veoir sa mère souvent,
Gardez bien de luy contredire,
Au moins pour le commencement,
Et, s'elle demeure longuement
Hors l'ostel, ne la tencez mye,
Mais dittes au retournement :
« Bien soyez venue, m'amye. »

Nouveau marié, de premier
Se tu ne veulx estre tencé,
Garde-toy d'estre tavernier
Ne joueur, comme au temps passé ;
Car s'ung homme n'est assensé,
Qu'il ait damoiselle ou bourgeoise,

---

[1]. Nous faisons ce vers avec les deux éditions ; celle de Chaussard porte : *Les necessitez de la maison*, et celle de Trepperel : *Des necessaires en la saison*.

[2]. Pour *istorier*, fournir de.

Quelque bien qu'il ayt amassé,
Il n'aura tous les jours que noise.

Nouveaux mariez, s'ainsi est
Que jadis fustes amoureux,
Puisque vous avez ung arrest,
Ne retournez plus sur les lieux ;
A vostre femme pour le mieulx
Vous tenez, point n'y a d'injure :
Car, quant on est luxurieux
En mariage, on se parjure.

Nouveau marié, en ta couche
De mariage solennelle,
Avec ta femme point ne touche
En seule plaisance charnelle,
Mais affin que puisses en elle
Estre d'ung enfant producteur
De ta semence naturelle,
Moyennant Dieu le createur.

Nouveau marié, s'elle conceoit
Enfant de vostre geniture,
Soyez joyeux, quoy qu'il en soit,
En louant Dieu de l'aventure,
Et prenez femme qui soit seure,
Qui la malade lève et couche
Honnestement, et luy procure
Les necessaires de sa bouche.

Nouveau marié, pouvre ou riche,
Doit prendre, pour nourrir l'enfant,
Une bonne et sage nourrice,
Tant qu'il vive doresnavant,

Et puis, mais qu'il soit ung peu grant,
Luy acheter des besoignettes
Et le vestir d'ung drap plaisant,
Sur le bras les belles sonnettes.

Nouveau marié, garde-toy
D'aller despanser follement
Aux jeux de cartes ne de doy
Tes biens meubles et ton argent,
Et encor principalement
Ce qu'as du bien eu de ta femme
En mariage ou aultrement,
Ou reputé seras infame.

Nouveau marié, garde bien
De soustenir ces coquillars
En ta maison, sur toute rien,
Puisque tu scés qu'ilz sont paillars :
Car il court tant de ces raillars
Qui parlent sans y prendre garde,
Et ta femme, pour telz coquars,
Peult acquerir nom de paillarde.

Nouveau marié ne doit point
Tenir maison mal renommée,
Despuis qu'il congnoit bien ce point
Qu'il a belle femme esposée.
Car femme [n'est] qu'une rosée
A subvertir, quant on luy remple
Son courage et sa pensée,
En luy donnant maulvais exemple.

Nouveau marié, tu te doys
Employer à fort labourer

En la ville, aux champs ou aux boys,
Pour les biens mondains procurer;
Peine te convient endurer,
Toi et ta femme, en jeunesse,
Tant que vos biens puissent durer,
Quand vous serez cheuz en vieillesse.

Nouveau marié, ne croy pas
Tout ce que ta femme dira:
Car aulcunes fois aimeras
La chose qu'elle blasmera;
Escoute quand elle parlera;
Dilate[1] en escoutant parler;
S'elle dit vray, on le saura:
Verité ne se peut celer.

Nouveau marié, tu dois faire
En ce point à tes serviteurs
Qu'il est requis, et les attraire
A bien servir en tes labeurs,
Et les contenter de telz feurs[2]
Que tu les a voulu louer:
Qui mal paye ses laboureurs
De nul ne se fait avouer.

Nouveau marié, se ton père
Te baille femme à son plaisir,
De tes parens et de ta mère,
Ne la prent pas à desplaisir:
Car c'est le souverain desir

1. Ed. de Trepperel: difère.
2. Gages.

Que le père ayt en son vivant,
Quelque bien qu'il puisse acquerir,
De bien pourveoir à son enfant.

Nouveau marié, revertys
Vers ton père en humilité
Tousjours, et ta femme advertis
De leur monstrer humilité [1],
Leur obeir en charité :
Car souvent met femme discord
Où il doit avoir unité,
Paix et amour en bon accord.

Nouveau marié, point n'endure
Que ta femme vueille eslever
Estat sur soy, qui ne luy dure
Autant d'esté comme d'yver.
Tu ne luy dois pas reprouver
A soy tenir honnestement
Selon les biens qu'elle peut avoir,
Mais non pas excessivement.

Nouveau marié, se tu meynes
Ta femme en nopces ou banquet,
De paour des reproches villaines,
Garde qu'el n'ayt trop de cacquet,
Et, se Gaultier ou se Jacquet
Luy dit de toy en se raillant
Quelque mot ou quelque tocquet,
Ne t'en courrouce pas pourtant.

Nouveau marié, s'elle dance,

---

1. Ed. de Chaussard : virginité.

Enseigne-luy tout doulcement
Qu'en soy ait simple contenance :
Prisée en sera grandement ;
Et luy deffens expressement
Que faulx regars jamais ne face
Sur les aultres aulcunement :
Perdre en pourroit sa bonne grace.

Nouveau marié qui a prins
Femme de plus noble parage
Qu'il ne doit, il luy est mesprins
Soit en la ville ou au village :
Car damoyselle en labourage
Est aussi propre et convenable
Qu'un renart en ung hermitage :
Chascun doit prendre son semblable.

Nouveau marié doit aimer
Sa femme et ceulx de son lignage,
Après Dieu, qu'il doit reclamer
Dessus tout et luy faire homage :
Car qui aime aucun personnage,
Il doit aimer semblablement
Ceulx qui, en son très petit aage,
Luy donnèrent nourrissement.

BALLADE.

Nouveau marié qui vouldra
Mettre peine de bien gaigner,
Tout bien du monde luy viendra,
Fors qu'il ne soit fort despensier ;

Et qu'il ayt femme pour soigner
La maison et pour deviser
Aucune foys à besongner ;
Sage femme est bien à priser.

 Nouveau marié, de tes biens
Tu dois louer la Trinité,
Et en despartir aux crestiens
Qui en ont grant necessité.
Se ta femme, par charité,
Donne, tu ne l'en dois tenser
S'elle le fait en equité :
Sage femme est bien à priser.

 Nouveaux mariés sont eureux
Qu'ont partie sans deshonneur ;
Gens qui sont en biens plantureux
N'ont rien s'ils perdent leur honneur.
Pas ne fault mettre son cueur
Aux biens, qu'on ne doive adviser
A prendre femme de valeur :
Sage femme est bien à priser

 Prince, tout bien consideré,
Ce qui est à considerer,
Tousjours cecy je maintiendré :
Sage femme est bien à priser.

Explicit[1].

1. Ed. Trep. : Cy fine le Doctrinal des nouveaulx mariez.

La Piteuse desolation du monastère des Cordeliers de Maulx mis à feu et bruslé[1].

Rondeau.

Celuy nourrit cueur en vertu
Qui de bon sçavoir est vestu,
Garni de loz et de prudence;
Il est estimé très prudent, se
Tel de vertus est revestu;
   Celuy nourrit.

1. Pièce gothique in-8 de 4 ff. Ne sachant à quelle date la rapporter, nous l'avons soumise à M. Eugène Grésy, qui connoît à merveille tout ce qui se rapporte à l'histoire de Meaux. Il nous a communiqué cette note en réponse à notre question, et nous ne pouvons mieux faire que de lui laisser la parole : « Les Cordeliers de Meaux étoient établis dans cette ville dès l'année 1234. On en trouve la preuve dans l'histoire de dom Toussaint Du Plessis. Jean Rose, riche bourgeois, leur donna un fonds au faubourg S.-Nicolas, et la princesse Blanche, fille du roi saint Louis, fit bâtir à ses frais leur église, leur cloître et leur dortoir. On peut donc en induire que les bâtiments claustraux dont on relate ici l'incendie appartenoient à l'architecture de la fin du XIIIe siècle.

Quant de foy il est advestu
Par charité et esperance,
　　Celuy nourrit.

S'il est par orgueil combattu,
Contre peché dresse sa lance,
A coups de vertus il le lance ;

Mais à quelle année rapporter ce désastre ? Voici les inductions qui nous portent à croire que le feu fut mis en 1525, ou au plus tard en 1526. Dans un long préambule, le poète chroniqueur déplore la méchanceté des nouveaux sectateurs de Luther, fait allusion à leur mépris pour les images des saints, et donne plusieurs fois à entendre que ce fut l'esprit de vengeance qui poussa les incendiaires. Or il est établi, par plusieurs extraits des registres du Parlement, qu'en 1525 de nombreuses arrestations furent décrétées à la requête des Cordeliers contre des Meldois soupçonnés d'hérésie. Ces pères poussèrent même le zèle fanatique jusqu'à accuser leur évêque, Guillaume Briçonnet, qui se vit contraint de se justifier devant deux commissaires du Parlement. Dans cette fameuse querelle, il y avoit, de la part des Cordeliers, moins de vrai zèle que de vengeance. Le prélat leur avoit fait défense, en 1521, de représenter dans leur église saint François *stigmatisé*, comme aussi de prêcher concurremment aux mêmes heures que lui et sans son autorisation, et, comme ces deux défenses avoient été confirmées par arrêts du Parlement, on conçoit jusqu'où pouvoit aller la rancune des Cordeliers. Mais Guillaume Briçonnet fut enfin pleinement justifié, et les interrogatoires qu'il eut à subir tournèrent à sa gloire et à la confusion de ses ennemis.

« Nous avons consulté, dans la bibliothèque de Meaux, les mss. de P. Janvier, de J. Lenfant et de Claude Ro-

Gas [car?] qui a tel vice abbattu,
Celuy nourrit cueur en vertu.

Aultre Rondeau.

Qui de vertus prent le contraire,
Voulant dedans son cueur portraire
L'abominable effigie,
Par vicieuse energie
De peché il fauldra à traire,
Car l'ennemi le veult attraire
En ses lians ; la voye oultraire
D'enfer luy sera eslargie,
Qui de vertus prent le contraire.

D'ung cueur malin l'on doit extraire

chard, qui ont écrit sur l'histoire de Meaux : aucun d'eux ne parle de cet incendie.

« Le couvent des Cordeliers fut entièrement ruiné en 1594, pendant les guerres civiles. Depuis, la piété des fidèles l'avoit rétabli.

« Peut-être la pièce est-elle sortie des presses meldoises, car on y voit imprimer vers cette époque le livre suivant : *Quatuor Evangelia cum commentariis a Jacobo Fabro Stapulensi. Meldis, impensis Simonis Colinæi*, 1522, *mense junio*.

« Ce fut par l'ordre de Guillaume Briçonnet que Jacques Fabri d'Etaples entreprit cette publication, pour affermir la doctrine catholique contre les nouveautés de Luther ; mais les Cordeliers, par leurs accusations mal inspirées, parvinrent à obtenir, le 19 décembre 1525, que le Parlement mit provisoirement son veto sur ce livre. »

Tout vice ; rien ne sert clergie ;
Fust-il sainct en theologie,
De vice ne [se] peult retraire
Qui de vertus prent le contraire.

Car, pour declarer la raison
Des susdictz vertueux propos,
Et pourquoy dis la deraison
D'ung tas de vicieux appotz,
Vray est qu'on faict maint faulx compos,
Vicieux, plains de traïson
Qui causent plusieurs grans impos
Scandaleux sans comparaison.
L'on voit tous les jours à foison
Errer diaboliques suppotz
Qui, tout au long de la saison,
Font mains maulx sans avoir repos.
Pour vous donner le vray expos
De l'exemplaire que veulx dire,
Je m'emerveille qu'Atropos,
Felonne, embrasée d'yre,
Ne faict perir, sans contredire,
Ung tas de meschantz garnemens
Qui, par erreur, veullent mesdire
Des saincts, tousjours envenimant
Leur cueur contre Saint-Sacrement.
Genre heretique depute
Et dict que l'effaict sacré ment.
Tel opiniatre je repute
Heretique, quoy qu'il dispute
Selon non sot entendement ;

Le nom diabolique luy impute
Par son chef evidentement.
Oserois-je apertement
Dire qu'on deust punir le chef?
Dire je veulx certainement
Qu'il sont cause de gros meschef.
L'on commest grant mal à chef,
De longtemps on l'a congneu,
Qu'heretiques de rechef,
Le cas est apert et congneu,
Par force ont Dieu recogneu
Ainsi comme la fame rolle;
Que sont-ilz? sont incogneu.
Je ne dis rien, car c'est frivolle;
Pas ne dy qu'heresie volle,
En tout d'eux on est bien venu.

 Mais laissons prolixe parolle,
Declarons ce qu'est advenu.
Puis qu'au propos suis revenu,
J'en fairé declaration
Du malheur qui est survenu
Aux Cordeliers, sans dilation.
Or, faison tost la narration
Pour vous declarer le forfaict
Et la mauldicte operation
Par gens de vertu contrefaict.
Le quart jour de juillet fut faict
Le gros scandalle qui s'ensuit
Aux Cordeliers par gens infaitz,
Dont par gros oultraige ensuit
Malheur et dueil qui les insuit.
Pour narrer le cas veritable,

Aulcuns, que le diable poursuit,
Gens maulditz, par faict irritable,
Par leur invention damnable,
Comme le diable mect souvent
Au cueur de gens abominable,
Secretement vont au couvent
Des Cordeliers, mettre à vent
Poudre et souffre tout exprès ;
Au lieu mesme auparavant
Avoient faict leur secret aprest.
Ledict couvent est assez près
De Meaulx, ainsi que court la fame ;
Dens ung moment un peu après
Au gros du jour vint ce diffame.
Eslevée s'est une flamme
D'un feu gregois ; dessus la festre
Du couvent ce feu gregois flambe ;
Fumée sort par huys et fenestre,
De tous costez ; quel piteux estre !
Le feu plus haut que quatre lance
S'est eslevé, et en cest estre
L'ung fouit et l'autre se lance
Par fenestre, et l'ung s'avance,
L'autre recule ; l'ung va, vient,
Des cordeliers tous en suivance,
Malheur sur malheur leur survient :
Prendre la fuite leur convient ;
L'ung souspire, l'autre se deult ;
L'ung s'en fouit, et l'autre revient ;
L'ung crie, l'autre est plein de dueil ;
L'ung se bat, l'autre gette d'œil
Par grans ruisseaulx de chaudes larmes ;

L'ung prent en l'esglise recueil,
Et l'autre sonne les allarmes.
Là ne fault harnois ne guisarmes :
Cordeliers sont tenus de court.
Las ! mieulx vauldroit que les gens d'armes
Eussent tout pillé de plein court.
Tout bon catholique y court,
Jeunes et vieulx, hommes et femmes ;
Les ungs viennent donner secours,
Et les aultres, comme infames,
Gettent leurs brocars vacarmes.
Les voisins firent grand recours ;
L'on ne sçauroit coucher en carmes,
Papiers et encre seroient courtz
Qui vouldroit mettre tout l'acours
Du menu peuple et toutes gens,
De rusticz ou gens de la cours,
Maintz personnages laitz et gens,
Riches, povres et indigens.
L'ung venoit pour aide donner,
L'aultre pour piller quelque argent,
Et l'autre vient pour ordonner
Conseil, l'autre à transonner
Quelcun, et l'autre assemble
Maintz gens ; l'un va cloche sonner
Pour faire gens venir ensemble ;
L'ung tient bon et l'autre tremble ;
L'ung cherche escus ou ducas,
Car ung larron voluntiers emble ;
L'autre, qui est su[s]pect du cas,
Se musse et tient [à] l'escart ;
L'autre cerche les forfaicteurs ;

L'on ne trouva pas le cornart.
Dieu, qui est le divin facteur,
Fut de l'esglise protecteur.
Là eussiés veu les moines faire :
Avec l'aide du createur,
Fut la moitié du monastère
Preservée du feu austère.
Ainsi fut preservé le temple
Du feu. Or notez le mistère,
Seigneurs et dames ; [est] bien ample
Le document ; prenez exemple
A toute la suscription ;
Fondez vos cueurs en devotion,
Et ne vivez plus en rancueur,
Retenez tous vertus en cueur.
  Vertus en cueur.

        Finis.

Discours joyeux des Friponniers et Friponnières, ensemble la Confrairie desdits Friponniers et les pardons de ladite Confrairie [1].

In nomine Patris, silence,
Seigneurs et dames, je vous prie,
Car je n'ai pas haute loquence;
In nomine Patris, silence;
Je vous feray cy en presence
Un sermon de Friponnerie;
In nomine Patris, silence,
Seigneurs et dames, je vous prie.
Je ne feray qu'une partie
En colation presente,
Qui sera jointe à mon attente,
En bon françois, de point en point,
Car de latin je n'en sçay point.

1. On ne connoît jusqu'à présent qu'une édition de cette pièce, in-8 de 4 ff. de 26 lignes à la page, imprimée « à Rouen, chez Richard Aubert, libraire, rue de l'Orloge, devant le Lyon d'Or. » Le titre est entouré d'un cadre d'ornements typographiques, et porte au bas, dans un coin, le chiffre 13, ce qui prouve que Richard Aubert, comme Lescuyer, comme Cousturier, comme Louis

Or est-il question d'entendre
La manière, afin de comprendre
Que [de] prescher icy j'espère.
Vous pourriez demander : « Beau père,
Dites-nous donc, se il vous plaist,
Sans y avoir [à] nul arrest,
Comm' on appelle vostre convent
Dont [vous] nous parlez si souvent. »
Je vous respond tout des premiers
Que c'est l'ordre des Friponniers,
Là où plus de frères abonde
Qu'en toutes les ordres du monde :
Car il n'est ville ni villages
Là où (il) n'(y) a point de friponnages,
Dont la plus part tiennent convent
Chascun jour où la nuict les prend,
Et sommes en un si grand tas,
En tous lieux et en tous estats,
Tant prestres comme seculiers,
Somme, que tous les friponniers,

Costé, a publié une série de pièces de ce genre. M. Veinant, qui a fait de cette pièce, en 1831, une réimpression fac-simile tirée à 42 exemplaires, nous apprend, dans la note dont il l'a accompagnée, que ce petit ouvrage, après avoir subi des retranchements et des altérations sensibles dans le texte, a été imprimé dans le Recueil de poésie récréative ajouté aux œuvres de Coquillart, volume acheté 82 fr. en 1819, à la vente Laire, 400 francs, en 1827, à la vente de M. de Chateaugiron, et qui se trouve maintenant entre les mains de M. Dutuit, qui l'a payé 409 fr. 50 c. à la vente Soleinne.

Sans en laisser un à desordre,
Ils sont tous sujets à nostre ordre,
Et sommes en un si grant nombre
Que l'un à l'autre en fait encombre.
(Et) si le roy avoit devotion
Faire faire procession
Aux Friponniers et Friponnières,
Jamais ne fut tant de bannières,
Ni de croix, comme il me semble,
Qu'on verroit s'ils estoient ensemble.
Les Friponniers, que Dieu benie,
Vont en si grande compagnie,
Ainsi que la reigle contient,
Que la plus part du monde en tient :
Car, s'il falloit faire une guerre,
Il est des Friponniers sur terre
Autant, en un mot abreger,
Qu'un puissant roy pourroit aiser ;
Car Paris, Rouen et Lyon,
En fourniroient d'un million,
Sans conter Orleans ne Tours.
Plusieurs ont tant friponné
Que leur estat est ruiné,
Et ont mangé de gros deniers
Pour estre frères Friponniers,
Tant que par la Friponnerie
Ont esté jusques en Surie,
Tellement qu'ils ont comparu
Au chapitre, et apparu
Des Friponniers par tel usage,
Qu'ils ont perdu nez et visage ;

En sorte que par leurs despences
Sont contrains d'aller aux potences[1]
Comme les abbés impotens ;
Et [l]es moines, qui tout leur temps
Ont friponné par tels excès
Qu'ils sont demeurez contrefaits,
D'autant que la pitié est grande,
Aux Friponniers les recommande.
Chanoines et protenotaires,
Qui, pour hanter des Friponnières,
Sont de verolle tous farcis,
Jesus-Christ leur face mercy[s].
Procureurs et [puis] advocats
Qui defriponnèrent leurs cas,
Tant goutte, chancre que verolle,
Un chacun Friponnier recolle
De prier Dieu par sa clemence,
Au moins qu'il leur doint patience,
Et consequemment tous captifs
Qui sont au nombre des martyrs,
Lesquels vont sur mer et sur terre
Pour conquester aucun catherre.
En toutes façons et manières,
Vous trouverez en vos prières,
S'il vous plaist, pour recommandez,
Si deux graces vous pretendez.
(Or) escoutez, notable assistance.
Quand un predicateur commence,
Volontiers, c'est nostre coustume
Nous recommander sans faute aucune,

---

1. Ce qu'on nomme maintenant béquilles.

Et pour tant je me recommande,
Vous sçavez bien que je demande.
Nous sommes grand nombre de frères :
Vous partirez[1] en nos prières
Que fesons ordinairement
Jour et nuict en nostre convent,
Car nous chantons dessus le livre,
Pour ceux qui nous aident à vivre :
Gaudeamus, tout en musique,
En menant vie angelique,
Et ne chantons en notre vie
Rien que sur parchemin en vie ;
Et, plus fort est, Dieu a voulu
Que chantons sur l'hotel velu.
Nostre abbaye ainsi fondée,
Vous l'aurez pour recommandée ;
Car, s'il nous vient quelque secours
A friponner, soyons tous seurs
Qu'en disant : « Dame, à *vobis* »,
Nous leur lançons Choüard en bis,
En bis, mais en telle sorte
Que, quant Choüart heurte à la porte,
Il faut [lors] charitablement
Que les seurs ouvrent le convent
Par devotion autentique,
Recevant les dignes reliques,
Tellement qu'il sont (toutes) estonnées
De s'y voir si bien friponnées ;
Et, s'ils ont servante ou meschine,
Nous leur baillons la discipline

1. C'est-à-dire : vous aurez part.

Tout aussi bien dessus les fesses,
Comme nous fait à leurs maistresses.
S'il y a quelque mariée,
Ou de son mary hariée,
Ou [que] d'elle il soit jaloux,
Qu'elle vienne par devers nous;
Incontinent par un bon frère
Sera visité son affaire,
Voire d'une si bonne entente,
Que la dame sera contente.
   On congnoistra bien en effet
Les biens qu'aux autres avons fait,
Car, en tous [les] cas pitoyables,
Nous sommes très fort charitables :
Affin de mieux sauver nos ames,
Prenons grand plaisir sur les dames;
Autant de jour comme de nuict
Est presque tout notre deduict,
Et, pour sçavoir nos beaux miracles,
Nous montons sus les tabernacles,
Qui est (une) peine laborieuse.
Une femme est assez heureuse
Quand Dieu lui a fait ceste grace
De se trouver en ceste place.
Vous viendrez, par devotion,
Vous toutes, en p[r]ossession.
Il y a pardons generaux,
Dont nous portons bulles et seaux,
Donnez de souverains prelats,
Autant abbéz comme conards,
Et ne faut au contraire aller.
(Le) pape [n']en ouyt jamais parler.

Somme toute, gros et menu,
Vous en verrez le contenu.

Le contenu de la Bulle.

Jeunes filles aux tetins ronds,
Que l'on marie à vieux grisons
Qui n'ont ne force ne puissance,
Si la dame, par sa plaisance,
A choisi quelque verd galland
Pour lui friponner son devant,
Cela ne faut estre estonné :
Tout cela luy est pardonné.
Jeunes filles qui, en bas aage,
Ont esbranlé leur pucelage,
Faisant service à leurs amis,
Tous ces cas-cy leur sont remis
Et pardonnez, sans faute nulle,
Ainsi que recite la bulle ;
Si une femme, par (sa) prouesse,
Est de son mary la maistresse,
Ou qu'el' le batte à chacune heure :
— Ouy, pourveu que le vilain meure.

Fin.

La vraye Medecine qui guarit de tous maux, et plusieurs autres, ensemble de n'avoir jamais faute d'argent, utile et proffitable à un chascun, avec plusieurs autres receptes gentilles pour resjouyr tous esprits melancholiques, comme pourrez veoir à la page suyvante[1].

Sommaire de tout ce present livre.

Et premierement.

Pour le mal de teste.
Pour le mal des ouyes.
Pour guarir des dens.
Pour le mal des rains.
Pour le mal de jalousie.
Pour la maladie d'amours.
Pour le mal des mains.
Pour guarir des fièvres.
Pour la jaunisse.
Pour ceux qui ne peuvent dormir.
Pour asseurer ceux qui ont paour.
Pour guarir les fols.
Pour toutes maladies en général.

---

1. Spirituelle facétie, souvent réimprimée. M. Brunet en cite une édition dans le *Plaisant jardin des receptes* (Paris, P. Sergent, vers 1540). Nous en connoissons deux éditions postérieures, l'une « à Paris, pour Jean de L'Astré, demeurant près le collége de Reims, 1575 » in-8. l'autre à « Rouen, chez Loys Costé, libraire, rue Escuyere, aux trois ††† couronnées, 1602 », in-8. de 12 ff. avec la signature B au 5ᵉ.

LA VRAYE MEDECINE. 155

Sommaire de la Medecine de maistre Grimache.

Premierement.

Pour n'avoir jamais pauvreté.
Pour n'avoir point faute d'argent.
Pour n'avoir jamais faim.
Pour n'avoir jamais soif.
Pour n'avoir jamais chaud.
Pour n'avoir jamais froid.
Pour n'estre point mouillé quand on va dehors.
Pour n'estre point tué en bataille.
Pour avoir bon marché de vin.
Pour garder les chiens de vous mordre.
Pour garder que les oyes ne vous becquent.
Pour garder les puces de vous mordre.
Pour soy chauffer tout houzé sans brusler ses bottes.
Pour guarir une femme de la pepie.
Pour faire taire une femme.
Pour guarir une femme de la trop file.
Pour garder voz filles de n'estre oysives.
Pour guarir une femme de jalousie.
Pour cognoistre un preud'homme.
Pour garder qu'un homme ne voise en garouage.
Pour guarir un homme de haultes mulles.
Pour se preserver de la grosse verole.
Pour guarir du chaud mal.
Pour sçavoir si une nourrice est vierge.
Pour faire venir le laict aux nourrices.
Pour guarir un cheval des avives.
Pour cheval retif ou pour mulle.
Pour garder un chat de manger moustarde.
Pour guarir un chat de la toux.
Pour gaigner la grosse verole.
Pour guarir des mulles.
Pour guarir de la quoqueluche.
Pour avoir des poussins huppez.

Pour sçavoir si vous mangerez du rost.
Pour garder que les taulpes ne gastent vos prez.
Pour garder que les mouches ou guespes ne mangent les raisins aux vignes.
Pour garder qu'un chat ne vous morde on esgratigne.

Fin des sommaires.

*La vraye Medecine qui guarist de tous maulx
et de plusieurs autres.*

L'Acteur.

Je suis mire, maistre passé
Docteur en l'art de medecine,
Qui ay ce livre compassé
Par ma science et discipline,
Et de gros latin de cuisine
L'ay exorné du premier bout,
Afin que mieux je determine
Ma medecine, et puis c'est tout.

Pour le mal de teste.

Malo testus, c'est mal de teste.
Pour la guarir, prendre vous faut
De bon vin, sans faire la beste,
Et l'avallez, soit froit ou chault;
Puis vous couchez le cul en haut
Et que la teste pende en bas :
Ainsi sera guary Michaut.
Qui ne le croit damné n'est pas.

Pour le mal des ouyes.

Malorillas, vous vueil apprendre
Pour guarir ceux qui y ont mal,
Comme sours, qui ne peuvent entendre

Ce qu'on leur dit, ou bien, ou mal;
Prennent des cornes d'un cheval,
La vigille de la Toussains,
Et puis frottent là où est le mal,
Et ils seront guaris tous sains.

Pour guarir des dens.

Maillotins, entendez-[moy] bien,
Voicy chose de grand merveille :
Pour les guarir qu'il n'y ait rien,
Prendre faut plaine une corbeille
De vent, et le mettre en l'oreille
Gauche, et de froit une livre,
Boire de l'eaue plaine une seille,
Puis s'en aller coucher tout yvre.

Pour le mal des rains.

Reni maulos est bien mauvais
Et bien terrible maladie
A cause de la mère; mais
Il faut bien qu'on y remedie :
Car ces femmes de Normendie[1]
En sont bien souvent tourmentées;
En danger sont d'en perdre vie,
Si d'hommes ne sont confortées.

Pour le mal de jalousie.

Jalousie est maladie
Collerique et bien fascheuse,
Que nous appellons jalousie,

1. Et de Coste : Picardie.

A toutes gens impetueuse ;
Prenez de soucy plaine heuse
Et de pensées plain un minot,
Femme riante, hardie, joyeuse,
Et vous serez guary tantost.

Pour la maladie d'amours.

Amourois si sont amoureux ;
C'est maladie fort commune,
Tant à Rouen comme à Evreux ;
Mais je vous en donneray une :
Il faut veiller trois jours la lune,
Et ne dormir ne jours ne nuicts,
Et puis, s'on en ayme quelcune,
　Baiser la cliquette de l'huis [1].

Pour le mal des mains.

Malo mainus, ce sont des mains
Maladie bien enracinée,
Que, tant à Paris comme à Reims,
Est diversement machinée ;
Mais manger faut une hottée
De charbons rouges comme feu,
Et puis danser la tricotée
Et demander hauguignolu [2].

Pour guarir des fiebvres.

Fevrarius [3], recipe
　Une très bonne medecine :

---

1. V. dans Collerye le sermon pour une nopce, p. 119.
2. C'est-à-dire le gui de l'an neuf.
3. Lastre : Fabruarius.

Boire devez du ripopé
Deux seillées avec pouldre fine
Meslée à saulce cameline [1],
Devant desjeuner, à cueur jeun,
Puis coucher avec la meschine.
Qui ne le croit, ce m'est tout un.

Pour la jaunisse.

Junius signifie jaunisse
Puant et de couleur bien pasle;
Mais bien sçay qui y est propice :
Prendre fault de [la] noix de galle
Et noix gaugues a[vec] l'escalle [2],
Qui soient vertes; mettez boullir,
Et puis du feu qu'on les devalle;
Frottez, (et) garde (n')aurez de jaunir [3].

Pour ceux qui ne peuvent dormir.

Maudamus, hoc est maudormir,
Maladie qui tient en la teste,
Qui est bien mauvaise à guarir
Et fort la personne moleste;
Mais il vous fault prendre la teste
D'une couleuvre, et se coucher
A terre, plat comme une beste,
Et puis dormir sans resveiller.

Pour asseurer ceux qui ont paour.

Qui passus est, c'est(-à-dire) qui a paour.

1. On en peut voir la recette dans *le Ménagier de Paris*, t. 2, p. 230, parmi les *Sauces non boulies.*
2. Avec leur brou.
3. Par la bonne raison que vous serez tout noir.

Tu doibs prendre une brigandines,
Armures plus fortes qu'un mur,
Et contre ces Angloys dandines
Force canons et couleuvrines,
Ou il te faut gaigner au pié,
Te deschausser, ains que chemines,
Pour t'en aller dès *hodie*.

Pour guarir les fols.

Follemus guerissanteo,
Prenez pour un double de sens
Et une once dyamerdo,
Des groiselles deux ou trois cens,
Et puis, le jour des Innocens [2],
Jeusnerez, et, trois moys après,
Sentirez, c'est au nouveau temps,
La fleur des febves o le nez.

Pour toutes maladies en general.

Generallement, pour tous ceux
Qui sont malades et mal sains,
La verité dire vous veux :
Prier vous faut Dieu et ses saints,
Et vous mettez à joinctes mains
En demandant grace et mercy.
Par esbat ce n'est que du moins
Ay ce escript. *Parcite michi.*

Explicit.

Fin.

1. La fête des Innocents est le 28 décembre.

La Medecine de maistre Grimache, avec plusieurs receptes et remèdes contre plusieurs et diverses maladies, toutes vrayes et approuvées.

Premièrement, pour n'avoir jamais povreté.

Pour n'avoir jamais povreté,
(Sans enquerir d'autre conseil,)
Il fault qu'amassez en esté
Plein grenier d'escuz au soleil ;
Après, vous pourrez sans traveil
En hyver manger la grasse oye,
Et dormir quand aurez sommeil
En paix, et recevoir monnoye.

Pour n'avoir point faute d'argent.

En hyver, durant qu'il faict beau,
Par un temps sec et pluvieux,
Emplissez-moy un (bon) gros tonneau
De beaux testons et d'escuz vieux.
Cela fait, soyez curieux
De les despendre par mesure,
Et je vous promets qu'en tous lieux
Il ne vous faudra tant qu'il dure.

Pour n'avoir jamais faim.

Si vous avez peur d'avoir faim,
Sans attendre grands ni petis,
Mangez pour quinze sols de pain
Devant qu'ayez point d'appetis ;

Puis, si quelqu'un vient qui rosti
Quelque chapon ou poulle grasse,
Mangez-les, si vous adverti,
Devant qu'ayez faim longue espace.

Pour n'avoir jamais soif.

Tant en hyver comme en esté,
Pour avoir le gosier plus frais,
Il faut, sans contrarieté,
Boire souvent et à longs traicts,
Et avoir tousjours le vin près,
Bon de saveur et de couleur;
Et retenez pour tout exprès
Qu'il vaut mieux boire du meilleur.

Pour n'avoir jamais chaud.

En esté, quelque chaud qu'il face,
Si vous redoutez la chaleur,
Gardez un plein tonneau de glace,
Dès l'hyver, de blanche couleur,
Et vous mettez, sans avoir peur,
Là dedans sans vous remuer;
Et je vous jure de bon cueur
Que garde n'aurez de suer.

Pour n'avoir jamais froid.

Si vous avez peur d'avoir froid,
Sans enquerir autre raison,
Faictes bastir, soubs quelque toict,
En un four chaud une maison,
Et vous tenez toute saison
Là dedans sans sortir dehors,

Et, sans brusler bois ny tison,
Vous n'aurez jamais froid au corps.

Pour n'estre point mouillé quand on va dehors.

Si vous voyez l'arc pers ou vert,
Ou le temps noir comme une meure,
Mettez-vous soudain à couvert
Devant qu'il pleuve une bonne heure,
Et faites là vostre demeure
Jusqu'à ce que le temps soit beau;
Et pour certain je vous asseure
Que [vous] n'aurez jà goutte d'eau.

Pour n'estre point tué en bataille.

En quelque part que debat aille,
Gardez-vous bien que, par exprès,
Vous n'approchez [de la bataille]
Qu'à trente lieues au plus près,
Ou que vous n'y alliez qu'après
Que tous les coups seront rués,
Et si vos gens n'ont fort longs traicts,
Jamais vous n'y serez tués.

Pour avoir bon marché de vin.

Ainsi que m'a dit un devin
Qui ne voudroit [me] fourvoyer :
Pour avoir bon marché de vin,
Il ne vous en faut rien payer ;
Aussi, pour en bien essayer,
Beuvez-[en] quinze ou seize fois,
Tant qu'il vous face larmoyer.
Voilà tout ainsi que j'en fais.

Pour garder les chiens de vous mordre.

Premier qu'entrer en un village,
Sans enquerir autres moyens,
Envoyez homme qui soit sage
Pour bien amuseler les chiens.
Cela faict, ne doutez riens,
Car, si bien sont amuselez,
Tenez-vous seur que je soustiens
Que jà n'en serez affollez.

Pour garder que les oyes ne vous becquent.

Si vous redoutez les batailles
Des oyes, faictes-leur bouter
Les testes en belles bouteilles
Que ne les puissent pas oster;
En après, s'ils veullent jouster,
Laissez-les jouster là dedans :
Car de faict vous pouvez noter
Que garde n'aurez de leurs dents.

Pour garder les puces de vous mordre.

Si des puces craignez le mors [1],
Vous qui avez blanche tetine,
Prenez-les-moy toutes au corps
Et mettez en une botine;
Puis leur mettez de turbentine [2]
Aussi gros qu'un pois en la bouche,

1. La morsure.
2. Térébenthine.

Et je payeray pinte et chopine
Si de trois jours puce vous touche.

Pour garder les poux de vous mordre.

Si de mordre voulez garder
Les poux, ainsi comme je cuides,
Faites-les-moy trestous brider,
Comme chevaux, de bonnes brides.
Cela faict, ayez bonnes guides
Pour les abbrever d'une tire,
Et, s'ils n'ont les ventres fort vuides,
Vous les ferez crever de rire.

Pour soy chauffer tout houzé sans brusler ses bottes.

Pour garder de brusler vos bottes
Quand vous venez auprès du feu,
Sans les faire oster par les hostes,
A Paris, Rouen ou à Eu,
Il ne vous chault, sans autre adveu,
Sinon vous chauffer à genoux ;
Et je vous dy que tant soit peu
N'en bruslerez jà les dessous.

Pour guarir une femme de la pepie.

Si vostre femme a la pepie
Et qu'ell' ne sçache plus parler,
Mouchez-la, s'elle a la roupie,
Et la luy faictes avaller.
Soudain la verrez sang mesler[1],

---

1 Vous verrez soudain le sang se troubler et lui monter à la figure.

Et decliquer à haute voix :
« Au diable puissiez-vous aller ! »
Ou je vous donne un cent de noix.

Pour faire taire une femme.

Si vostre femme brait et crie
Quand vous venez à la maison,
Pour appaiser sa diablerie
Sans prendre baston ny tison,
Envoyez-luy querir foison
De bon vin, quoy que couster doyve,
Et je vous dy que par raison
Ne criera point tant qu'elle boyve.

Pour guarir une femme de la trop-file.

Si vostre femme est espaulée
Ou eshanchée par trop filer
D'une fusée qu'elle a fillée,
Tant qu'ell' ne sçache plus parler,
Afin de tost la consoler,
Prenez suin de jambes de grue,
Et l'en frottez sans flageoler,
Et tantost sera saine et drue.

Pour garder vos filles de n'estre oisives.

Si vos filles mal adverties
N'ont aucune occupation,
Frottez-leur [bien] le cul d'orties :
Elles[1] auront au cul passion ;
Et croyez que, sans fiction,

---

1. Imp. : Et ils.

Temps passeront à le gratter,
Et trouveront l'invention
De souvent leurs fesses frotter.

Pour guarir une femme jalouse

Si vostre femme est trop jalouse,
Et qu'elle crie incessamment,
Je vous conseille qu'on la touse,
S'elle joue son enragement ;
Puis luy frottez le fondement
D'orties griesches par temps chaud ;
Et tout soudain l'entendement
Luy reviendra audit Michault.

Pour cognoistre un preudhomme.

Si vous voyez souvent moucher
Du bout du coude un homme à table,
Vous pouvez bien de luy toucher
Qu'il est preudhomme et fort notable ;
S'il ne le fait, ce n'est pas fable,
Car le cas est tout publié
Par evident et vray notable,
Que c'est un ribaut marié.

Pour garder qu'un homme ne voise en garouage.

Si un homme s'esgare souvent,
Dont sa femme soit mal contente,
Plume-luy le ventre devant,
Entre le nombril et la tente.
Cela fait, quoy qu'il se tourmente,
Il deviendra plus froid qu'un jars

L'experience est evidente,
Car je l'ay veu faire aux canards.

Pour guarir un homme des hautes mulles.

Si un homme a les hautes mulles
Et qu'il soit jaloux de sa femme,
Pour ce qu'il a meschantes bulles
Dont elle se plaind et le blasme,
Prenez chopine de vray basme
Et luy en frottez les genoux
Entre [les] deux, et, sus mon ame,
Il ne sera jamais jaloux.

Pour se preserver de la grosse verole.

Mais que ne tombez point aux pattes,
Quelque chose qu'on en flageole,
Je soustiens par evidens actes,
Que vous n'aurez point la verole :
Car les maistres de nostre escole
Demonstrent, comme vrays regens,
Qu'elle prend quand, par chaude colle,
On se laisse cheoir sur les gens.

Pour guarir du chaud mal.

Pour guarir du chaud mal qui prend
Sous le nombril au haut des lunes,
En sorte que le membre en tend
Souvent à aucuns ou aucunes,
Il faut qu'ils n'usent que de prunes
Verdes durant un six sepmaines,
Et je (vous) donne toutes mes jeunes,
S'il leur tend rien entre deux aines.

Pour sçavoir si une nourrice est vierge.

Pour sçavoir si nourrice est vierge,
Ainsi comme on peut presumer,
Envoyez querir un grand cierge,
Et puis le faites allumer ;
Et, s'elle pisse sans fumer
Ou mouiller les bords par dessus,
Vierge la pouvez estimer,
Au moins si vous n'estes deceus.

Pour faire venir le laict aux nourrices.

Si nourrices n'ont point de laict
Ès mammelles, croyez d'un cas
Qu'il leur faut quelque gros varlet
Pour leur battre souvent leur bas ;
Et je vous donne cent ducas
Si, dedans la fin de six mois,
N'en voyez sortir les esclats ;
Je l'ay esprouvé autresfois.

Pour guarir un cheval des avives.

Ainsi que je trouve en mes livres,
Et croy que c'est chose approuvée,
Que si cheval a les avives
Et qu'il dorme la queuë levée,
D'une nouvelle relevée,
Prenez soudain le pucellage,
Et luy versez à la volée
En la gueule, et vous verrez rage.

Pour cheval retif ou pour mulle.

Si vous voulez bien vous venger

De cheval retif ou de mule,
Vers le lieu où pensez loger
Tournez-luy le cul s'il recule ;
Et je vous dy, sans faute nulle,
Que si tant va à reculons
Que autrement, mais que bien calcule,
Vous serez tantost à Chalons.

Pour garder un chat de manger moustarde.

Pour ce qu'un chat est fort friand
De moustarde communement,
Et qu'il esgratigne en riant
Les petits enfans lourdement,
Boutez-luy dans le fondement
Un fer tout chaud quand il se farde,
Et je vous dy certainement
Que jamais n'aymera moustarde.

Pour guarir un chat de la toux.

Pour guarir un chat de la toux,
Quand vous orrez qu'il esternue,
Dittes-luy tout haut devant tous :
« Dieu vous sauve, mitte pelue ! »
Puis luy mettez graisse menue
Toute bouillante par la gorge,
Et, si soudain n'en perd la veuë,
Je vous donne un septier d'orge.

Pour garder qu'un prelat n'oublie sa promesse.

S'il y a quelque gros evesque
Qui vous promette, et ne le tienne,
Benefice, ou quelque archevesque

Qui sa promesse n'entretienne,
Quelque chose qu'il en advienne,
Pendez-luy, sans bourde ou sornette,
(Afin que de vous luy souvienne,)
Aux aureilles une sonnette.

Pour gaigner la grosse verolle.

Pour avoir la grosse verolle,
Il n'y a rien, comme j'entens,
Qui soit meilleur qu'en chaude colle
Cheoir aux pattes dessus les gens.
Le chancre en vient, le mal des dens,
La goutte aux pieds et aux genoux,
Et, pour en parler en bon sens,
Le danger est loger aux troux.

Pour guarir des mulles.

Pour guarir, sans pardons ny bulles,
Morfondus et telle merdaille,
Des tallons esquels sont les mulles
Doivent heurter à la muraille,
Près l'huys d'un sourd, de telle taille
Qu'il les oye, en disant : Holà !
Et puis, jusques à tant qu'il saille,
Il faut qu'ils heurtent tousjours là.

Pour guarir de la quoqueluche.

Si vous avez la quoqueluche,
Faites en faire un chaperon,
Ou vous affublez d'une aumusse
Ou d'un vieil sac à coquillon,
Et puis sçachez d'un biberon

Qui porte un gros nez à pompettes
S'il est extrait d'un vigneron
Ou d'un gros souffleur de trompettes.

Pour avoir des poussins huppez.

Quand vous mettez couver les œufs,
Mettez un sac à coquillon
Sus vostre teste, comme ceux
Qui vont au marché à Villon[1].
S'il n'est vray, je veux qu'un couillon
Ou tous les deux vous soient couppez,
Et je devienne papillon
Si n'avez tost poussins huppez.

Pour sçavoir si vous mangerez du rost.

Si un homme pond en se levant
Ou un petit après bientost,
S'il se lève le cul devant,
Il mangera au jour du rost;
Soit chez baillif, juge ou prevost,
Si la cuisine n'est meschante,
Du rost aura, sans nul depost,
Veu qu'au matin le cul luy chante.

*Pour garder que les taulpes ne gastent voz prez
ou jardins.*

Si vous avez peur que les taulpes

---

1. Il y a un Villon dans l'Yonne, arrondissement d'Auxerre; mais cela ne se rapporte guère aux noms des lieux cités dans la pièce; il est assez probable que le marché de Villon n'est autre que la *foire d'Empoigne*, marché bien connu des compagnons des *Repues franches*.

Ne gastent vos préz ou jardins,
Par [le] conseil des vieilles gaulpes
Vendez-les tous à vos voisins.
Lors ne craignez que les lutins
Ni les taulpes, soit loing ou près,
Fouissent ny soirs ny matins
En vos jardins ny en vos prés.

*Pour garder que les mouches ou guespes
ne mangent les raisins aux vignes.*

Pour bien preserver que les mouches
Ne vous gastent raisins ou grappe,
Mettez-leur soudain, en leurs bouches,
A chacun une chausse-trappe,
[Et], de peur que ne leur eschappe,
Bridez-les par sus les aureilles ;
Et, pour aussi vray que suis pape,
Ne gasteront vignes ne treilles.

*Pour garder qu'un chat ne vous morde
ou esgratigne.*

Si vous vous deffiez qu'un chat
Ne vous morde ou vous esgratigne,
Faites-luy chausser tout à plat
A chacun pied une botine,
Et l'emplissez de poix raisine
Toute chaude, quoy qu'il s'en deule ;
Après, mettez-luy, s'il s'obstine,
Un lopin de liège en la gueule.

Pour garder les cerfs de vous heurter.

Pour garder de heurter les cerfs

Ce pendant qu'allés à la chasse
Par les bois ou par les forests,
Guettés au trou par où il passe,
Puis les prenez, s'avez espace,
Par la queuë, soit mont, soit val,
Et le tenez tant qu'il trespasse,
Et jà des cornes n'aurez mal.

Fin des vers de Maistre Grimache.

La grande et triumphante monstre et bastillon des six mille Picardz faicte à Amiens à l'honneur et louenge de nostre sire le Roy, le xx jour de juing mil cinq centz xxxv[1], *faicte en manière de chanson, et se chante sur celle de* : Monsieur de Bacqueville, capitaine de mille hommes.

Ne desplaise aux Normands ne à leur com-
[paignie
Si on donne l'honneur à ceulx de Picardie :
Ce sont tous gens de mise ayans barbe au
[menton,
Dont la plus grant partie ont tous passé les mons.
Nous servirons le roy, comme promis avons ;
En toutes ses affaires jamais ne luy fauldrons.

1. In-8 goth. de 4 ff. — Un passage des *Mémoires de Martin du Bellay* (coll. Michaud et Pouj., 1re série, V, p. 284-5) est une annotation si précise et si complète de la chanson des Picards et de la réponse faite au nom des Normands, que nous devons le reproduire en entier. Merveilles, l'ambassadeur de François Ier auprès du duc de Milan, avoit été décapité par l'ordre de celui-ci ; François Ier s'en étoit plaint sans avoir de satisfaction, et, comme Charles-Quint

Françoys roy, notre sire, [et] tout plain de prouesse,
Luy-mesme à beau pied leur a monstré l'addresse ;
C'estoit une noblesse de le voir ainsi marcher.
Je croy qu'en tout le monde n'e   fault ung tel cher-
Nous servirons le roy, comme p   omis avons ; [cher.
En toutes ses affaires jamais n   uy fauldrons.

En la ville d'Amiens a esté c   te assemblée
De six mille pietons, natifz d'un   contrée,
Tous gentilz compagnons, ne q   erant que combat ;
D'aller à la guerre est très bien   eur esbat.

ne faisoit non plus aucun cas de ses pl   ites, « il delibera par
armes en avoir reparation ; et, parc   l'il estimoit bien que
l'empereur voudroit estre de la part   , voulut pourvoir à
ce qu'il fust suffisant et preparé po   soustenir l'effort de
ceux qui le voudroient empecher d'av   : sa ditte reparation ;
et, cognoissant qu'il pouvoit tirer de   estrangers, se voulut
toutesfois fortifier de sa nation. Et a... que soudain il eust
les hommes à son premier mandement, ordonna, avec ceux
de son conseil, de dresser, à l'exemple des Romains, en
chacune province de son royaume, une legion de six mille
hommes de pied, dont il bailleroit la charge à six gentilshommes, lesquels auroient, pour chaque mille hommes,
deux lieutenans, et soubz chacune enseigne cinq cens
hommes, et donna grands priviléges ausdits legionnaires,
tant aux cappitaines que soldats, lesquels devoient, une
fois l'an, en temps de paix, faire une monstre generale,
et afin que les capitaines peussent sçavoir le nom et surnom de chacun et le lieu de sa demeure, tant pour les
avoir soudainement prests à tous mandemens que pour les
chastier s'ils faisoient faulte ; et, pour cest effet, depescha
les commissaires à ce necessaires.

« Environ le mois de may 1534 (c'est bien 1534 ; voir
l'*Itinéraire des rois de France*, dans le marquis d'Aubais),

Nous servirons le roy, comme promis avons;
En toutes ses affaires jamais ne luy fauldrons.

Sy vous voullez sçavoir la fleur des capitaines,
Qui pour le roy servir ne craignent point leurs pei-
C'est Hely et Canis, et monsieur de Douchy, [nes,
Qui en telle besongne n'ont point le cueur failli.
Nous servirons le roy, comme promis avons;
En toutes ses affaires jamais ne lui fauldrons.

N'estoisse pas triumphe de voir telle compaignie
Marcher sy braguement en ordre bien jolie?

estant ledit seigneur adverty que les legions estoient prestes, voulut bien aller visiter les prochaines de luy; et, pour cet effet, se trouva en sa ville de Rouen, capitale de Normandie, auquel lieu les monstres de la legion d'icelle furent faites en sa presence, dont estoient capitaines six gentilshommes, sçavoir est: le seigneur de Bacquevile, le seigneur de La Salle, le seigneur de Sainct-Aubin-l'Hermite, le seigneur de Sainct-Aubin-Gobellet, le seigneur de Cantelou-aux-deux-Amants, et le seigneur de Sannevelles. Ayant veu ladite legion de Normandie, de laquelle il se contenta fort, print le chemin d'Amiens pour faire le semblable de la legion de Picardie; et, environ le vingtiesme jour de juing, se trouva ladite legion en armes en la plaine tirant d'Amiens à Sainct-Fuscien, de laquelle estoient capitaines le seigneur de Sercu; Jean de Mailly, seigneur d'Auchy; Jean de Brebançon, seigneur de Cany; le seigneur de Saisseval; le seigneur de Heilly, surnommé de Pisseleu. A ladite monstre se trouvèrent toutes les dames, en la presence desquelles se dressèrent plusieurs escarmouches fainctes, tant à cheval qu'à pied, tant de la gendarmerie que de la noblesse de la cour. En ce temps-là estoit l'empereur à son voyage de Thunis. »

A voir leur felonnie chacun bien presumoit :
Ils ont très bonne envie de bien servir le roy.
Nous servirons le roy comme promis avons ;
En toutes ses affaires jamais ne luy fauldrons.

N'esse pas grand honneur à ceulx qui ont la conduicte
D'avoir si bien instruict en peu de temps leur suitte ?
Ce sont tous gens de tiltres et de noble fasson
Qui en telles poursuites sçaivent bien leur leçon.
Nous servirons le roy comme promis avons ;
En toutes ses affaires jamais ne lui fauldrons[1].

Aultre chanson nouvelle sur : Las ! que dit-on
en France de Monsieur de Bourbon ?

Peuple de Picardie,
Bien est par toy destruict
L'honneur de Normandie,
Que cuidoit avoir bruyt
Et renommé[e] en France
D'avoir adventuriers,
Entre tous, sans doubtance,
Preux, hardis et gorriers.

Mais presumption folle
Par trop vous abusoit,
Comme le bruict en volle,
Ainsi que chacun voit.
Point ne fault qu'on le die,

1. Imp.: En toutes ses affaires comme promis avons.

Chacun en est instruict :
Car s'on [n']y remedie,
Picardie a le bruict.

Jamais, de vivant d'homme,
Ne feurent veuz Picardz,
Autour de l'eaue de Somme,
Si pompeux et gaillardz,
Et crois que prestz estoient
D'aller par mons et vaulx :
Car ils ne demandoient
Qu'estoupes et bendeaulx.

Quant le preux roy de France
Les vit si bien en point,
De sa volunté franche
Se bouta en pourpoint,
Et puis, devant les dames,
Conduict le bataillon,
Où pas (il) n'a acquis blasme,
Mais louenge et renom.

Vous eussiez veu œullades
De dames et damoyseaulx,
Et faire mains virades
Et courses de chevaulx.
Danpierre, port'enseigne,
A sa louenge et heur,
Des dames en (la) champaigne
Acquit très grand honneur.

Puis, pour sa renommée
Plus accroistre et monter,
S'en vint à mainte armée

Pour en bataille entrer,
Monté comme un sainct George,
Avec ses bons soudars,
Cuidant couper la gorge
Aux six mille Picardz.

Eulx, estans sus leur garde,
Se monstrèrent vaillans :
Car pour traict de bombarde
N'ont point esté mouvans,
Mais comme gens de guerre
Se sont en ordre mis,
Et tenu bonne serre
Contre tous anemys.

Pour vaillant capitaine
Se demonstra Sarcus.
En pompe souveraine ;
Sans espargner escuz,
Vous eussiez veu par voye
Porter à toutes gens
Drap d'or et drap de soye
Comme petits regens.

Dubiez, en grand beubance
Avec ses Boullenoys,
Y monstra sa vaillance
Comme ung Genevoys.
Aussi le venerable
Seigneur de Sesseval,
Qui, pour chose louable,
Eust bruist especial.

Finis.

La Replicque des Normands contre la chanson des Picardz, faicte sur le chant : Dieu si veulle garder de mal roy Françoys premier de ce nom [1] !

O vous, Picardz, qui blasmés les Normans,
Pour vous cuyder en honneur colauder,
Vous avés tort, et n'estes pas sçavans,
D'ainsy voulloir leurs honneurs deffrau-
Vous debvez regarder   [der!
Et vous contregarder
Quant parlés de telz gens
Pour fureur evader
Qui peult anteceder
   Telz negligens.

Pour ung clymat ou froide region
De vrays suppos Normandie a le bruict,
Tant que six mil pour une legion
Y sont dressez, chacun en guerre instruict.

1. In-8 goth. de 4 ff. à deux couplets par page. Sur le premier feuillet un bois d'un combat de chevaliers et de musulmans. Le dernier recto avant le rondeau offre un écu aux armes de France.

Sainct-Aulbin en conduict
Ung mil en son reduict
En marchant fierement;
Point ne sera seduict,
Car c'est tout un deduict
Entierement.

Ung Cantelou, petit, mais courageulx,
Ung aultre mil en tient dessoubz sa main,
Qui ne prendront, Picardz, voz ditz en jeux,
Comme verrés de près quelque demain,
Le capitaine humain
Ferés estre inhumain,
Se voullés soustenir
L'escript de l'escripvain
Qui faict tel escript vain,
Et le tenir.

Ung aultre mil conduict en noble arroy
La Salle, en cœur et corps advantageux,
Deliberés de bien servir le roy,
Prestz d'assaillir, sans estre calengeux,
Tous fiers et oultrageux,
Qui ne sont pas paoureux,
Comme vous, en l'assault.
Picardz trop orgueilleux,
Aux grands coups perilleux
Le cœur vous fault.

Si Basqueville a le bruict et honneur
D'ung aultre mil, qui sont gentilz enfans,
Il ne faict pas aux Normans deshonneur
Qu'ilz soient d'habitz pompeulx et triumphans :
Ce sont droitz ellephans.

Les trois lyons rampans
Ilz portent pour escu,
Tousjours courtois et francz
Aux petits et aux grans.
C'est bien vescu.

Sallenelles, fort, fier comme ung lyon,
Il faict beau veoir, et ses adventuriers
Dessoubz sa main qui sont promptz et legiers
Mieulx que Picardz gorriers,
Courans comme levriers
Contre leurs ennemys ;
Ce sont tous manouvriers,
De pihonner [1] ouvriers,
S'il est permis.

Pour quelque ville ou chasteau assaillir,
Trassy est propre et en la guerre expert ;
Son mil aussi ne lui vouldra faillir :
Nul homme n'a qu'il ne soit bien appert ;
Quant il frappe, il y pert [2],
Dont le barbier n'y pert ;
Mais qu'il ait des bendeaulx,
Tel honneur fort lui sert
Par quoy avoir dessert
Servans loyaulx.

Où sont Picardz qui blasment les Normans ?
Dont vient cela ? Point n'y a de propos
Pour assaillir Flamans et Allemandz ;
A boire au mieulx ilz sont les vrays suppotz

---

1. Pour *pionner*, boire.
2. Il y paroît.

Pour vuider pinctes et potz
Sans prendre aucun repos,
Quant vin leur semble bon,
Aussi rouges que cocqz
Ainsi en leurs escotz
Près d'ung jambon.

RONDEAU DOUBLE.

De par le roy sont faictz legionnaires
Qui sont six mil, tous ses pensionnaires,
Pour le servir quant il aura besoing,
Tous bons suppotz ayans cure et grant soing
De luy ayder en tous ses gros affaires.

Cappitaines, coullonnelz, commissaires,
Prestz de choquer contre les adversaires,
S'il est requis soit aller près ou loing
De par le roy.

Bien munytz sont de choses necessaires,
Pour corriger tous ennemys faulsaires
Qui nous vouldroyent porter quelque groing
Et les poulser [de force] en quelque coing
Sans soy monstrer envers ceulx debonnaires
De par le roy.

Finis.

Les Contenances de table[1].

Enfant qui veult estre courtoys
Et à toutes gens agreable,
Et principalement à table,
Garde ces reigles en françoys.

Enfant soit de coupper soigneux
Ses ongles et oster l'ordure;
Car, s'il y est ord de nature,
Quant il se gratte il est roigneux.

1. Nous publions cette pièce et la ballade qui la suit d'après deux éditions in-4 gothiques. L'une a six feuillets. Le premier, occupé par le titre, offre un énorme L avec deux têtes grotesques et un col de grue qui se contourne : c'est un bois qu'on retrouve sur certaines plaquettes imprimées dans le même format et avec les mêmes caractères : *Le lay de paix*, *Les demandes d'amours avecques les responses*, *Les ventes d'amours**. Les pages offrent chacune cinq quatrains. L'autre édition a seulement 4 feuillets de 30 lignes à la page. Le titre porte la

* Le titre de *La manière d'enter, planter en jardins plusieurs choses bien estranges*, qui se trouve à la Bibliothèque impériale dans le même volume que toutes ces autres pièces, a le même L comme dessin; mais c'est un autre bois, qui offre quelques différences de détail.

Enfant d'honneur, lave tes mains
A ton lever et au disner,
Et puis au souper; sans finer,
Ce sont trois fois à tout le moins.

Enfant, dy *Benedicite*
Et fais le signe de la croix,
Ains que prendre, se tu me croys,
Ce qui t'est de necessité.

Enfant, quand tu seras aux places
Où aucun prelat d'eglise est,
Laisse-luy dire, s'il luy plaist,
Tant *Benedicite* que Graces.

Enfant, se prelat ou seigneur
Te dit de son autorité
Que dyes *Benedicite*,
Fay-le hardiment : c'est honneur.

marque de Pierre Maréchal et de Barnabé Chaussart ; le dernier verso est blanc. Jehan de Channey les a aussi imprimées à Avignon dans un in-8 goth. de 8 ff. de 23 lignes à la page ; elles y sont suivies du Doctrinal des filles, qui commence au verso du feuillet 4. Son édition est assez incorrecte. Nous ajouterons que cette pièce et cette ballade se retrouvent dans le manuscrit du roi 7398[2], d'après lequel Mme de Saint-Surin les a publiées comme inédites dans son volume *l'Hôtel de Cluny au moyen âge*, Paris, Techener, 1835, in-8, p. 74-86. Nous avons pris dans cette leçon deux variantes. A la suite (pages 87-93), Mme de Saint-Surin a imprimé, d'après le même manuscrit, d'autres contenances de table tout à fait analogues, mais réduites en distiques.

Enfant, se tu es en maison
D'autruy, et le maistre te dit
Que t'assies, sans contredit
Faire le peux, car c'est raison.

Enfant, prens de regarder peine
Sur le siége où tu te serras,
S'aucune chose tu verras
Qui soit deshonneste ou villaine.

Enfant, quant tu seras assis
Pour ton corps refectionner,
Soit à souper ou à disner,
Montre-toy prudent et rassis.

Enfant, prens du pain et du vin
Ce qu'il souffit à ta nature,
Sans trop ne peu, selon mesure :
Qui trop en prent il est villain.

Enfant, tu ne te dois charger
Tant de la première viande,
Se plusieurs en a en commande,
Que d'autres n'en puisses manger.

Enfant, se tu es bien savant,
Ne metz pas la main le premier
Au plat; mais laisse-y toucher
Le maistre de l'ostel avant.

Enfant, garde que le morceau
Que tu auras mis en ta bouche
Par une foys jamais n'atouche,
Ne soit remis en ton vaisseau.

Enfant, ayes en toy ce remors
De t'engarder, s'y as failly,

De nous presenter à nully
Le morceau que tu auras mordz.

Enfant, garde-toy de mascher
En ta bouche pain ou viande
Oultre que ton cueur te demande,
Et puis après le recracher.

Enfant, tu dois prendre du sel
Dessus ton tailloir, et saller
Ta viande pour mieulx valoir,
Ou dedens ung autre vaissel.

Enfant, garde qu'en la salière
Tu ne mettes point tes morceaulx
Pour les saller, ou tu deffaulx,
Car c'est deshonneste manière.

Enfant, se tu boys de fort vin,
Metz-y de l'eau attrempement,
Et n'en boys que souffisamment,
Ou il te troublera l'engin.

Enfant, se tu es ung yvroigne
Par trop boire, il est deshonneste,
Et si en as mal à la teste,
Et puis après honte et vergoigne.

Enfant, gardes que sus ton boyre
Tu n'abondes trop en parolles ;
Car la manière est sote et folle :
Homme de bien ne le doit faire.

Enfant, en table je t'ordonne
Surtout que point tu ne sommeilles,
Et aussi que tu ne conseilles
En l'oreille d'autre personne,

Enfant, jamais la bouche pleine
Tu ne dois à autruy parler,
Ne boire aussi pour avaler [1],
Car c'est une chose villaine.

Enfant, garde, se tu es saige,
En quelque banquet que tu voises,
Soient seigneurs, borgoiz, borgoises,
Trop t'abandonner en langage.

Enfant, soyes begnin et paisible,
Doulx et courtoys et amiable ;
Entre ceux qui sont à la table
Garde-toy bien d'estre noysible.

Enfant, ce t'est chose honteuse,
Se tu as serviette ou drap,
De boire dedens ton hanap
La bouche toute orde et baveuse.

Enfant, se tu fais en ton verre
Souppes de vin aucunement,
Boy tout le vin entierement,
Ou autrement le gette à terre.

Enfant, garde de presenter
A ton hoste pain ne viande ;
Prendre en peut, sans qu'on luy commande :
Autre ne l'en peut exempter.

Enfant, soyes plaisant et joyeux
En tout ce que fais ou que dis,

---

1. C'est la leçon du mss.; celle des imprimés est *pour mieux valoir.*

Sans t'abandonner à vains ditz :
Tu n'en pourras valoir que mieulx.

Enfant, s'aucun serviteur oste
Aucun plat qui soit devant toy;
N'en fay pas semblant, tiens-toy coy :
Il suffist, puis qu'il plaist à l'oste.

Enfant, garde-toy de remplir
Ton ventre si abondamment
Que tu ne puisses sagement
Les bonnes œuvres acomplir.

Enfant, se tu veulx en ta panse
Trop excessivement bouter,
Tu seras contraint de router
Et perdre toute contenance.

Enfant, se tu es sage, escoute
De la table les assistens,
Sans parler qu'à heure et à temps,
Et ne te tiens pas sur le coute.

Enfant, se ton nés est morveux,
Ne le torche pas à main nue
De quoy ta viande est tenue :
Le fait est villain et honteux.

Enfant, en quelque compaignie
Que tu soyes, garde de nifler
Ton nés hault, ne faire siffler :
C'est deshonneur et mocquerie.

Enfant, tiens cecy en entente
Et le retien en ton courage :
Le residu de ton potage
Jamais à autruy ne presente.

Enfant, garde bien de froter
Ensemble tes mains et tes bras
Ne à la nappe ne aux draps :
A table on ne se doit grater.

Enfant, après que tu as prins
Des biens de l'oste et de l'ostesse,
Remercy-les de leur largesse ;
Tu n'en pourras estre reprins.

BALLADE[1].

Enfant, oultre, quoy que tu faces,
Après ton manger et ton boire,
Souviengne-toy de dire Graces.
Tu es obligé de le faire,
Et remercier Dieu le père,
Qui des biens t'a donné assez,
Et, pour toutes œuvres parfaire,
Prier Dieu pour les trespassez.

Enfant sage tenu sera
En toute bonne compaignie
Qui bien ces reigles gardera
Sans avoir honte et villennie ;
Qui les tiendra, je vous affie,
Dedens son cueur bien enchassez,

---

1. Deux autres éditions, l'une in-8 gothique, de 4 feuillets de 26 lignes, avec un titre en bois représentant la Cène avec Jésus-Christ entre deux apôtres ; et la seconde, aussi gothique, de 6 feuillets in-4, avec la marque de Jean Trepperel, à cinq strophes par page, donnent la ballade en quatrains sans la séparer de la pièce.

Honneur aura, mais qu'il n'oublie
Prier Dieu pour les trespassez.

Enfant, tu te dois recoller,
Après ce qu'as beu et mangé,
Au devant que de t'en aller,
De ceulx qui ont le bien gaigné,
Et te souvenir en pitié
Que de ce monde sont passez;
Ainsi, que tu es obligé
Prier Dieu pour les trespassez,

Enfant prince, tu es tenu [1]
Des biens qui te sont amassez,
Dont ton estat est soustenu,
Prier Dieu pour les trespassez.

1. La leçon des imprimés *Enfant se prins, tu es tenu*, ou *enfant premier*, ou *enfant prinsse*, est inférieure à celle du mss., que nous avons adoptée. On sait la règle, alors en usage, de mettre à l'envoi des ballades le mot de prince; dans tous les cas, et qu'elle s'adressât ou non à un vrai prince ou au président d'une société de rhétorique, la formule étoit tellement de règle qu'on la mettoit même quand on ne l'adressoit à personne.

Cy finissent les Contenances de la table.

Pereat Leutheriana heresis.

Le Testament de Martin Leuter [1].

Or a permis la divine puissance
D'avoir vescu en horreur erratique,
Et moy frapper selon son ordonnance,
Moy delivrant à la mort qui s'avance,
Et redoubtant la fureur diabolique.

1. Pièce gothique, de 8 feuillets, à 21 lignes à la page. — Luther mourut en 1546 : c'est donc à cette époque qu'il faut rapporter la composition de cette pièce ; seulement c'étoit une bien inutile attaque contre un si terrible adversaire. En 1524, Pierre Gringore avoit déjà écrit contre lui son *Blason des Heretiques*, où, après avoir énuméré toutes les hérésies qui se sont succédé, il concluoit que la nouvelle passeroit comme les autres. Il ne se rendoit pas compte que les autres n'avoient été que des affaires de dogme et n'étoient pas sorties du domaine de la spéculation. Du premier coup, et par suite de l'état de l'Europe, le protestantisme étoit entré dans le domaine des faits, et avoit eu, pour se fonder comme religion, cette condition sans laquelle aucune ne se peut établir, d'avoir à la fois pour l'avenir une portée, et pour le présent une raison d'être politique.

Au temps jadis la nature angelique
Fust parfondrée ès palus infernaulx ;
Ainsi sera la septe Leutherique
Au fons d'enfer en peines enormaus.

En brief, je voix que l'ame veult partir
Et dessendre ès ombres tenebreuses ;
Tous mes esprits de fureur sont ravis :
Car de Pluton mon corps sera repris
Et submergé ès ondes rabieuses ;
Si Cerberus, à la face hydeuse,
Sçait les nouvelles de mon departement,
Preparera sa face injurieuse,
Soy presentant à moy diffusement,
Où Aqueron, le fleuve ravissant,
Et Flegeton seront mes heritaiges,
Semblablement à tous mes aderans :
Auront enfer pour tous leurs avantaiges.

Mon testament en brief fault que je face,
Et ordonner mon habitation ;
Je veulx qu'enfer ma sepulture face
[En] speculant des esperitz leur face
Où fut Cayn par sa temptation ;
Judas aussy, par sa tradition,
Est en enfer en poyne inestimable ;
Ainsi je veulx, pour resolution,
Estre pugni en peyne pardurable.

Viegne du ciel le fouldre Flegeton
Dilacerer au palus d'Aqueron
Mon povre corps qui bruslera sans cesse,
Et au surplus que mon opinion

Soit abolie, sans que jamais s'adresse [1].
Je cognois bien que je suis en destresse,
Et que Megere est toute preparée
Et Alecto qui est deschevelée.
Pencez qu'enfer meine grande liesse.

Puis qu'ainsi est, vienne donc Atropos
Faire de moy la separation ;
Car en ce monde je ne prens nul repos,
Et de bien faire ne puis avoir propos,
Fors que pencer en grant tentation ;
Hay je suis de toute nation
Par mon horreur execrable et indigne,
Qui en a mis en grant perdition,
Et à l'enfer fera provision
En heritaige par ma bonne doctrine.

Quant mort seray, je veux et si ordonne
Que des oyseaulx soit ma chair deschirée,
Et qu'infecte soit la terre qu'on nomme [2],
Et que en mal chascun de moy blasonne.
Je congnois bien que mon ame est damnée ;
Vienne s'ouvrir terre contaminée,
Et polue de mes opinions
Où fut Coré et Dathan l'assemblée
Qui contre Dieu firent oblation.

Jamais tel poyne n'endura Tentalus
Ne Atreus, qui en enfer sont mys ;
Au fons d'enfer mon corps sera soubmis
Au feu ardent où je seray reclus,

1. Vienne à bien.
2. Il doit manquer ici deux vers.

Moy et les miens, selon mon ordonnance :
Car j'ay voulu abolir la science
Que Dieu avoit sur terre respandu.
Huile bouillante et plomb qui est fondu
Incessamment bruslera ma povre ame.
Que pleust à Dieu que ne fusse venu
En ce monde pour avoir detenu
Et enduré du feu l'orrible flame.

Mauldite soit la mère qui porta
Celuy par qui je fuz faict heretique,
Ou en horreur tant de monde mettra,
Qui de long-temps sont en horreur inique ;
Tombant du lieu qui est si deifique,
Là où Dieu faict son habitation,
J'en ay trop mys soubz l'elle Plutonique :
Car Cerberus, le portier cerberique,
Les a passez faisant provision.

Onc Dedalus, qui fist le labirinthe,
Ne fist jamais telle maison d'orreur,
Ne la science, qui jadis de Corinthe
Issit fleurant, ayant de Dieu faveur.
Totallement j'ay adonné mon cueur
En une horreur qui est infinitive ;
J'ay entendu la loy par grant rigueur,
Et la changeant en horreur transitive.

Cesse bientost la loy Leutherienne,
Et qu'on la mette tost à definement,
Metant à part ceste loy ancienne,
En augmentant la noble crestienne
Que Jesus-Christ nous baille à present.

Las, quel mal faict, quel insidiement
J'ay perpetré tout le temps de ma vie!
Damné seray, mort eternellement,
Et en enfer perpetuellement;
Helas! mon ame en est presque perie.

Si j'ay voulu abolir la semblance,
Et devant l'homme nostre confession,
De Dieu puissant qui enfer sa quitance,
Et tout contant paiera sans doubtance
Moy et tous ceulx de mon opinion.
J'ay violé d'Esglise l'union,
Et corrompu la saincte integrité,
Et l'entendant par grant allusion
Contre le Dieu et la vraye Trinité.

Face la terre maintenant ouverture,
Et que tout vif moy puisse engloutir :
Car plus ne veulx si faire nourriture,
Mais en enfer regarde[r] la figure
De Lucifer, qui tant m'a faît mentir.
Je sçay pour vray que pour moy garantir
Je ne sçauroye de peines infernales,
Et, qui pirs est, je ne puis que mourir
Et d'endurer les peines furiales.

Ains que descende tout vif dedans enfer,
Je veulx qu'on mette mon cas en escripture,
Comment je suis auprès de Lucifer
Et estaché d'une chaine de fer
Martyrisant ma pauvre creature.
Qu'on note bien la peine que j'endure
Et les tourmens invisibles à moy,

En execrant l'estat, le jour et l'heure
Que j'ay voulu ainsi faulser la foy.

Fuiez surtout, maudiz Leutheriens,
Se que tenez en vostre entendement,
Car Dieu si a preparé les liens
Pour vous mettre tous à definement;
De moy n'y a remède aulcunement;
Car la terre ne moy sçauroit porter.
Je considère que miserablement
Finir moy fault mes jours meschantement,
Car Dieu ne peut mon peché supporter.

J'ay offencé par mon invention
Le Dieu qui m'a baillé la congnoissance;
Moy, heretique remply d'abusion,
Qui ay seduit tant à tentation
Et mis à mal la mienne intelligence;
Dieu est bien tard, faisant premeditence
Quand il nous veult, pour punir de son dart
Et puis après il frappe de sa lance,
Aulcunement sans y avoir regart.

Si vous voulez d'enfer fouir la trasse,
Ignorez-vous qu'il fault faire se pas?
Comment j'ay faict voyez; la mort tracasse
Moy definir voyant sa rude face
Quant se sera sans ordre ne compas.
Diables d'enfer, ravis[s]ez-moy, helas!
Comme vous fistes jadis à Proserpine
Que Orpheus il fut surprins ès las:
Ainsi veulx-je que ma vie define.

Mais croy de vray, que l'on a preparé

Incessamment ma douleur furibonde,
Car je congnois mon mal contaminé.
Hélas ! enfer, je croy qu'il soit paré
A moy pugnir à la fosse parfonde ;
Et par après mon ame sitibonde
Les grans orreurs faisant amont, aval,
De parvenir au chapeau pur et monde
Et cuidant estre à Romme cardinal.

Ne moy feroit[1] le tresor d'Arabie
Autant ou plus la delivration
S'il est conclu, et qu'en brief chascun die :
Totalement l'eretic soy desvie
Retrogradant en varication.
Avant qu'on die la conversation
Des heretiques va descendre en bas,
O quel douleur et quel compation !
Mon pauvre cueur souffrira l'action
In eternum, sans prendre nul soulas.

Ne permetz pas, diabolique puissance,
Avoir que puisse aulcun allegement
Avant que parte, car, par ma grant science,
Permis l'on a que voyge à damnement.
Pour ce conclus-je que tous mes precedens,
Ou qu'à ma septe ont esté successeurs,
Tiendront le lieu d'enfer horriblement,
Qui que en parle et ne sçache comment,
Vistement, croy, seront predecesseurs,
Et du grant gouffre d'enfer l'assortiment
Reciproquer leur peché faict pour eux.

1. Imp. : Seroit.

Elas ! enfer, qui du commencement
Pour les damnez tu as esté propice ;
Or à present sera l'acompliement
Que Crestienté recouvre son office :
Vueille ou non, il faut que malefice
Pugny il soit, si très hideusement,
Ou que la fouldre vienne du ciel qui isse,
Et obtrunquer moy qui suis soubz la lice,
Ains qu'en enfer descende vifvement.

Haultain Phebus qui nous clère illumine,
Et puis Vulcan le fabriqueur de dieux,
Fouldre sans fin pour me mettre en ruine,
Comment l'on fist à la prole Apoline,
Que l'on nomma bon Esculapius ;
Le Dieu du ciel debonère et *pius*,
Vint parfondrer moy, meschant *impius*,
Ainsi comment chascun le determine.

Puisque tant j'ay par invocation
Nommé Sathan et tous ses invisibles,
Je croy qu'auprès faict demeuration,
Et bien notant par admiration,
D'estre saulvé c'est à moy impossible ;
Heretic suis, nonobstant que facile
Se fut à moy par ung meschant despit.
Or viengne donc d'enfer le condicille,
Et Megère pour moy passer à l'isle
De Tartarée sans nul avoir respit.

Et vous aussy qui demeurez en l'air,
C'est pour tempter la povre creature ;
Faictes venir tenèbres au jour cler,

Soit à rebours, à tort ou à travers,
Et emportez ma villaine figure;
Dedans la mer on fasse sepulture,
Dedans Syla, le grant gouffre marin,
Ou Caribdis me prengne à l'avanture,
Et revomir affin que plus j'endure
Peine invisible tant au soir qu'au matin.

Viegne le beuf qui gardoit la toison
Et le dragon estre à ma compaignie,
Lequel Jason, ainsi comment lison,
Le desconfit dedans une praerie;
Viegne en après le monstre de Sirie,
Que Perseus au blouquier cristalin
Conquist; alors les Gorgones d'Asie,
Portant en face les cheveux serpentins.

Aligerique le cheval Pegasus
Viegne bien tost à ceste heure presente,
Celluy qui fist la font de Parnasus
Accompaigné du caré de Phebus,
Pour moy brusler tout vif que je le sente;
Venez à moy, et faictes la contente
De mon couraige et de tous mes supos,
Moy transporter à la flame ardante
Du mont de Æne pour brusler vif mon corps.

Dame Circés, par art magitienne,
Dedans enfer faisant la demeurance,
J'ay violé par art venerienne
La noble loy, et prenant l'ancienne,
Dont suis d'enfer heritier d'asseurance.
Venez, les diables, sans faire demourance,

Prendre mon corps et le dilacerez
Puis çà, puis là, car, ainsi que je pence,
Malheureuse fut ma premeditence
D'avoir compris en mal tous les decretz.

Pour abreger, faictes qu'au puis parfond
Je soye mys, car je l'ay merité.
Moy convertir! le feray-je? Quoy! Non.
L'on ne sçauroit interpreter mon nom
Qui a tout mal a esté insité;
Souventes foys je fuz entalenté
De retourner à mon premier estat;
Mais le peché, qui tant e[s]t rude et fier,
M'a condamné à perpetrer tel cas.

Ainsi seront trestous les heretiques;
D'estre damnés cela l[e]ur est trop seur;
Semblablement, il seront fort lubriques,
Et parfondrés ès enfers Tartariques,
En cris et pleurs et sensibles douleurs.
Martin Leuther, qui suis dissipateur,
Et en espoir d'abolir l'Evangile;
Mais Dieu puissant qui est gubernateur,
Il a changé mon vouloir difficile.

Gardez-vous bien que dans le trebuchet
Ne soyez pris en horreur dangereuse,
Et de tomber dedans le grant filet
Qu'on dit enfer, par art sedicieuse.

Fin du Testament de Leuther.

Sermon joyeulx de la vie saint Ongnon[1], *comment Nabuzarden, le maistre cuisinier*[2], *le fit martirer, avec les miracles qu'il fait chascun jour.*

Ad deliberandum Patris
Sit sanctorum Ongnonnaris,
[Qui] filius Syboularis;
In ortum [sit] sua vita.
Capitulum.... M'entendez-vous ?
On me puist couper les genoux
Se je ne suis tout esbahy,
Où j'ay pris ce latin icy,

1. On connoît l'admirable ballade de Robert Burns sur *Jean Grain-d'Orge* et son martyre. Comme toutes choses, elle avoit ses précédents ; le Sermon de Saint-Ognon est de ce nombre, et ce n'est pas la seule pièce de ce genre que nous ayons à publier. Comme description bibliographique, nous dirons que c'est un in-8 gothique de 4 ff. de 24 lignes à la page. Au frontispice, deux hommes, têtes nues, et avec des bâtons, sont à genoux devant une femme ; au recto du dernier feuillet une femme tenant deux oignons avec leurs tiges et leurs racines ; au verso, un homme sentant une fleur ; il est à côté d'une table sur laquelle deux poissons et un pain.

2. Rabelais s'est peut-être souvenu de cette facétie ; dans le chapitre 39 de son livre 3, lorsque frère Jean se

Que madame sainte Siboule
Aprist saint Ongnon à l'escolle,
A Tolette [1], avec saint Herre [2].
Je sçay bien le lieu et la terre
Dont il yssit hayté et sain;
De terre ne sortit nul saint,
Ce se ne fust ung [bon] prud'hon
Qui avoit nom saint Lazaron.
Bonnes gens, priez saint Ongnon
Que sa vie je vous puisse dire;
Tost la diray sans vous desdire
Quand je seray un peu plus grant.
J'ay esté en ennuyt moult grant
D'estudier en sa legende;
Mais, affin que chascun l'entende,
Je vous vueil sa vie racompter.
Droit au tiers feuillet du psaultier,
Trouverez en escript : *Credo
In superlycoustequansio* [3]

---

rallie aux cuisiniers pour combattre les Andouilles, il demande à Pantagruel « pourquoy Nabuzardan, maistre cuisinier du roy Nabugodonozor, feut entre tous aultres capitaines esleu pour assieger et ruiner Hierusalem »; et il lui explique que c'est pour avoir combattu les Andouilles. Puis, à la fin du chapitre, c'est *Nabuzardan* qu'il donne aux cuisiniers pour mot de guet.

1. La grande école de magie du moyen âge.
2. N'y auroit-il pas là quelque calembour avec le mot *erre*?
3. Ce mot forgé n'est-il pas quelque peu parent de l'adjectif de Rabelais, *supercoquentieux*?

Creature Ongnonnaris;
Dieu doit bien mettre en paradis
Saint Ongnon, qui du mal eut tant.
On trouve en escript qu'ung tirant
Qui estoit queux d'une cuysine,
Si le prist par grande hayne,
Car il ne le povoit aymer :
Auttrefoys l'avoit fait pleurer
Par sa science et par sa force.
Saint Ongnon fut vestu d'escorce;
Onc[ques] ne vestit verd ne gris;
Moult durement fut amesgris,
Et apovry puis qu'il fut né.
D'ung tirant fut trop mal mené;
A saint Ongnon persa la peau,
Et l'escorcha d'ung bon cousteau;
En trente pièces le despeça;
Oncques larron tant ne pecha
Com [me] celuy dont je devise;
Puis le fist bouillir en huille;
Et puis la faulce creature
Le bouillit lendemain en beurre;
Et puis si le bouillit en sain[1]
Brouillé avec[ques] maint boudain;
Le bouillit aussi au cyvé,
Et puis fut mis en ung pasté.
En ce saint lieu il fist miracle,
Qu'on doit mieux priser que triacle;
Car, en souffrant ces griefz tourmens,
Sentit plus doucement qu'encens,

1. Graisse; nous disons encore *saindoux*.

Ne que fin baulme d'Oriant.
Encore en voit-on apparent
Maint miracle noble et grant ;
Car, avec mal saine viande,
Est chose moult appetissante.
Il faut, pour avoir guarison,
Menger et user saint Ongnon,
Soit cuit, soit creu ; puis qu'on mengue
Une viande dissolue,
Telle que teste de mouston,
Trippes, macquereaux ou saulmon,
Harenc puant, soit blanc ou sor,
Saint Ongnon vaut son pesant d'or
Et porte grande medecine ;
Fait miracle moult noble et digne ;
Car saint Ongnon en plusieurs lieux
Il fit plorer et mal aux yeux ;
Il fait plorer les gens navrez
Tant qu'il en est envenimez,
Pour la grant puissance qu'il a.
Saint Ongnon telle puissance a
Que, s'ung hom de faulce matière,
Desiroit la mort de son père
Ou [bien] de son frère germain,
Ou d'ung sien amy bien prochain,
Dont meschance luy puist venir,
Si le veoit ensevelir,
Sans faire mal ne demener,
Saint Ongnon le feroit pleurer
Si tendrement de ses deux yeulx
Que il seroit si très hideux.
La legende qui est escripte

Et les miracles que je dis,
Sont en ces cendres par escriptz,
Et si y sont les grans pardons,
Que vous orrez, gresles et gros.
Mais il vous convient, à brefz motz,
Faire ce que il m'est advis;
Je vous commande, mes amys,
Pensez de boire et de menger;
Gardez-vous de rien espargner.
(Et) d'approcher cheval qui tripette[1];
Et de l'ombre d'une charrette
Vous gardez aux champs et [aux] rues,
Et de folz qui portent massues;
De boire avec [ques] sergens,
Des noises de petis enfans,
De riens payer sans demander,
Et de pesant fardeau charger;
D'aller à pied en long voyage,
Et (que) n'entrez point en mariage;
Il y entre qui s'en repent,
Et, si povreté vous surprent,
Que vous n'ayés de quoy payer,
Si vous boutez en ung moustier,
Et mettez les clefz dessoubz l'huys.
Vous avez beaux pardons acquis
A venir ouyr mon sermon.
Je prie à Monsieur saint Ongnon
Que cil qui fist le mont de gloire,
Vous vueille garder de peu boire;
Il vous convient que vous priez

---

1. Fait des sauts comme en dansant.

Pour tous ceulx qui sont en santé,
Et si priez pour les malades
Que Dieu leur doint figues et dactes,
Et, si n'ont de quoy eulx ayder,
Jamais ne puissent-ilz lever.
Dictes tous *amen* drument bon,
Vous recommendant saint Ongnon.

Explicit.

Les Commandemens de Dieu et du Dyable[1].

S'ensuyvent les Commandemens de Dieu et les Commandemens du Dyable.

Le premier commandement de
Dieu.

Un seul Dieu croiras simplement,
En vraye foy, en esperance,
En charité; devotement
Le serviras sans differance,
Supersticion et decevance;
Erreur evitte et vanité;
Rens à l'Eglise obeissance;
Prens la vertu d'umilité.

---

1. Cette pièce est un in-4 gothique de 4 ff. Sur le titre est un bois représentant le démon tentant Jésus sur la montagne, et lui proposant de changer des pierres en pain. Elle paroît imprimée à Lyon par Pierre Maréchal et Barnabé Chaussard. Il y en a une édition in-4 goth. de 6 ff. avec la marque de Trepperel sur le titre. M. Herisson en a fait à Chartres, en 1831, chez Garnier, une réimpression, tirée à 76 exemplaires.

Les Commandemens de Dieu.

Le premier commandement du
Dyable.

Ton Createur mespriseras
Pour biens mondains en les amant ;
Aux saintz escriptz foy ne donras ;
En erreur croiras fermement ;
L'Eglise, l'excommuniement,
Meprise ; sans obeissance
Tu vivras orgueilleusement ;
Du Dyable feras la plaisance.

Dieu.

Le nom de Dieu ne jure en vain,
Ne ses saintz ; tes veux parferas ;
Ne jure se tu n'es contrain ;
De verité ne desvieras ;
Faulce coustume evitteras ;
Fay œuvres de bon crestien ;
Dieu, ne ses saintz blasphemeras ;
Ne mauldis personne pour rien.

Le Dyable.

En tes veux ne tiendras promesse ;
Jure Dieu, sa chair et sa mort ;
De parjurer sa mort ne cesse ;
Blasphème Dieu sans nul remort,
En le despitant bien et fort,
Et invocque les noms des Dyables ;
Mauldis autruy, soit droit ou tort ;
Tous tes ditz soyent execrables.

Dieu.

Dimenches, festes commandées,

De labour te doys reposer;
Tes servans et bestes privées
A Dieu servir doys disposer,
Ouyr messe, sans refuser
La parolle de Jhesucrist;
Dánces et jeux dois despriser;
Pense à Dieu de cueur contrit.

Le Dyable.

Les dimenches et jours de festes
N'ouyras messe; entièrement
Soyes ingrat, vivant com bestes,
Negligent à ton saulvement;
Chasse aux festes hardiment;
Evitte predicacion;
Dances et jeux dissoluement
Seront ton occupacion.

Dieu.

Père et mère doys honnorer
Se tu veulx vivre longuement;
S'ilz sont pouvres, sans differer,
Tu les nourriras tendrement;
Ton prochain charitablement
Honnore en sa magnificence,
Gens d'eglise semblablement,
Et aux anciens doys reverence.

Le Dyable.

N'obeys à père n'à mère,
En mesprisant correction[1];

---

1. Imp. . correption.

Villainement les vitupére,
Sans amour et dilection ;
Par debat et contemption,
De tous tes biens les doys forclure,
Sans pitié ne compassion
De pouvre humaine creature.

Dieu.

Tu ne doys battre ne occire
Nul qui soit ; prens des gens pitié ;
Délaisse envie, appaise ire ;
Prens la vertu d'umilité,
Pacience, benignité ;
Se tu veulx rancune tenir,
Perseverant en faulceté,
En enfer te feras pugnir.

Le Dyable.

Ire et envie tu doys porter ;
Ne pardonne à tes ennemys ;
Ta rancune fais augmenter ;
Sur tes prochains, sur tes amys,
Frappe, tue, sans estre remys [1]
En voulenté, en ditz, en faitz ;
En guerre tous maulx sont promis ;
N'ay cure d'amour ne de paix.

Dieu.

Vivre te faut en attrempance ;
De chasteté prens la ceinture
En te reglant par abstinence ;

---

1. Doux, de *remissus*.

De glotonnie n'ayes cure,
Et te garde bien de luxure,
En nulle manière que soit ;
Car qui fait l'œuvre de nature
Hors mariage, il se deçoit.

Le Dyable.

Nobles, prestres, religieux
Et toute personne du monde,
Tendez d'estre luxurieux ;
Ribaudes sortent onde à onde,
Inceste, sodome immonde,
Fornication, adultère ;
Toy, prestre, sur ce cas te fonde ;
Tien ta cousine ou ta commère.

Dieu.

Tu doys evitter avarice ;
En marchandant [1], loyal seras ;
Largesse avecques justice
En toutes œuvres maintiendras ;
Rien de l'autruy tu ne prendras
Par rapine ou par fallace ;
Si tu en as, tu le rendras,
Où jà Dieu ne verras en face.

Le Dyable.

De rapine, de larrecin,
Agrappe, sans faire conscience ;

---

1. Le sens est l'opposé de celui que le mot a maintenant. Il veut dire ici : en faisant le commerce, en étant marchand.

Perjurement soit ton affin,
Symonie et decevance,
Avarice, concupiscence,
Injustice, barat, usure;
En faulx contraulx metz ta science,
Sans tenir reigle ne mesure.

Dieu.

Tu dois amour à ton prochain,
En eslevant sa renommée;
Sur faulx languages tien le frein;
Ne juge creature née,
Et par tes ditz ne soit blasmée;
Faulx tesmoignage en jugement
Et mesdire à la volée
Font aller l'ame à damnement.

Le Dyable.

En jugement, faulx tesmoignage
Contre ton prochain porteras;
Pour faire honte ou dommaige,
Sur autruy souvent mesdiras;
Voisins et autruy blasmeras,
Homme ou femme mariée,
Et sur fille mal penseras,
Tant que par tes ditz soit blasmée.

Dieu.

Biens mondains d'autruy ne desire
Ne la mort pour ses biens avoir;
De son dommage ne dois rire,
Ne convoiter d'autruy l'avoir;
Se tu en as, fais ton devoir

D'en faire satisfacion ;
Se ne le fais, saches de voir
Que tu vais à damnacion.

Le Dyable.

De vouloir, de fait et de cueur,
Les biens d'autruy te fault curer ;
Pour en estre maistre et seigneur,
Sa mort tu luy dois procurer ;
L'autruy te convient attirer ;
Garde bien de jamais le rendre ;
Ton prochain te fault empirer
Par tricherie, et ses biens prendre.

Dieu.

Soyes chaste, de pure pensée ;
Resiste à temptacion ;
Ta volenté ne soit donnée
A charnelle inclination ;
Ne desire en deception
La femme d'autruy ne la fille ;
La folle delectacion
Fait souvent l'ame orde et ville.

Le Dyable.

Abandonne ta voulenté,
En convoitant charnellement
De femme ou d'homme la beaulté ;
De pensée, de consentement,
Par baiser, par atouchement,
Par parolles, dons ou promesses,
En pechant delibereement,
Et des dyables suivras les trasses.

*Les biens que Dieu donne à ceulx qui gardent ses
commandements.*

Qui les commandemens de Dieu
Gardera en perseverance,
En paradis aura son lieu,
Et des biens mondains abondance,
Prosperité, santé, chevance
Et toutes benedictions,
Des graces de Dieu jouyssance
En bonnes operacions.

*Les maulx que le Dyable donne à ceulx qui gardent
ses commandemens.*

Qui les commandemens du Dyable
En perseverant gardera,
La peine d'enfer pardurable
Pour son service gaignera;
Par ses maulx, il procurera
La fouldre sur les biens de terre,
Et souvent Dieu envoyera
Famine, mortalité, guerre.

Explicit.

Deo gratias.

La Complaincte du nouveau marié, avec le Dit de Chascun, lequel marié se complainct des extencilles qui luy fault avoir à son mesnaige, et est en manière de chanson, avec la Loyaulté des hommes [1].

Or escoutés communement
 Et nous vous dirons en present
  Une chanson rimée ;
 C'est sans donner advisement
A ceulx qui ont entendement
  D'avoir femme espousée.
Quant je me marié l'autre ier,
  Je ne fus mye sayge ;
Je me mis en trop grant dangier
  Quant j'entray en mesnaige.

1. Petit in-8 gothique de 8 ff. Au recto du titre, un bois représentant deux hommes se parlant ; au verso, un autre bois avec un homme et une femme se parlant. Quoique faisant partie de la feuille, la Loyauté des hommes a un feuillet de titre représentant un saint parlant à un personnage vêtu d'une longue robe et suivi de deux autres. Cette pièce a été réimprimée dans la collection des Joyeusetez. En lisant le Dit de Chacun, on verra

COMPLAINCTE.

Quant en mesnaige fus entrés,
  Et je me fus advisés,
    Il ne me tint de rire;
Des povrettés y a assés;
D'y demeurer suis tant lassés
    Que je ne le sçay dire.
Ma femme me print à tencer
    Quant ce vint à quinzaine;
A mesnage n'a qu'encombrier;
    Oncques ne vy tel peine.

A mesnaige fault pain et vin,
Sarges, et coustes, et cous[s]in,
    Varlet et chamberière,
Nappes, touailles, draps de lin,
Coqs, et gelines, et poussin,
    La crible et la chivière,
Ratel, et petel, et mortier,
    Et la pelle à l'avaine,
Potz de cuy[v]re et mainte cuyllier,
    Robe et draps de layne.

que sa composition est antérieure à l'époque de son impression. Les souliers à la poulaine, les robes courtes, les robes chicquetées, c'est-à-dire bizarrement découpées sur les bords, les manches à gouttière, c'est-à-dire très larges à l'ouverture, prouvent qu'il date du milieu du XVe siècle. — On a remarqué, dans le titre, que la Complainte du nouveau marié est en manière de chanson. On en citeroit d'autres exemples. Ainsi le titre des Ténèbres de Champ-Gaillart porte qu'elles peuvent, au choix, se dire ou se chanter sur le chant des Ténèbres de mariage, la pièce même que nous avons déjà imprimée dans ce volume.

Mesnaige veut tables et bans
En mesnaige aux petits enfants
 Qui sont assés de haire ;
En mesnaige faut des lyans
Pour mener les vaches aux champs ;
 C'est chose necessaire.
En mesnaige fault des brebis,
 Pourceaux, beufz et charrettes,
Les ceaulz pour tirer l'eau du puis,
 La hotte et la brouette.

En mesnaige fault chat et chien,
Qui mengusent et ne font rien,
 Et chevaulx en estables.
Soufflès, lanternes, font grant bien ;
Pois, febves, par sainct Julien,
 Ils sont moult proufitables.
Aux [et] ongnons et harenc sor
 Pour manger en caresme.
Mesnaige veult argent et or
 Sans avoir nesung terme.

A mesnaige fault des cousteaux,
Chausses, souliers et estivaux,
 La sarpe et la congnée ;
Potz d'estaing, escuelles, plateaux,
Chaulderons, poilles et vaisseaulx,
 Fault à qui se marie.
En mesnage fault des balais
 Et chambre bien garnie,
Poisles de fer et les chienetz,
 Et une cremylye.

La huche en quoy on mect le pain,

Chandeliers de fer ou d'arain,
  Le treppié, les sallières,
Sacs et bellutèaux pour certain,
Et gancs pour mettre en sa main,
  Bourses et gibecières,
Fil [et] esguilles et mirouer,
  Les forces et le peigne,
B rochesde fer, aussi trenchouer
  Et vaisseaulx de cuisine.

En mesnage fault des berceaulx
Et petits poillons et langeaulx,
  Des nattes et du feurre ;
Nul n'y (a)entrera, jà si chaulx,
Si dur, si legier, ne sy baulx,
  Qu'il n'y ayt assez haire.
Ung gril y fault et un havet,
  Et cuve baigneresse
Et ung travoul et ung thouret ;
  Il n'y a que tristesse.

En mesnaige fault un flaiel,
Des turcaises et un martel,
  Cribles, vans et corbeilles,
Tasses d'argent en riche hostel,
Ou ung plus beau riche jouel,
  Chaises, formes et seelles,
Sel, grès, vin aigre et verjus,
  Huylle pour le potaige,
Les clefs dont on ferme les hus ;
  Tout tient lieu en mesnaige.

En mesnage faut Dam Denier ;
Il n'est nul meilleur mesnagier,

Foy que doyt saint Eustace,
Mainte grant cuve et grant panier;
Lever matin et tart couchier,
Mainte femme en est lasse.
En mesnaige fault le myssouer
Pour myssier la porte,
Quenouille, fuseau et batouer
Pour battre la buée.

En mesnage fault ung jardin,
Mesures et auges à vin,
Et la houe et la pelle.
En mesnage fault maint escrin,
Potz de terre, par saint Martin,
Ratelier et eschelle.
En mesnage faut ung boessel,
Et charbon et chandelle,
Esperons, espée et mantel,
Housse, cheval et scelle.

En mesnage fait bon entrer;
Vous qui vous voullés marier,
Ne vous atargés mye.
Mariés-vous sans demourer.
Tel c'est marié cest yver,
Je le vous certiffie,
Qui aymast mieulx, par sainct Omer,
Que il ne le fust mye.
Or veulx-je ma chanson finer;
Dieu gard qui l'a ouye [1].

1. On peut, comme comparaison, voir sur ce sujet le Dit de ménage, publié par M. Trebutien; l'Oustillement

Le Dit de Chascun[1].

On dit souvent, et dit-on voir,
Qu'on ne peult prendre à jour d'yver
Qu'une messe et ung bon disner;
A ce me vueil bien accorder
Et me plaist bien qu'il soit ainsi.
Vous ne sçavez que je quiers cy;
Je party essoier[2] d'Escoudun[3],
Où je prins le dit de chascun;
De chascun vous parleray cy.
Chascun ne sçait pas qui je suy.
Je crois, si chacun le sçavoit,
A chacun guère n'en chauldroit.
De chacun vous diray la vie;
Chacun a sus son frère envye,
Mais je ne l'en puis destourner;
Chacun ne me veult point aymer;
Chacun vouldroit être grant maistre,
Mais chacun ne le peult pas estre.
Chacun veult qu'on luy porte honneur;

au vilain, publié par M. Francisque-Michel, et le Ditté des choses qui faillent en ménage et en mariage, inséré par M. Achille Jubinal dans son *Nouveau recueil de contes, ditz, fabliaux*, t. 2, p. 161-9.

1. Dadouville a écrit une énumération pareille dans le prologue de ses Moyens d'éviter merencolie.

2. C'est-à-dire ce soir.

3. Il existe, à une lieue de Compiègne, un village appelé Condun-Saint-Hilaire.

Chacun veut faire l'entendeur ;
Chacun veut avoir ses souhaiz
De grans viandes et d'entremetz ;
Chacun veult avoir seigneurie ;
Chacun veult avoir belle amye.
On parle de chacun aux veilles ;
Chacun cuide valoir merveilles ;
Chacun veult porter une aumuce,
En manière de coqueluche,
La cornette ou le chappeau,
Pour contrefaire le damoiseau ;
Chacun veult faire moult de choses
Qui ne sont mye icy descloses ;
Chacun veult estre bien venu[1],
Courte robe, longue poullaine ;
C'est pour mieux faire la fredaine ;
Chacun veult estre bien montés ;
Chacun veult estre desjeunés ;
Chacun cy veult avoir ouen,
Souliers ouvrés de cordouen[2] ;
Chacun veult manches à gouttière,
Chacun veut avoir gibecière ;
Chacun veult avoir robbe ouvrée ;
Chacun veult[3] robbe chicquetée ;
Chacun veult avoir estat gent ;
Chacun veut avoir de l'argent ;
Chacun bien souvent n'en a point,
Et chacun n'en fait mye à point.

1. Il manque un vers pour rimer avec celui-ci.
2. Cuir de Cordoue.
3. Imp. : veult avoir.

Se le roy n'en fait tant forger,
A chacun coffre ne landier
Ne fauldra pour mettre le sien;
Chacun dit partout qui n'a rien.
Je croy que chacun n'en peult mais,
Car chacun a moins qu'onques mais.
Chacun veult[1] droit estre saint père,
Cardinal, roy ou emperière,
Prince, duc, conte, chevalier;
Chacun veut faire l'escuyer;
Car chacun pense, s'il [l']estoit,
Que jamais rien ne luy fauldroit;
Chacun vouldroit estre chanoyne,
Arcevesque, prelat ou moyne,
Abbé, prestre ou secretaire,
Doyen, curé ou chappelain;
Chacun vouldroit estre augustin,
Cordelier, carme ou jacoppin,
Car chacun dit à son propos
Que tels gens vivent à repos,
Et qu'ils ont argent pour chanter,
Dont chacun ne veult point finer;
Chacun veult faire le jangleur;
Chacun veult estre hocqueleur;
Chacun ne fait pas à autruy
Ce qui vouldroit qu'on fist pour luy;
Chacun veult avoir bon marché;
Chacun a peur d'estre enginé;
Chacun veult faire le tromppeur;
Chacun veult faire le trycheur;

1. Imp. : vont.

LE DIT DE CHASCUN.

Chacun plaide, chacun rapine ;
Chacun tance, chacun hutine ;
Chacun veult estre mariés ;
Et quant chacun en est tenués [1],
Chacun ne le vouldroit point estre ;
Chacun veut mener les beufz paistre ;
Chacun veult le monde aveugler ;
Chacun se feroit trop doubter,
S'il estoit presvotz ou baillifz ;
Chacun si prent sus plat pays [2]
Biens et vivres, sans rien payer,
Et sans y rien en aconter ;
Chacun prent à tort et à droit ;
Chacun paye envis sen [3] qui doit ;
Chacun se plaint ; chacun se deult ;
Chacun ne fait pas ce qui veult ;
Car s'il faisoit sen qui vouldroit,
A chacun guères ne tendroit ;
Et pourtant qui ne fait arye
Ce qui vouldroit. Chacun Dieu prie
Que chacun puist [4] si bien mourir,
Qu'en règne Dieu puisse venir,
Où la joye sera sans fin.
Chacun boit voulentiers bon vin ;
Si feroys-je, ce j'en avoye.

1. Pour *exténué*, fatigué.
2. Expression consacrée pour dire le petit peuple. L'imp. a : *sus le plat pays*.
3. Pour *ce*. Nous avons écrit *envis*, de *invitus*, au lieu de : envie.
4. Imp. : puisse.

Dieu doint à chacun paix et joye,
Et la gloire de paradis.
Icy endroit fine mes ditz.

La Loyauté des hommes.

La loyaulté des bons hommes mariés.

Vous verrez toutes les rivières,
Les bois et les forestz brusler,
Les champs aussi et les bruières,
Les poissons tous en l'air voler,
La mer tarir, les chiens parler,
Bugles courir mieux que chevaulx,
Enfans d'un an bientost aller,
Quant tous hommes seront loyaux.

Toutes langues seront ouvrières,
De bien sçavoir conseil celer,
Partout seront d'or les minières,
Les chèvres sçauront bien filler,
Dieu fera les mons avaller [1],
Les gens ne feront plus de maulx,
Rien ne voirés dissimuler,
Quant tous hommes seront loyaux.

Dyamans dedans les carrières
Verrés aux oliphans tailler,
Les aneaux dedans les minières

1. C'est-à-dire s'abaisser.

Aux dromadaires esmailler,
Les cerfs pour courrir reculer,
Les ours porter les grans chasteaux,
Chacun verrés esmerveiller
Quant tous hommes seront loyaux.

Prince, vous verrés batailler
Encontre les loups les aigneaux,
Les foibles les fors detailler,
Quant tous hommes seront loyaux.

Cy fine la Complaincte du nouveau marié, avec le dit de Chacun, et la Loyaulté des hommes. Nouvellement imprimé à Paris.

De la Nativité de Monseigneur le Duc, filz premier de Monseigneur le Dauphin[1].

(1543.)

En la forestz de Bièvre, renommée
Sur tous les boys, pour ce qu'elle est
[aymée
Du dieu Silvan, qu'on y voit en plain
S'y promener et y faire sejour, [jour
Je veis l'autre hyer, près de la claire source,
D'une forêt accourir à grant course
Dieux, demy-dieux, deesses, nymphes belles,
Pour escouter les joyeuses nouvelles

---

1. Cette pièce gothique, de 4 ff. in-8, et portant, au frontispice, les armes mi-parties de France et de Bretagne surmontées de la couronne royale et entourées du cordon de veuve, se rapporte à la naissance de celui qui fut plus tard François II, et qui naquit à Fontainebleau le samedi 19 février 1543, pendant que son père Henri II n'étoit encore que Dauphin. Au verso du titre, mais en lettres rondes, se trouve ce privilége : « Il est permis à Jacques Nyverd, imprimeur et libraire juré, imprimer et exposer en vente ce present traicté de la Nativité de Monseigneur le Duc, filz premier de Monseigneur le Dau-

Que recitoit, à voix doulce et hautaine,
Calliohré[1], nymphe de la fontaine.

CALLIOHRÉ.

Resjouys-toy, vaillant peuple Gallicque ;
Resjouys-toy, ô nation bellicque ;
Fais ton proffict du bien qui t'est donné ;
Loue les dieux, dresse-leur ton cantique ;
En brief verras croistre ta gloire antique[2]
Par un enfant qui est aujourd'huy né.

O roy Françoys, à bon droict couronné,
Roy très puissant de gloire environné
Et de vertu sur toute creature,
Lon[g] temps y a qu'il estoit ordonné
Q'ung filz naistroit à ton cher filz ainé,
Lequel tiendroit de ta digne nature.

Ce t'est grant heur veoir de ta geniture
Naistre semence. O heureuse advanture
Qui tant rendit fort et audacieulx
Le bon Daulphin, pour rompre la closture
Du chaste ventre où a prins nourriture
Neuf moys entiers cest enffant gracieulx.

phin, et deffence à tous qu'il appartiendra de non imprimer ne exposer en vente ce present traicté jusques à ung an, sur peine de confiscation. Faict le quatorziesme jour de febvrier, l'an de grace mil cinq cens quarante-trois. »

Signé : I. I. DE MESMES.

1. *Sic*, pour Callirrhoé.
2. Imp. : autenticque.

Voicy le jour auquel les corps des cieux
Les plus begnins et moins malicieux
Sont[1] assemblez par concorde amyable,
Favorisant chascun à qui mieulx mieux
L'enffant royal, pour le rendre en tous lieux
A l'advenir parfaict et amyable.

L'ung luy promest une beaulté notable,
Ung clair esprit, une grace acointable ;
L'aultre le veult de sçavoir decorer ;
Qui luy destine une force indomptable,
Et qui le veult en la terre habitable
Faire sur tous aymer et reverer.

Mars le veult faire aux armes prosperer,
Tant qu'on le puisse au grant Grec comparer,
Au preux Troyen et au Romain insigne ;
S'il est ainsi, chacun doibt esperer
De veoir ung jour le beau liz honorer
Jusqu'en Asye et y mectre racyne.

Royal Daulphin et prudente Daulphine,
Recongnoissez ceste grace divine ;
Toy mesmement, ô princesse d'honneur,
Puisque les dieux t'on[t] approuvée digne
De concepvoir cil qui, par droicte ligne,
Doibt estre un jour de France gouverneur.

Le Dieu puissant, le juste guerdonneur,
Qui t'a esté si liberal donneur,
Preservera le filz, père et grant père,
Et te fera telle grace et tel heur

1. Imp. : soubz.

Que tu verras augmenter la valleur
De tous les trois par fortune prospère.

Il ne fault plus que l'Espaignol espère
Faire aux Françoys dommaige ou vitupère ;
Leur force est creue et la sienne affoyblie.
Le temps s'approche à vanger l'impropère,
Et de chasser de son propre repaire
L'usu[r]pateur du meilleur d'Ytalie.

Cè[de,] ennemy, en qui foy est saillie ;
Penses-tu poinct à la grande saillie
Qui se prepare en brief sur tes quartiers?
Viens à raison, recongnois ta follie,
Puisque tu vois ceste France embellye
D'un puissant roy et de deux heritiers.

Le roy est sain, ses deux filz sont entiers,
Preux et vaillans, ayans de vieulx ro[u]tiers
Avecques eulx pour te faire la guerre,
Et puis l'espoir que l'on a de ce tiers,
Auquel les dieux ont promis vouluntiers
A l'advenir la pluspart de la terre.

Cruelz lyons, ne sortez d'Angleterre ;
Cachez-vous tous, et vous tenez en serre :
La sallemandre est par trop renforcée,
Qui bien pourra ung jour vous aller querre,
Et tous voz creux et cavernes conquerre,
Puisque l'avez sans cause delaissée.

Si je me suis de tant dire avancé[e],
C'est Appollo qui ravist ma pensée
Divinement, et encores m'invite
A prononcer que, [pour] la foy faulsée,

L'aigle sera plumée et oppressée
Du hardi cocq et de son exercite.

Il adviendra, ainsi que je recite,
Car ce grant Dieu qui m'eschauffe et agite,
Et les trois sœurs le vouldront bien permettre,
Chascun aura selon ce qui merite ;
Es cieulx desja leur sentence est escrite ;
On n'y sçauroit riens plus oster ne mectre.

Or donc, enfant que viens ores de naistre,
Duc des Bretons, commence de congnoistre
Ta chère mère ; avec ung doulx soubzrire
Prens les tetins, tant destre que senestre,
De ta nourrisse, affin de plus tost croistre
Et devenir tel que l'on le desire.

Quant tu seras grand et tu pourras lyre,
Et en lisant inviter et eslire
Les faictz haultains de ton royal lignaige,
Le nom desquelz l'on a veu surtout bruyre
Depuis mil ans, et leurs gestes reluyre
En temps de paix et marcial ouvraige.

A toy est deu, par très juste partaige,
De leur vertu le plus grand heritaige.
A toy est donc de ressembler aux tiens ;
O quel bon eur et divin advantaige
Se te seroit, advenant ton grant aage,
Sembler l'ayeul du plus grant des crestiens.

[A]tant se teust Calliohré la fée,
Toute en esprit ravye et eschauffée,
Et croy pour vray que la posterité
Ung jour verra qu'elle dict verité.

O si les dieux me voulloient faire grace.
De vivre tant! Le poëte de Thrace,
   Bien qu'il soit filz de la première muse,
Ne le dieu Pan, avec sa cornemuse,
Ne me vincront; toute leur gloire antique
J'effacerois en veine poëtique
Sur ce subjet; car ce qu'en mil années
Le temps coulant, le[s] filz des destinées
Ont peu monstrer de excellent et beau
Est aujourd'huy dans Fontaine-bleau.

Salet[1].

On les vend à Paris par Jaques Nyverd.

---

1. C'est bien ainsi que ce mot se trouve dans l'imprimé. Il seroit possible de penser qu'il fallût lire Salel. Hugues Salel étoit, en effet, valet de chambre du roi; et, de plus, on trouve dans l'édition de ses œuvres, Roffet, 1539, réimprimée à Lyon en 1573 par Benoist Rigaud, *la Chasse royale du sanglier discord par Charles-Quint et François I*[er], et une élégie sur la mort du fils aîné de François Ier; mais nous n'osons rien affirmer.

*Sermon joyeux d'un Ramonneur
de cheminées* [1].

Ramonez la cheminée hault et bas.
Dame, chamberière, bonsoir.
N'y a céans riens que houlser?
Je suis ung fort homme de bras
Pour ramonner et hault et bas.
Jamais n'allez en paradis
S'il n'est vray ce que je vous dis.
J'ay houlsé à Tours, [et] à Blays,
A Paris, en Lorraine, en Mès,
En Gascongne [et] en Bretaigne,
En Espaigne, en Allemaigne,

[1]. Cette pièce, que nous avons copiée au British Museum, est un petit in-8 gothique de 4 ff. de 19 lignes par page. Au verso du titre, un bois d'une branche coupée avec sept sortes de feuilles, et au verso du dernier feuillet, une autre branche coupée. — Tous ceux qui sont familiers avec la littérature facétieuse de cette époque penseront bien, rien qu'en voyant le titre, à ce que peut être notre ramoneur, et, dans notre réimpression du recueil du British Museum, l'on pourra voir (II, 189-206) la Farce nouvelle et fort joyeuse d'un Ramonneur de cheminées. La tradition de cette plaisanterie se

En Flandres, à Chartres (et) à Reims,
Et tout à force de mes rains.
Les femmes ne se plaignent pas
De ramonner leur cheminée hault et bas.
 Quant je houlse une cheminée
Qui n'a point esté ramonnée,
Dont le tuau est fraiz et tendre,
Ou si vous m'y voyez estandre
Et redis jambes et genoulx,
Vous diriez : Venez chez nous.
 Il semble, à veoir à ma trongne,
Que je soys foyble à la besongne ;

retrouve dans les ballets du temps de Louis XIII. Ainsi, dans le ballet des Chercheurs de midy à quatorze heures (1620), le ramoneur dit aux dames :

> Croyez-moi, que vos cheminées
> Seront promptement ramonnées
> Si vous esprouvez ma façon.

Et encore dans la Mascarade de la foire S.-Germain, trois ramoneurs disent aux dames :

> Beautez qui triomphez et mettez tout à bas,
> Laissez-vous ramonner du haut jusques en bas.

Comme elle est de ce temps, la comédie anonyme, en prose et en cinq actes, représentée en 1620 sous le titre du *Ramoneur*, et non imprimée, devoit avoir quelques plaisanteries du même genre.— Quant aux deux pièces du même titre, l'une de Lambert, représentée en 1658, et l'autre de Villiers, représentée en 1662 et prise sur la première, elles reposent sur un travestissement. (Cf. Léris, *Dict. portatif des th.*, p. 283, et *les Anecdotes dram.*, t. 2, p. 119.)

Mais je les houlse si au net
Qu'il n'y a vire ne cornet
Qui ne sente bien mes houstilz.
Ce n'est point houlser d'aprentilz.
Je fais cheoir tous vieulx cabas,
Et puis je houlse hault et bas,
Puis au costé, puis au parmy,
Tant qu'on me dict : « Là, mon amy,
« Houlsez [bien] fort hault et bas,
« Ramonnez la cheminée hault et bas. »
    Je vous en veulx compter ung cas
Qu'il m'est advenu (de)puis un peu,
Et fut il ne m'en chault [pas] où.
Une jeune fille grassette,
Grande, petite, [bien] estroicte,
De l'aage de quinze à seze ans,
Qui, en despit des mesdisans,
Print congié de sa propre seur
Pour me hucher : « Houlseur, houlseur,
« Venez, tandis que suis seullette,
« Avecques moy en ma chambrette
« Pour veoir que je veulx qu'on face.
« C'est ma cheminée qui est basse,
« Que je veulx maintenant qu'on houlse. »
Et, quant luy donnay une escousse :
« Fort, ferme, que long-temps y a
« Que nestement ne [me] houlsa.
« Si vous nestement la houlsez,
« Vous aurez de l'argent assez ;
« Je vous payeray à l'appetilz.
« Voyre mès (dist-elle), où sont vos outilz,

« Subitement que je les voye? »
Et, pour [le] vray vous en compter,
Elle me ayda à monter ;
Et, quant je fuz là encorné,
Dieu set comme il y eut houlsé.
Je coigne, je frappe, je torche,
Et n'y avoit clerté ne torche,
Homme ne femme que nous deulx
Seulletz. Or, disons [à qui mieulx].
Certes la gentille bourgoise
Estoit bien ayse, aussi estois-je.
Je cuydoys qu'elle me dist : « Holla ! »
Mais elle me disoit : « Là, là,
« Houlsez fort à val et à mont. »
Et, quant elle me veyt suer le front
Et si très fort evertuer,
Elle-mesme se print à suer.
Et, quant j'euz achevé l'ouvraige
Si nestement que c'estoit raige,
Et tout à coup vouluz descendre :
« Comment », dict(elle), « vous voulez vous rendre?
« Qu'avez-vous, houlseur, mon amy ?
« Tout n'est pas houlsé à demy. »
Je luy dis : « Par saint Nicolas,
« Nostre-Dame, maistresse, (je) suis las
« Pour ramonner vostre cheminée hault et bas.
« Pour ceste foys, je n'en puis plus. »
— « Si parferez-vous le surplus,
« Ou vous tiendray en ceste place. »
Si très bien je fuz en sa grace,
Tellement qu'au partir du lieu

Je fuz refaict, et puis adieu.
Oncques femme n'eust tel soulas.
Ramonnez la cheminée hault et bas.

Finis.

Eglogue sur le retour de Bacchus, en laquelle sont introduits deux vignerons, assavoir Colinot de Beaulne et Jaquinot d'Orleans, composé par Calvi de la Fontaine[1].

JAQUINOT.

Sur ce rocher, au haut de la montaigne,
J'ay entendu le galoys Colinot,
Qui à sonner du chalumeau se baigne ;
Se me devoye au front faire une beigne,
Courir y voy plus viste qu'un linot ;
Avecques moy mon petit chien Pinot,
Que ma Katin tous les jours deux fois peigne,
Je meneray ; cependant Robinot
Yra grapper.

COLINOT.
Mais qui est cestuy-cy
Qui de courir si fort se rompt la teste ?

---

1. In-8 gothique de 8 ff. de 31 vers à la page. Au frontispice, un bonhomme monté sur un grand chien qui tient un os dans sa gueule. L'homme, coiffé d'un bonnet fourré, tient une écuelle, un pot à couvercle, et a un pied de biche passé dans sa ceinture. Le bois est plus ancien : car il manque sur le côté une partie de l'arceau et la colonnette sur laquelle il s'appuyoit.

C'est le gentil vigneron sans soucy.
Franc Jaquinot, bien venu soys icy,
Comme celluy à qui veulx faire feste.
Si du soleil la challeur nous enteste,
Devaller fault de ce rocher [i]cy
En ce lieu fraiz, où la viande est preste
Pour le repas.

JAQUINOT.

Puisque m'assocyer
Veulx avec toy, de ma pipe enroillée
Je sonneray, sans plus me soucyer,
Soit de tailler, houer, graper, syer;
J'en ay trop eu la cervelle embroillée.
Mais mon flageol a la panse roillée,
Par quoy il fault arroser le gosier;
On sonne mieulx ayant gorge moillée
Et plus de haict.

COLINOT.

Puis qu'il te plaist, compain,
Voicy du gourd piot à une aureille
Avec des aulx, oignonnetz et bon pain,
Tout appetit; donc en ce lieu serain,
De pioter faisons raige et merveille;
Chalumons fort, dessus, qu'on s'i resveille;
Haulsons le temps, et tandis le serein
Vous chassera d'icy, près nostre treille
Prenons repos.

JAQUINOT.

Ceste ronde eschallote
M'a faict desja si très souvent dringuer
Que, si tenoye à ceste heure Charlotte

Au dur teton, au ventre de pelotte,
De mon picquet il fauldroit l'esbringuer.
Tant aise elle est, quand il convient fringuer,
Que son cueur va comme la papillote
Que suyt de près le papillon legier
Au champ fleury.

COLINOT.

Ce petit oignonnet,
Bien digeré de couleur septembrine,
Me fait penser au poignant tetonnet,
Au rond visage, au sucré sadinet
De Collichon à la cuisse marbrine,
Que, soubz un arbre aussi droict qu'une ligne,
L'autre jour vey se plaindre ung tantinet
Du vigneron trop vieillard, qui n'est digne
De son gent corps.

JAQUINOT.

Lyer on ne doit point
De vieux serceaulx une neufve fustaille;
Le sec ployon ne sert pas de grant point
Au jeune boys de la vigne qui poingt;
Le bon trenchant de la cerpe qui taille
Fault emmancher de boys de mesme taille;
La vigneronne aussi, fresche, en bon point,
Ne doit avoir, et fol est qui luy baille
Vigneron gris.

COLINOT.

Il faict beau veoir Pasquet
Tout racroupy avec sa grand Jaquette,
Toujours dormant sans songner du paquet
De sa feminote. O le gentil Jaquet!

Qui fut si fol de te donner Pasquette !
Par son maintien, par son bec qui claquette,
Elle t'exhorte à bransler le jaquet ;
Mais quoy ! tu dors, combien qu'elle caquette
Bien hault et cler.

JAQUINOT.

Robin, leur gros varlet,
Qui sçet par cueur de houer la façon,
Du gras tourteau et fromage mollet
Souvent luy donne ; et puys du flageollet,
Pour l'esjouyr, luy sonne une chanson ;
Là sont dansans, sans noyse né tanson,
Gays et joyeulx comme un rossignolet
Estant au boys, qui retentit du son
De sa voix clère.

COLINOT.

Or, changeons de propos ;
Laissons voller Cupido le vollage :
Car qui le suyt jamais n'est à repos.
Mais de Bacchus, dont nous sommes suppotz
Les plus prisez de tout nostre village,
Fault deviser ; là je me baigne et nage,
Et à sonner flascons, bouteilles, potz,
Hanaps, godetz, le meilleur du mesnage
Des bons pyons.

JAQUINOT.

Et là gist mon envye.
Pippes, tonneaulx, tonnes, fillettes, muytz,
Poinssons, vaisseaulx, cela me tient en vye ;
S'on boit à moy, tout soubdain je l'envye ;
En ce faisant, Bacchus, tant jours que nuyts,

Me cause joye et chasse mes ennuytz.
Si ta personne est doncques si ravye
Chanter de luy, puis qu'à nul tu ne nuys,
Commence donc.

COLINOT.

Tes louenges dicter
Je ne suis digne, ô dieu des vignerons!
Mais puis qu'il fault, ô fils de Jupiter,
Gentil Bacchus, de ce faict m'acquitter,
De ton retour icy deviserons;
A te louer tousjours nous viserons.
Plaise-toy donc ta faveur nous prester;
Soys-nous propice, et si commencerons.

es jours passez, Bacchus le triumphant,
Porté en l'air sur son char fleuronné [1],
Par deux fiers linx, ainsi que jeune en-
[fant,
De fueille estant de vigne couronné,
De maint satyre aussi environné,
Delibera du ciel faire depart,
Pour venir veoir en son règne ordonné
Tous les suppostz de sa terrestre part.

Premierement, de Beaulne cher vignoble,
Par luy chery sur tous, il descendit,
Et ce terrouer, si precieux et noble,
Graces et los adonc luy en rendit :
Car, en l'instant que venir l'entendit,

1. Parsemé de fleurs.

Le fruict non meur, dessus sa vigne estant,
Pour grant honneur gecta et respandit
Devant Bacchus, celluy qui l'ayme tant.

Illec il veit, sejourner y voulant,
Deux vignerons se batre à main senestre ;
L'un fut nommé de Beaulne Rolant,
Qui triumphoit d'un grant jallyer de haitre,
Et l'autre avoit laissé sa vieille gaitre
Pour son levier long comme une houlette
Mieulx manyer. Si tu le veulx congnoistre,
Il se nommoit Symonnet de Tolette.

Leur noise estoit pour une serpe grande
De fin acier, amanchée de houlx ;
Rolant l'avoit, Symonnet la demande
A tort ou droit et par force de coups ;
Et là dessus se sont si bien secoux
Que de Beaulne en une autre contrée
Bacchus prend terre, en telle yre et courroux
Qu'il proposa de plus n'y faire entrée.

Vers Orleans de là fist sa descente ;
Mais il n'y fut pas si tost descendu
Qu'il apperçeut en une estroite sente
Deux vignerons : l'ung d'ung houet fendu
Par trop frapper s'estoit bien deffendu ;
L'autre, à grands coups d'une besche tortue,
Dont il avoit son cler sang repandu,
De l'assommer tant qu'il peult s'esvertue.

Ces vignerons estoient Thibault de Flandres
Et d'Orleans le franc pyon Michault,

Qui avoient meu ces debatz et esclandres
Pour ung godet de vin nouveau tout chault.
Michault, à qui de sa peau point ne chault,
Vouloit avoir l'honneur de premier boire;
Thibault, qui est à frapper gay et hault,
Dit qu'il a mieulx merité ceste gloire.

Bacchus, despit de leur noise et debat,
Laissant ce lieu, devant Aulnys parvint,
Pensant illec trouver paix et esbat;
Mais tout ainsy qu'au premier luy advint:
Car entre deux vignerons il survint
Ung fier combat, dont ilz estoient fort las,
Par se ruer des grans coups plus de vingt,
L'un d'un ramon, l'autre d'un eschalas.

Ce debat-là estoit assez saulvage:
Car il n'estoit question seulement
Que d'un raisin, qu'avoit prins en ravage
L'un de ces deux; ne sçay pas bonnement
Lequel ce fut; mais veritablement
Tous deux s'estoient si bien entrefrotez
Qu'il y avoit du sang habondamment
Sur ceste terre espars de tous costez.

Bacchus, esmeu de noises si horribles,
D'Aulnys s'en vint en Grave et Bordeloys,
Où il congneust deux vignerons terribles,
Ne prisans rien luy ne toutes ses loys.
Ung grand tonneau plein de vin Rocheloys
Fut le motif de leur noise et divorce:
« Je l'auroys bien », dit l'ung, « se je vouloys. »
L'autre disoit : « Et je l'auray par force. »

SUR LE RETOUR DE BACCHUS.

Enfin il vint au pays Senonois,
Anjou, Ay, Auxerrois, Irancy [1],
Noisy, Monstreul, Meudon en Meudonnoys,
Suresnes, Sevre, Othueil [2], Sainct-Cloud, Icy;
Bref, il n'y eut en ce monde icy,
Où les bons vins se recueillent espais,
Qu'il n'aborda, pour appercevoir si
Trouveroit point ung vigneron en paix.

Mais il congneut leurs forces et courages,
Voire de tous, sans en excepter ung,
Plus adonnéz aux martiaulx ouvrages
Qu'à labourer la vigne à saoul ou jeun;
Par quoy il part de la terre comme ung
Dieu despité, en yre si très grande
Qu'il entreprit les destruire en commun,
Sans s'appaiser pour veu ny pour offrande.

Et pour mieulx mettre à execution
Tel entrepris, son char conduict par l'air
Fist arrester, et lors d'affection
A Jupiter adressa tel parler :
« Père puissant, escoute mon parler,
« Et si, jadis, pour Semelé ma mère,
« Tu as daigné en terre devaller,
« De son enfant exaulse la prière.

« Père, tu sçez que dès le mesme jour
« Que de ta cuysse au monde je nasquis,

---

1. Localité de l'Yonne assez près d'Auxerre.
2. Dans Othueil et dans Icy il faut reconnoître les deux villages voisins de Paris, Auteuil et Issy. Il n'est

« Des vignerons du terrestre séjour
« Tu me feis Dieu. Ce bien de toy j'acquis ;
« La vigne aussy et tout vignoble exquis
« Tu soubmiz lors à mon obeyssance,
« Et me donnas, sans que l'eusses requis,
« Sur vignerons, de ta grace, puissance.

« Or, maintenant que sus terre j'estoye,
« Nul d'eulx ne m'a reconnu à seigneur ;
« Mais, en tous lieux où mon regard gectoye,
« Ils suyvoient Mars, luy portant tout honneur ;
« Ce te seroit, mon père, deshonneur,
« Se me laissoys ainsi d'eulx laydenger ;
« Plaise-toy donc, ô juste guerdonneur,
« De ce forfaict, s'il te plaist, me venger. »

Du suppliant la bien briefve oraison,
Qui procedoit du fons de la pensée,
Penetra lors la celeste maison ;
Jupiter l'a ouye et exaulsée,
Et à sa voix sur les neuf cieulx haulsée,
Les quatre ventz yvernaulx sont venus,
Ausquelz il a tel parolle adressée,
Pendant laquelle ilz se sont coys tenus :

« Sors, Boreas, de ta carrière bise ;
« Laisse ton trou, vent gelé de galerne,
« Laisse ton creux tenebreux, vent de bise ;
« Froict Vulturnus, delaisse ta caverne ;

pas étonnant que Calvi de la Fontaine cite en plus grand nombre les vignobles voisins de Paris : il étoit Parisien ; il se dit tel sur le titre des trois déclamations qu'il imita du latin de Beroalde, Paris, Sertenas, 1556, in—16.

« De vostre alaine et poulx qui tout yverne,
« Tous les bourgeons estans dessus la terre
« Gellez, gellez, car, je, qui tout gouverne,
« Le veulx ainsi; dilligentez grant erre. »

A peine avoit clos Juppiter la bouche
Que ces froictz ventz avoient quasi gellé
Tous les bourgeons et sceps jusqu'à la souche
Et si sembloit que tout y fust bruslé,
Tant tout estoit et noir et mutillé ;
Bref, il n'y eut vignoble en nul pays
Qui ne fut, las ! lors perdu et foullé,
Dont maintz pyons furent fort esbahys.

Par tourbillons de ces ventz si divers
Lentz lymassons n'eurent plus que ronger ;
Leur grignotis perdirent petitz vers,
Chaulx passerons n'eurent plus que manger ;
Aux estourneaulx grassetz convint changer
D'autre viande, aux merles noirs aussi ;
Aultres oyseaulx furent en grant danger
De ne sçavoir de quoy plus vivre icy.

Le bon vieillart Sylenus, estonné
Qu'on vendangeoit de si estrange sorte,
Lava de pleurs son mynois boutonné;
Ne chante plus, son grant pot plus ne porte.
Ses compaignons sont tous coys à leur porte,
Fort ennuyez de demourer à sec,
Et maint satire aussi se desconforte,
Faulnes, sylvans et dryades avec.

A leur prière et pleur, le hault tonnant
Feit retirer ces ventz en Eolye,

Où Eolus, roy d'iceulx, est regnant,
Qui dans ung mont tout creux les serre et lye
De paour qu'en terre ou mer facent folye;
Et, sans cela, Phebus le radieux,
Neptun l'humyde et Dyane polye
Ne seroient point asseurez en leurs lieux.

Ces vents serrez, la vigne peu à peu
Livra assez et feuilles et verdure,
Mais de raisins elle en eut aussi peu
Qu'on oyt tonner au temps que le ver dure;
Et si petit qu'elle en eut, dont j'endure,
Ce ne fut [pas] pour nous, tu le scez bien ;
Noz gros voysins, à qui l'or tousjours dure,
L'eurent en vert et meur sans laisser rien.

Les vignerons, de si soubdain meschef
Venu sur terre esbahys à merveilles,
La larme à l'œil, encontre bas le chef,
Se vont tapir dessoubz leurs vertes treilles,
Ne parlans plus de flascons ne bouteilles;
Et d'autre part les vigneronnes frisques
Portent au cueur des douleurs nompareilles,
Sans plus danser vergaies ne morisques.

« Las, disoient ils, mais d'où vient cest orage?
« Or sommes-nous affolez et perduz.
« Gentil Bacchus, nostre Dieu de parage,
« Nous lairras-tu ainsi tous esperduz?
« Tu voys à tas vignerons espanduz
« Qui n'ont de quoy te faire oblation ;
« Tous les tributz qui sont ceste part deuz
« A ton honneur vont à perdition.

« Tu voys qu'en paix te requerons mercy
« Et sans discord nous rengeons à nostre œuvre;
« L'un va fourbir son houet tout noircy ;
« L'un faict serceaulx et l'autre bon manœuvre
« Faict tonneaulx ; l'autre sa vigne cueuvre
« De chault fyens ; l'un refaict sa serpette,
« L'un va houer et l'autre se descueuvre
« Tres ententif à tailler sa vignette.

« Doncques, Bacchus, reviens cy le grant cours,
« Pour resjouyr de tes suppostz les cueurs;
« Faictz que sentions l'effect de ton secours,
« Nous octroyant tes vineuses liqueurs,
« Te promectant, sans point estre mocqueurs,
« Que de nous tous tu seras decoré
« Et ne serons de Mars plus invocqueurs,
« Ains de toy seul, Bacchus très honnoré. »

Ainsi faisoient ces vignerons leur plaincte
Au beau Bacchus, qui n'en feit pas grand compte,
Car sa fureur n'estoit encore estaincte,
Tant luy avoient faict de despit et honte,
Jurant par Stix, fleuve près d'Acheronte,
Que, de sa part, ne leur ayderoit point :
« Voysent », dist-il, « à Mars, leur rouge conte,
« Qui les a mys par leur faulte en tel poinct. »

Mais Jupiter, plein de benignité,
Voyant les cueurs des bons vignerons estre
Du tout contrictz de leur malignité,
Voulut sa grace espandre en ce bas estre,
Et au guydon de son fouldroyant sceptre
Sont devers luy arrivez tous les Dieux,

Qui ont pris place à dextre et à senestre
Autour de luy, au grant palais des cieulx.

Illec seant en son trosne azuré,
Il feit venir Bacchus devant sa face :
« Temps est », dist-il, « temps est, mon filz heuré,
« Que ton courroux vers tes suppostz s'efface ;
« Ainsi me plaist ; ainsi veulx qu'il se face ;
« Doncques vers eux en terre t'en yras ;
« Aussi, affin que leur ennuy se passe,
« De ta liqueur très bien les munyras. »

Pas n'eust ce grant si tost ses dictz cessé
Que vignerons de tous endroictz congneurent
Leur Dieu Bacchus sur la terre baissé, [rent ;
Dont en leurs cueurs plus grande joye oncq n'eu-
A vray seigneur trestous le recongneurent,
Sinon ung tas de vignerons mauvais
Trop envinez, lesquelz le mescongneurent,
Ne le prisans non plus que deux navetz.

Le bon Thienot, pour honneur souverain,
Beuvoit à luy d'autant, à tasse pleine,
Et Phelipot à la gorge d'arain,
Nouveaulx mottetz hault resonner se peine,
Et Robinot estoit en une plaine,
Qui devant luy touchoient fueilles de boys ;
Brief vignerons, gros, menus, mettoient peine,
Pour l'esjoyr, à toucher du hault boys.

D'autre costé, la blanche Collichon
Luy va offrant chappeaulx de violettes,
Et à l'envy la brune Perrichon
Luy va donnant bousquetz d'autres fleurettes ;

Blonde Alyson de vertes amourettes
Tousjours tremblans luy baille une couronne;
Tourteaulx et flans, tartes et tartelettes,
Luy va donnant mainte autre vigneronne.

   Le grant vignoble à Venus consacré,
De tous pays, et les vignes gentilles
Prindrent si bien le sien retour à gré
Qu'en ung moment devindrent très fertilles;
On ne veit point nulz scepz secz, inutilles,
Mais de raisins chargés si à foyson,
Rendans liqueurs friandes et subtilles,
Qu'il ne fut onc plus vineuse saison.

   Ce que voyans, oyseaulz de maint plumage
Sus ceste vigne ont reprins leur vollée,
Y desgoisans avec leur chant ramage
D'avoir si tost joye renouvellée,
Et est leur voix jusques aux cieulx allée
Remercier le grant dieu Jupiter
D'avoir sa grace icy bas avallée
Pour de peril si grant les respiter.

   Lors Silenus son grant pot à double anse,
Son cantharus enroillé a reprins;
Gayes chansons à resonner commence,
En quoy il est expert et bien appris;
La belle Eglé, des Nayades le pris :
« Nymphes », dist-elle, « approchez, et, au son
« De Silenus recreans noz espritz,
« A qui mieulx mieulx dansons une chanson. »

   Et tout à coup survint le beau Cromys
En criant hault : « Frère Menasylus,

« Avancez-vous, avancez ; c'est trop mys ;
« Venez danser ; ne reste que vous plus. »
Faulnes, sylvains et satires pelus
Vindrent aussi courans à ceste danse ;
Tous demy dieux et nimphes au surplus
Y sont venuz pour prendre esjoyssance.

O quel plaisir d'ouyr ce filz des muses,
Ce Sylenus si bien lors resonner !
Cache-toy, Pan ; cache tes cornemuses ;
Tu ne sçaurois si bien que luy sonner.
N'oys-tu pas bien le grant Jovis tonner,
Prenant plaisir à ses gracieux sons ?
Mais de cela ne se fault estonner ;
A son honneur sont toutes les chansons.

Finy son chant, va gesir Sylenus
En lieux profondz, sus fueilles pampinez ;
Faulnes moussuz aux boys sont revenuz ;
Nobles sylvans aux foretz retournez,
Menasilus et Cromis, qui sont néz
De Thessalie, y revont d'une tyre ;
Egla reva en ses prez fleuronnez,
Et maint Satire aux buissons se retire.

Voylà comment de Bacchus les suppostz
Sont retournez en leur premier soulas,
Craignant surtout de perdre le repos
A eux donné par le filz de Pallas,
Auquel ilz ont donné d'amour ung las
Si ferme et fort que Mavors il en lye,
Par quoy chascun d'iceulx, sans estre las,
Incessamment devant luy s'humilie.

JACQUINOT.

Franc Colinot, des vignerons agrestes
Le plus gentil de Thurin à Yerre,
Sur le hault mont Parnassus à deux crestes,
Merité as ung chappeau de lyerre ;
Mais tu l'auras en ceste franche terre,
Au lieu d'aller sur ce mont si loingtain,
Avec cela de fin crystal ung verre,
D'or enrichy, pour ton œuvre haultain.

Mais il est temps retourner vers Katin ;
Sus, petit chien, vous avez trop dormy ;
Puis il se fault lever de bon matin,
Et je me sens desjà tout endormy.
D'autre costé, la petite formy
S'est retirée en sa tasnyère creuse ;
Phebé, monstrant ses cornes à demy,
La nuyct ameine, humide et tenebreuse.

Suffire ou rien.

Finis.

Les Dictz des bestes et aussi des oyseaux[1].

Le Lyon *commence :*

De toutes bestes suis le roy,
Couronné par cruel effort ;
Peu ce me vault, quant j'apperçoy
Que mourir fault, foible et fort.

Le Léopard.

Je suis beau, legier comme vent,
Joyeulx, hardy et courageux ;

1. On sait le nombre de bestiaires latins et françois qui ont été écrits dans tout le cours du moyen âge. Celui-ci, avec ses quatrains secs et écourtés, en est l'écho très affoibli et comme l'expression de leur mort. C'est un in-8 gothique, de 12 ff., sous les signatures A-B, la première de 8, la seconde de 4 ff. Sur le frontispice, au dessus de chaque quatrain, et sur le dernier feuillet, se voient de petits bois en largeur, figurant tant bien que mal les animaux dont il est question, et quelques autres. Comme un certain nombre de ces bois représentent des espèces de scènes, il est probable qu'ils ont été originairement faits pour quelque recueil de fables, et que les quatrains ont été faits pour les utiliser. Cette pièce a été reproduite à 40 exemplaires en fac-simile lithographique.

Les plus rousés [1] sont pris souvent ;
On les conquiert en plusieurs lieux.

LE TOREAU.

Puissant suis et luxurieulx,
Gectant cry très espouventable ;
Quant suis chastré, deviens piteulx ;
Peché est fort abhominable.

L'ORIFLANT.

Je suis beste de grant couraige,
En guerre faisant maint effort ;
Qui ne craint Dieu, il n'est pas saige ;
Aussi tost meurt foible que fort.

LE CHEVAL.

Se ma puissance je sçavoye,
Quant en la gueulle j'ay le frain,
Jamais homme ne porteroye ;
Hault valoir est trop inhumain.

LE MULET.

Je suis pour tracasser habille,
Et pour trahir enfin mon maistre ;
Garde soy du pied qui m'estrille ;
Qui a trompé trompé doit estre.

L'ASNE.

Je suis de petite stature,
Et [si] me fault porter grant fais ;

---

1. Je lirois plus volontiers :

Les plus rouges sont pris souvent,

phrase proverbiale excessivement usitée à cette époque, et qu'on retrouvera fort souvent dans cette collection.

Par peché mainte creature
Se met à mort aucunes fois.

Le Loup.

Pour [jamais] ma pasture avoir,
J'ay plusieurs debatz aux chiens ;
Quant homme meurt qui a avoir,
Du corps ne chault tant que des biens.

Le Veau.

Je suis le droit filz de la vache,
Des bestes le plus fortuné ;
Car il convient que l'on m'atache
Incontinent que je suis né.

Le Sanglier.

Courageux suis pour moy deffendre
Quant je me sens suivy à mort ;
Tout homme doit à soy entendre
Combien qu'il se sente à mort.

Le Porc.

Quant je mange et transglouty
Par gloutonnie ma substance,
A la fange suis endormy ;
Car de la pance vient la dance.

Le Porc Espy.

Vestu (je) suis de mes fines dardes
Pour me garder de mes ennemis ;
Tousjours je me tiens en mes gardes,
Vueiller fault pour fel(on)s ennemis.

Le Daing.

Je suis beau, se ne fust ma barbe,

Et je sens trop ma venaison ;
J'ay (grant) jencives pour brouter l'herbe ;
Bien faire est tousjours de saison.

Le Bièvre.

Pour plus complaire aux creatures
Qui me serchent pour mettre à mort,
J'arrache o les dens ma nature ;
Trop pleure qui n'a reconfort.

Le Levrier.

A courir je suis diligent,
Traversant montaignes et vaulx ;
L'hom avaricieux, pour l'argent,
Se donne cinq cent mille maulx.

Le Mastin.

La nuit, pour mon maistre je veille ;
Pour les larrons mieulx espier,
J'ay sur le guet tousjours l'oreille ;
Servi[r] Dieu ne fault oublier.

Le Mouton.

J'ay le cerveau très fort et ferme
Pour jouster quand le ver[1] me picque,
Car de mes cornes ma teste arme ;
Tel est bien franc qui n'est pas quite.

Le Marmot.

Je suis chault de propre nature,
Fort cruel à tout [le] mal faire ;

---

1. Le printemps. Mais l'auteur auroit dû dire le bélier, et non le mouton.

Enclin suis à toute luxure;
Heureux est qui s'en scet retraire!

Le Tesson.

Pour obvier à la tempeste,
Que je cognois du ciel venir,
En eaue fourre ma teste;
Le grant juge doit-on cremir.

Le Regnard.

Je suis subtil, plain de malice
Pour toutes bestes decepvoir;
Au corbin je fais la police;
Chascun ne peult pas tout sçavoir.

Le Lièvre.

Courir me font souvent les chiens,
Car à manger suis savoureux :
Tant plus amasse l'on grans biens,
Tant plus engendre d'envieulx.

Le Singe.

Je fais des tours plus de cent mille,
Si que je sers de passe-temps;
Tout hom humain doit estre habille
Pour bien gouverner ses cinq sens.

Cy finissent les Dictz des bestes.

Cy commence[nt] les Dictz des oyseaulx.

LE PAON commence.

uant je voy ma belle figure,
Orgueilleux suis, haultain et fier.
Telle folie peu me dure,
Nul ne se doit glorifier.

LE PELLICAN.

Je suis d'une telle nature
Que je vueil mourir pour les miens;
Vie je leur rens par morsure;
(Ain)si fist Jesucrist pour les siens.

LA SIGOIGNE.

Pour estre bien à ma plaisance,
J'ayme mieulx le peuple humain;
Des miens nourrir ay souvenance;
Chascun doyt aymer son prochain.

L'AIGLE.

De tous oyseaulx je suis le roy;
Voller je puis en si hault lieu
Que le soleil de près je voy;
Benoist[z] sont ceulx qui voyent Dieu.

LE ROSSIGNOL.

Chanter sçay bien en ma vie,
Chant qui est moult delicieux.
Quant je meurs, point [je] ne l'oublie;
Qui bien vit doit mourir joyeulx.

Le Vaultour.

Quant dedans l'eaue je vueil crier,
Je fais ung très horrible son ;
Nul ne doit son mal publier,
Ne point d'aultruy bailler le nom.

La Perdrix.

Charnalité est tant en moy
Que je ne me puis abstenir ;
Je fais ce que faire ne dois ;
Luxurieux doit bien cremir.

Le Faisant.

Je suis pour(e) creature humaine
Bon (à) menger, aussi savoureux ;
Qui viande veult plus certaine,
Dieu donne biens delicieux.

Le Fenix.

Seulle, je vis très longuement,
Et puis je meurs. Par droit divin,
Vivre je viens hastivement ;
Les bons auront joye sans fin.

La Grue.

Ma compaignie ay moult cher ;
Doulce luy suis et debonnaire.
Pour la bien garder vueil veiller,
Le bon pasteur ainsi doit faire.

Le Corbeau.

Subtil je suis en tous mes faictz ;
De mal faire souvent m'avise.
Le regnard et moy avons paix ;

Plusieurs sont plains de grant faintise[1].

Le Coq.

Hardy, joyeulx [et] liberal,
Me maintiens tousjours en ce monde;
Amoureux suis et cordial;
Charité en tous biens habonde.

Le Coullon.

Je suis en tous temps, par coustume,
Simple et de belle manière;
Point n'ay de fiel ne d'amertume;
L'innocent fait à tous grant chère.

La Tourterelle.

Chasteté garde nettement.
Quant j'ay perdu ma compaignie,
Vivre vueil solitairement;
Cueur devot ayme nette vie.

La Huppe.

Manger si [je] ne veulx qu'ordure,
Car en puenaisie me tiens;
Se je suis de belle figure;
Beaulté sans bonté ne vault riens.

Le Chahuan.

Chascun oyseau si me deboute;
Pour tant me fault voller de nuict;
De mes yeulx, de jour, ne voy goutte;
Qui peché faict, peché lui nuist.

---

1. Imp. : fantasie.

La Pye.

Qui bien son secret veult celer,
Devant chascun pas ne le dye ;
Mais se tiengne de trop parler,
Aultrement monstre sa folye.

Cy finissent les Dictz des Oiseaux.

*Nouvellement imprimé à Paris,
en la rue Neufve Nostre-Dame,
à l'Escu de France*[1].

---

[1]. Probablement chez Alain Lotrian ou Jehan Jehannot, qui demeuroit dans cette même rue, et de qui c'étoit l'enseigne.

La legende et description du Bonnet Carré, avec les proprietez, composition et vertus d'icelluy[1].

Le blason du Bonnet Carré.

Incontinent après que le grand Lucifer
Se vid tombé des cieux au plus creux de l'enfer,
Il appella tout hault ses diables et leur dit :
« Or çà, mes compaignons, nous perdons le [credit
« Et benefice heureux que le beau ciel despart,
« Et n'avons seulement qu'enfer pour nostre part.

---

1. Cette pièce, écrite contre les gens d'église encore plus que contre les gens de loi, et peut-être un peu protestante, a eu deux éditions : l'une avec la date de 1576 et le titre *Blason, légende et description*, etc. ; c'est celle qui a été reproduite dans les *Joyeusetez* de Techener, in-16 de 14 pages ; l'autre, de 1578, *à Lyon, par Pierre Hazart, au Port S.-Georges*, est un in-8 de 13 pages, qui a été réimprimé par M. Veinant dans le *Journal de l'amateur de livres*, t. 3, 1850, p. 189-204, et tiré à part à 30 exemplaires. Comme l'éditeur de cette seconde réimpression, nous avons complété les deux textes l'un par l'autre.

« C'est nostre propre lieu, et ne nous fault pretendre
« Sinon doresnavant à mal faire entreprendre.
« Le peché nous est bon ; le bien nous est contraire :
« Il fault donc devers nous tousjours tascher d'attraire
« Quelques pigeons nouveaulx ; bref, par nostre mali-
« Fault par le monde rond faire regner le vice, [ce,
« Abolir la vertu, et d'une estrange sorte
« Tenir à nostre cas jour et nuict la main forte
« Pour rendre des humains le règne divisé.
« Or, voicy ce que j'ay de grand cœur advisé :
« Le peuple, en maint endroit regardant d'adventure
« Nostre façon hideuse et nostre pourtraicture,
« S'en mocque et rid souvent ; et surtout est tenue
« A desdain et mespris nostre teste cornue.
« Mais, malgré ces mocqueurs, par tout le monde en-
« Adorer je feray, de quartier en quartier,   [tier
« Les cornes tellement, qu'heureux s'estimera
« Celluy qui, les voyant, le genouil fleschira.
« Et sçavez-vous comment ? En cest obscur manoir,
« Nous ferons ung bonnet de quelque fin drap noir,
« Bonnet qui, cauteleux, quatre cornes aura,
« Dans lesquelles du tout nostre sçavoir sera,
« Sçavoir, dis-je, infernal, malheureux et horrible,
« Dont sera gardien ce bonnet si terrible,
« De façon que tous maulx en luy seront compris,
« Estant ce beau bonnet de nostre enfer le pris ;
« Mesmes il sera tel qu'au plus eminent lieu
« Il sera veneré et servy comme ung Dieu,
« En faisant triumpher qui luy obeira
« Et mourir forcement qui luy contredira.
« Ainsi ce seul bonnet, par son grand malefice,
« Fera, sans nous peiner, cy après nostre office.

« Besongnons donc soubdain, et que chascun couraige
« S'employe avidement à ce gaillard ouvraige. » [1]
Lucifer lors se tut, et, sans aultre [2] response,
Chascun des infernaux vint à ceste semonce.
Satan bailla soubdain le drap, fin au possible ;
Belial print l'esguille et poignante et nuisible,
Et les filles d'Erèbe et de la Nuict obscure
D'aprester tost le fil prindrent toute la cure.
Le bonnet fut taillé, et chascun d'eux à force
De faire ce bonnet d'heure en heure s'efforce [3].
Tous les esprits malins, jusques au chien portier,
Exercèrent ce jour l'estat de bonnetier,
Sans qu'aulcun se trouvast contre l'œuvre estrivant.
Firent premierement la corne de devant,
Poinctue en esguillon, et mirent en ycelle,
Pour honneste aornement, rapine et sa sequelle.
Larcin, son propre enfant, qui n'espargne personne,
Fut mis, avec sa mère, en la corne felonne,
Et les accompaigna faulx semblant sans raison,
Orgueil, fardé conseil, finesse, trahison,
Cruauté, infamie, horreur avec fallace ;
Puis après, de grand cœur, sans bouger de la place,
Feirent des deux costez les deux cornes iniques,
Où furent mises lors maintes faulses pratiques.
Celle du costé dextre eust pour sa part envie
Avec ambition, et, n'estant assouvie,
Eust encor de rechef bon bec, caquet et ruse,
Qui ses propres amys journellement abuse,

1. Ed. de Lyon : chascune rage.
2. Ed. de Lyon : quelque.
3. Ce vers manque à l'édition de 1578.

Avidité, feintise, invention nouvelle,
Avarice, luxure, inimitié rebelle,
Opinion perverse, infidelle promesse,
Deloyaulté, cautelle, aussy peu de sagesse;
Et de la grosse corne [1], avecque grand furie,
Prindrent possession trompeuse menterie,
Vendition de cause, infect [2] entendement,
Renversement de droict, faulx et leger serment,
Mondanité, paresse, injustice, asnerie,
Falcification, vile [3] chicannerie,
Adjournemens, deffaults, sentences, contredictz,
Pour brouiller les plus sainctz qui soient en paradis;
Force prise de corps, appoinctemens à mectre,
Y entrèrent aussy avec Procès leur maistre.
Brief, tous les meschans tours qu'enfer eut en caboche
Furent mis sur-le-champ dedans ce costé gauche,
Et dans la grosse corne, estant sur le derrière,
Ung grand nombre d'espritz de la sumbre tannière
Se posèrent soubdain, aussi feirent leurs raiges
Pour, par leurs martiaux et veneneux couraiges,
Deffendre ce bonnet, executer son ire,
Et faire que tousjours et sans cesse il s'empire.
Ce bonnet donc parfait par les diables ensemble,
Lucifer, le voyant, s'estonne de peur, tremble;
Et, presvoyant les maux qu'il estoit asseuré
Que feroit quelque jour ce beau bonnet carré,
Ce faict, fist apporter feu ardant de son gouffre,
Et respendant dessus venin mortel et souffre,

1. Ed. de 1576 : corne gauche.
2. Ed. de 1578 : infime.
3. Ed. de 1576 : vieille.

Suffumigea très bien ce bonnet dangereux,
Pirouettant autour [1] encore tout poureux ;
Puis, en roulant les yeulx, de sa griffe le touche,
Et dist les vers suyvans de sa perverse bouche :

« Bonnet qu'avec horreur je monstre,
« O bonnet ! pestiféré monstre,
« Bonnet infernel et dampné,
« Sur la terre bien fortuné,
« Bonnet infidèle et inique,
« Bonnet qui ne sent que practique,
« Bonnet horreur de tout le monde,
« Bonnet en qui tout mal abonde,
« Bonnet des aultres bonnets Dieu,
« Bonnet qui a le premier lieu
« En toute la rotonde terre,
« Bonnet qui tousjours fera guerre,
« Bonnet carré, bonnet cornu,
« Qui rendra son voisin tout nu ;
« Bonnet faict à quatre malices,
« Bonnet source de tous les vices,
« Bonnet nompareil, bonnet fort,
« Qui fera d'ung bon droict le tort ;
« Bonnet plus poignant que sagettes,
« Avec ses quatre brahiyettes ;
« Bonnet qui, portant nom de saige,
« Jourra si bien son personnaige,
« Que les plus grands l'adoreront
« D'aussy loing comme ils le verront ;
« Bonnet de soy-mesme meschant,
« Bonnet de tous costez tranchant,
« Bonnet remply de tricherie,

1. Ed. de 1578 : Pironé tout entour.

« Bonnet qui, par chicannerie,
« Rendra maint preud'homme indigent ;
« Bonnet amateur de l'argent,
« Bonnet qui[1] le terrible enfer
« A voulu luy-mesme estoffer,
« Bonnet menteur, bonnet criart,
« Bonnet qui fera, par son art,
« Ung jour d'impossible possible ;
« Bonnet fascheux, bonnet nuisible,
« Hardy bonnet, bonnet fantasque,
« Bonnet bon pour aller en masque,
« Bonnet qui sent bien sa marmitte,
« Bonnet qui fait la chattemitte,
« Bonnet qui disnera pour rien ;
« Et mangera d'aultruy le bien ;
« Bonnet pillard, bonnet fort chiche,
« Bonnet sur tous les aultres riche,
« Bonnet friant, bonnet farouche,
« Inventeur de mainte scarmouche ;
« Bonnet, lequel estant pellé,
« Sera soubdain renouvellé
« Par ung morceau de parchemin ;
« Bonnet qui, porté par chemin,
« Aux petits enfants fera peur ;
« Bonnet mutin, bonnet trompeur[2],
« Bonnet qui plus d'or gaignera
« Alors que mieux il mentira
« Qu'ung aultre en disant verité ;
« Bonnet qui, estant irrité,
« Fera mesme trembler les cieux ;

1. Ed. de 1576 : que.
2. Vers omis dans l'édition de 1576.

« Bonnet par trop audacieux,
« Bonnet inventeur de procez
« Duquel on cerchera l'accez,
« Bonnet fardé, bonnet mauldit,
« Bonnet de tout bien interdit,
« Bonnet dangereux et lubrique,
« Bonnet plus que diabolique,
« Bonnet contraire à Jésus-Christ,
« Bonnet digne d'un antechrist,
« Bonnet propre pour tout mal faire,
« Bonnet pour faire ung prince taire,
« Bonnet qui tiendra par envie
« Des humains la mort et la vie,
« Bonnet doux, bonnet favorable,
« Au pecunieux venerable,
« Bonnet de credit, bonnet brave
« Pour quelque asne qui n'a que bave,
« Bonnet qui ne vault une pite,
« Bonnet plain de fureur despite,
« Bonnet paillart[2], bonnet infame,
« Bonnet qui sait par cœur sa gamme
« Bonnet qui faict des loix rempart
« Et n'en tient pas la moindre part,
« Meschant bonnet, bonnet poinctu,
« Bonnet ennemy de vertu,
« Bonnet fol et opiniastre,
« Bonnet sot et accariatre,
« Bonnet remply d'inimitié,
« Bonnet sans raison ni pitié,

1. Vers omis dans l'édition de 1576.
2. Ed. de 1578 : pillart.

« Bonnet que l'on doit bien fuyr,
« Bonnet qui ne peult s'esjouyr
« Qu'à voir faire du mal ; bonnet
« Pervers, dangereux et finet,
« Il te convient à cheminer
« Par le monde et à dominer,
« Affin de le mettre en soussy ;
« Desloge donc viste d'icy,
« Et va prendre possession
« De ta vraye habitation. »

Si tost que Lucifer, presens tous ses supos,
Eut mis fin à ses dictz et doulloureux propos,
Le jour s'esvanouit et l'obscur vint sur terre.
Puis après, tout à coup, ung esclatant tonnerre,
Entremeslé d'esclairs, vint monstrer ses effortz,
Espouvantant d'ung coup des hommes les plus fortz.
Voix des malins espritz furent lors entendues,
Qui couroient, forcenez, çà et là par les rues [1].
Bref, il sembloit adonc que ceste terre basse
Revint en son cahos et primitive masse.
Lors monsieur le bonnet du centre bas [2] s'absente,
Et aux tristes humains bravement se presente,
En sa lesse [3] les mect, les tourmente et menace,
Et leur fait faire joug sous sa cruelle audace,
Les tond jusqu'à la peau, et si bien les martyre
Que leur faict veoir qu'il est de tous bonnetz le pire.

1. Ces deux vers ne se trouvent que dans l'édition de 1576.
1. Ed. de 1576 : encontre bas.
3. Ed. de 1576 : en malaise.

Celuy le peult sçavoir qui, contre l'esquité,
L'a, helas! à son dam bien experimenté.

Elegie sur le Bonnet carré[1].

Depuis que Lucifer, par son très grand orgueil,
A esté des haults cieulx çà bas precipité,
Le monde tousjours a esté remply de dueil,
Et le bon du meschant a esté rejetté.
Il apert par Cayn, de Satan incité,
Qui son frère tua, Abel, par grande envie,
Parce qu'il luy sembloit que sa simplicité
A Dieu plus aggreoit que sa superbe vie.

Dès alors Lucifer, faulx et malicieux,
Avecques ses suppos commença à forger
Ce fin bonnet carré pour ces ambitieux
Gens d'esglise et prelatz, leur monstrant, sans songer,
Les moyens allechans pour le peuple renger
A leur devotion, et par tel moyen faire
Que contre leurs edits nul s'osast opposer,
Sur payne de la mort qui feroit au contraire.

N'est-ce pas un bonnet finement composé,
Et tissu d'un esprit fort subtil et abile,
Que, quant sur la teste est d'aulcun homme posé,
Et fust-il un asnier de village ou de ville,

1. L'édition de 1576 ne contient pas cette élégie; par contre, le sixain et le quatrain qui la suivent manquent dans l'édition de 1578.

Chascun à l'obeir est prompt et fort habile?
Voire si fermement son dire on sanctifie;
Que, combien que d'effect soit de vie orde et vile,
L'abusé plus (qu')en luy quasi qu'en Dieu se fie.

Helas! povres mondains, il est plus que saison
Que, d'un cœur fort contrit et saine conscience,
Vous recouriez vers Crist, fontaine de raison,
Rejettant ce bonnet, de Satan la science :
Car, qui de ses pechez a dueil et repentance,
Il ne se laisse plus par telles gens seduire;
De Dieu il sentira en son cœur la puissance,
Et plus ne luy pourra ce bonnet carré nuyre.

Sizain a ce propos.

O Dieu! garde-nous du bonnet,
De son papier, de son cornet
Et de sa plume tant inique;
Garde-nous de chascune corne;
Saulve-nous de son regard morne
Et de sa façon tirannicque.

Je ne sçay pas ce que tu penses
D'avoir si mal faict ce bonnet;
Mais, pour cercher où le bon est,
C'est une rude penitence.

Fin.

Le Discours du trespas de Vert Janet[1].

(1537.)

Le testament de Vert Janet,
Qui fut pendu au Neuf-Marché;
On lui secoua le collet,
Lequel en fut assez fasché.

a saincte Escriture nous dit
« Que Dieu de sa bouche maudit
« Le fruict qui jamais ne vient
                              [meur.
« Ce donc cogneu, je suis bien seur
« Que Dieu ne me maudira poinct,
« Car je suis meur. Voici le poinct :

---

1. Cette pièce, comme on le verra par les notes, est toute rouennaise, et l'épigraphe commence déjà à le montrer; car la forme de Neuf-Marché n'est nullement là pour la rime, mais comme le vrai nom du marché de Rouen, qui est à côté du vieux Palais de Justice. On verra dans les notes d'autres preuves de l'origine locale de cette pièce, écrite sur la pendaison d'un pauvre diable. Nous l'imprimons d'après une édition de Rouen, chez Loys Costé, libraire, rue Ecuyère, aux trois ††† couronnées; plaquette de 8 ff., avec un titre encadré et

« J'ay long-temps esté sur la paille
« Mon nid, tout bas comme la caille,
« Bien et soigneusement gardé.
« Messieurs donc, tout bien regardé,
« Suis-je meur? Ouy, par raison;
« Vert-Janet donc entre en saison.
« Or sus doncques, que on le loche
« Puisqu'il est meur, qu'il ne s'escoche,
« Car tant plus il se meuriroit,
« Et tant plus il se pourriroit.

« Fruictières, çà, faites merveilles,
« Venez apporter vos corbeilles
« Pour ce Vert-Janet recueillir :
« On l' va locher paour de vieillir[1].

« Est-ce poinct chose bien terrible
« De voir un arbre si horrible,
« Portant fleur et fruit sans odeur,
« Sans bonté, beauté, ni verdeur,
« Planté en terre seiche et morte,
« Sans fueilles, sans branches, et si porte
« Fruict en sa fleur sur le printemps.

---

la signature G.—Louis Costé, qui publia un certain nombre de réimpressions de pièces de ce genre en 1602, les publia sans pagination suivie, pour les pouvoir vendre séparées, mais en mettant des signatures au bas des feuilles, de manière à en faire un recueil. Le Discours du trespas du Vert Janet a été réimprimé dans les Joyeusetez de Techener, mais sans notes, et d'après une édition indiquée comme de Paris.

1. Costé :

On le va locher pour vieillir.

« L'arbre, ceste potence entens ;

« Le fruict, c'est moy ; le temps, mon aage.

« Il porte donc fleur et fruictage.

« Or convient-il sçavoir mon nom :

« C'est Vert-Janet[1]. Est-il bon ? Non,

« Car il est par trop hastivet :

« C'est bon manger pour un hoüivet[2].

« Le Vert-Janet suit le Foulon[3].

« Si poire devenoit coulon[4],

« Vert-Janet volleroit bien loin.

« Vert-Janet, si Poire de Coin[5]

« Estoit lochée au lieu de toy,

« Ou toy, bourreau, au lieu de moy,

« Deviendrois-tu point bon chrestien[6] ?

1. Dans *le Jardinier françois* de 1684, in-8, p. 87, l'on trouve une poire de *messire Jean vert*, dont le nom est bien près de celui de Vert-Janet ; mais elle n'est pas hâtive, puisqu'elle ne mûrit qu'en octobre et décembre. L'équivoque feroit penser à la poire pendard, cataloguée dans le livre de M. Louis Dubois, *Du Pommier, du Poirier et du Cormier*, Paris, 1804, in-12, 1re partie, p. 106. La poire pendard est ce que nous appelons le sucrin vert ; et, comme elle est très hâtive, elle a les conditions nécessaires pour être rapprochée du Vert-Janet de notre poète.

2. Un manouvrier, un homme qui se sert de la houe.

3. Le Foulon est une poire à cuire : *Instructions pour les arbres fruitiers*, S. D. (XVIIe siècle), in-24, p. 101.

4. C'est-à-dire pigeon.

5. Poire-coing, *the great quince, called the peare quince or quince peare*. (Cotgrave.)

6. Equivoque avec la poire de ce nom.

« Non, Vert-Janet ne vauldroit rien
« Le Bon Chrestien est trop tardif,
« Et moi, Vert-Janet, suis hastif.
« Vert-Janet ressemble à Beurré :
« Fut-il en migoë enfeurré,
« Jamais ne vaut rien, car peu tarde.
« La Poire d'Angoisse[1] est de garde ;
« J'en vueil gouster ains que je meure.
« Jamais Fresquet[2] ne devient meure,
« Ne meure ne devient Fresquet.
« Vert-Janet ne vaut point Lecquet,
« Saffren[3], Fin Oingt, ne Girogille[4] ;
« Caresi[5] est bon s'on le pisle :
« Quiot, Prevel, Mainpe, Piment,
« Passelin, Muscar ; autrement
« Il n'approche point d'Augonnet.
« Sur toutes poires Vert-Janet
« Emporte (icy) cejourd'huy le bruict,
« Mais c'est un très dangereux fruict.

1. Olivier de Serres la cite dans son *Théâtre d'agriculture*, 1619, in-4, p. 612. Elle a conservé ce nom, et est employée pour la fabrication du poiré.

2. Il y a une poire de ce nom.

3. Saffran-Rozat, mûr en décembre et janvier. *Le Jardinier françois*, 1684, in-8, p. 89.

4. Girogille, ou Téton de Vénus, mûrit en novembre et décembre. (*Jardinier françois*, p. 88.)

5. *La Maison rustique* de Charles Estienne et Jean Liebault la cite sous le nom de *Carisi* (Paris, 1586, in-4, p. 231 verso), à propos du poiré. M. Louis Dubois en indique plusieurs variétés.

« Le Vert-Janet est de bon goust,
« Et si n'est point de trop grand coust,
« Mais il prend trop tost pourriture ;
« S'il prend en couvert nourriture,
« Il est de garde, et, s'on l'esvente,
« Il perd tout son goust et sa vente.
« Vert-Janet ressemble à Rousée :
« Si sur luy tombe la rosée
« Ou le frimas, de jour ou nuict,
« Jamais ne vaut rien, creu ni cuit,
« Il devient sans force et valeur ;
« Et si le soleil, par chaleur,
« Tombe sur luy après la pluye,
« N'en mangez pas, je vous supplye :
« Ce n'est que peste à le manger.
« S'il est esventé, c'est danger :
« Car l'air luy fera telle guerre,
« Que tout pourry cherra sur terre,
« Et sera mengé des pourceaux
« Ou tout becquetté des corbeaux.
« Gardez-vous donc de l'esventer,
« Si voyez qu'il vueille venter ;
« Si le soufflez vous serez fol ;
« Vert-Janet flestriroit tout mol ;
« Si l'oppressez il sera blec[1],
« Et, s'il est blec, il devient sec.
« Ne faites donc pas vostre effort
« De le fouler aux pieds si fort
« Par trop fouler il pourriroit.
« Aussi Vert-Janet peu riroit.

1. C'est-à-dire *blet*.

« Or croy-je bien que mon[1] sot rire,
« Mon passe-temps et mon beau dire
« Ne me feroyent tant secourir
« Qu'ils me gardassent de mourir.
« Faut-il que Vert-Janet pourrisse?
« Faut-il que les corbeaux nourrisse?
« Faut-il qu'il meure d'une corde?
« Mon vouloir pas ne s'y accorde :
« J'aymerois mieux à Saint-Maur[2] estre ;
« Il feroit plus beau de voir croistre
« Sur mon corps plaisante verdure,
« Que de voir sur moi croistre ordure;
« Les brebis en mangeroient l'herbe.
« Mais toutesfois en un proverbe
« On dit qu'il sort plus d'esperitz,
« En danger moins d'estre peris,
« De ce gibet, qu'il ne faict pas
« Dudict Saint-Maur, lors du trespas.
« Ce proverbe donc me contente ;
« Puis coup mortel ne requiert rente :
« Mon coup est mortel, bien le sçay.
 « Ce n'est point cy un coup d'essay,
« Comme a fait un François Sagon[3] ;

1. Ed. Costé : mot.
2. Chapelle des fauxbourgs de Rouen, située en dehors de la porte Cauchoise, et accompagnée d'un grand cimetière pour les pestiférés, comme on le peut voir dans le plan de Rouen gravé par Gomboust en 1655. — Dans cette chapelle étoit établie une confrérie des agonisants. (Cf. Ouin Lacroix, *Histoire des corporations et confréries de Rouen*, p. 442, 511.)
3. *Le coup d'essay* de François Sagon, qu'on peut

« C'est tout de bon. Tant de jargon;
« C'est assez dict, faisons. J'ay[1] court :
« C'est un coup mortel que la court.
« Il me faut mourir à present.
    « Paté-Chaut[2], faictes un present,
« Après m'avoir haut attaché,
« Aux fruictières du Neuf-Marché
« Du premier fruict de ceste année[3].
    « Ha! que ma personne est tentée
« De mourir à ce quilbocquet[4].
    « Où estes-vous, Robert Becquet[5]?
« *Tu fecisti potentiam,*
« *Propter Vert-Janet etiam :*
« Vous aurez cy planté cest arbre
« En place plus froide que marbre.
    « Est-ce icy mon lict pour dormir?
« Quel repos! Il me faict fremir.

voir dans les pièces du différend de Marot et de Sagon, recueillies par Lenglet-Dufresnoy dans le 4ᵉ volume de son édition de Marot, est de 1536, ce qui nous donne la date approximative de notre pièce.

1. Costé : L'ay.
2. Nom bizarre, comme tous ceux des bourreaux dans les Mystères.
3. La pendaison de Vert-Janet arriva donc dans le milieu de l'année. On verra un peu plus loin que ce fut un samedi.
4. Bilboquet. Le gibet est la quille et Vert-Janet la boule.
5. C'est évidemment le nom de celui qui avoit élevé à ses frais ou fait élever le gibet; mais nous ne saurions dire à quelle époque.

« S'il me faut icy reposer,
« J'auray loisir de composer.
« Ce n'est pas repos quand on veille :
« Je veilleray, si la corneille
« Ne me fait icy reposer.
« Est-ce repos que travailler,
« De çà, de là, des vents touché,
« Sans estre stable ni couché ?
« Quel repos, quel dormir, quel somme !
« Quel lict qui tost ma joye assomme !
« Est-ce le repos de Jouen,
« Que j'ay veu moullé à Rouen,
« Qui mourut fol sans avoir femme[1] ?
« Non, non, le mien est trop infame :
« Car Jouen mourut bien malade,
« Et, pour refrain de ma ballade,
« Je meurs sain, joyeux et dispos.
« Ce n'est pas donc pareil repos,
« Ce repos, dueil et crainte ensemble,
« Tout ensemble ainsi qu'il me semble,
« Dont je tremble en passant ce pas.

---

1. Nous savons ce qu'étoit Jouan par une épitaphe de Marot (éd. Lenglet-Dufresnoy, II, 414), *De Jouan, fol de Madame*, et qui commence :

Je fuz Jouan sans avoir femme,

jouant sur le sens satirique de Jouan, Jean, qui avoit la même signification que Jenin. Marot en parle encore ailleurs (Ep. 91, éd. Lenglet-Dufresnoy, II, 262).

Prince, ce griffon qui me gronde
Semble Jouan qui se mordoit,

« Quel repos ! Ne me taste pas [1].
« Au trespas, pour sauver mon ame,
« Douce dame et vierge sans blasme,
« Je te reclame à mon (grand) besoin :
« De celuy qui t'ayme ayes soin.
    « Messieurs, parlez. Notre seigneur
« Qu'il soit ce jour notre enseigneur,
« La Vierge Marie et tous Saincts.
    « Helas ! je meurs, membres tous sains !
« Le Vert-Janet est bien lavé.
« Dites, Messieurs, pour luy *Ave*,
« Et ce qui s'ensuyt *Maria*.
— « Quand Vert-Janet se maria,
« Il n'y avoit pas tant de gens,
« Tant de larrons, tant de sergens :
« Voicy très belle compagnie :
« Il ne voit rien qui ne tournie. »
    Alors, regardant çà et là,
A un homme qu'il veid parla
En luy demandant une messe :
Cest homme luy fit tost promesse
Luy en donner, pour une, deux.
— « Ha ! » dit-il, « c'est trop, je m'en deulx :
« Gentil prometteur à la lune [2],
« Il me suffit d'en avoir une
« De ta main et de ton avoir,
« Encor si je la puis avoir ;
« Mais toutesfoys, sans estre assis,

---

1. Vert-Janet s'adresse peut-être ici au bourreau. L'éd. Costé a : haste.

2. Promettre à la lune, c'est ne rien promettre.

« Je t'en rends icy grands mercis,
« Appellant en tesmoing le monde. »
　Un bonnetier d'auprès la ronde [1]
Luy cria tout haut : « Mon amy,
« Un cent de bonnets et demy,
« Que vous et six larrons subtils [2]
« Me desrobastes, où sont-ils [3] ?
« Dictes-le moi, et, par promesse,
« Pour vous feray dire prou messe. »
— « Par ma foy », dit-il, « bonnetier,
« Il les feroit bon nettoyer.
« Je ne sçay qu'ils sont devenus :
« Nous nous en sommes subvenus ;
« Mais je n'en ay plus de memoire.
« Quell' couleur estoient-ils encore ?
« Il est besoin de le sçavoir,
« Car vous les pourriez bien ravoir. »
— « Ils estoient tous de couleur verte [4] ;
« On les print à ma chambre ouverte [5],
« Dont mes gens furent esperdus. »
— « Va, ils sont aussi bien perdus
« Que s'ils estoient blancs ou tennez [6].
« Bonnetier, vous me les donnez ;

1. Qui étoit dans le cercle entourant Vert-Janet.
2. Imp. *subits*.
3. C'étoit donc pour vol que Vert-Janet étoit pendu.
4. Jusque dans le XVIIe siècle, le vert a été la couleur des bonnets des banqueroutiers.
5. On sait que les boutiques n'avoient pas encore de devanture et étoient ouvertes sur la rue, comme on le voit encore dans certaines villes de province.
6. De couleur brune.

« Aussi bien vous perdez autant :
« Je ne les puis rendre contant
« En argent, car je n'ay denier ;
« Je prendray cy mon jour dernier ;
« Du Vert-Janet fait l'on vendange.
   « Paté-Chaut, le col fort me mange ;
« Desserrez un peu ce licol :
« Il me chatouille tant le col
« Qu'il me fera souiller mon ame. »
   Alors son beau père le Carme
Lui dit : « Vert-Janet, et comment
« Veux-tu point parler aultrement ?
« Penses à Dieu : tu n'es pas sage ;
« Te mocques-tu en ce passage ?
« Las ! mon amy, il n'est pas temps
« De te gaudir ; pour ce, entens
« Un petit à Dieu, ou je pense
« Qu'en auras malle recompense.
« Mon amy, ton corps se perist :
« Donnes à Dieu ton esprit,
« Et n'allègue plus tant de plaids. »
— « Non feray, beau père, il me plaist ;
« Je veulx tousjours ce propos suivre,
« Car je n'ay plus guères à vivre
« Pour parler en ce monde icy.
« Mais que je sois par mort transy,
« Je penseray à satisfaire ;
« Beau loisir j'auray de ce faire.
« Mon esprit à Dieu j'ay donné,
« Je croy donc qu'il m'a pardonné ;
« Nous conterons tout à loisir,
« Luy et moy, si c'est son plaisir ;

« Je luy supply me prendre en gré.
— « Montez encor[es] un degré,
« Veuillez ou non », dit Paté-Chaut.
Respond : « J'ai dueil d'estre si haut;
« Tu me pourrois trop haut lier.
« Es-tu (point) là, monsieur le geolier ?
« Je veux luy faire mon message ;
« C'est un geolier bon homme et sage,
« Sage de nom et sage en faict.
« Geolier, je vous prie en effect,
« Ne faictes pour moy nul soupper,
« On me va la gorge estoupper;
« Pas ne soupperay avec vous.
« Nous avons meslé nos genoils
« Ensemble, Paté-Chaut et moy,
« Qui me veut pousser d'auprès soy.   *Il rid*[1].
« Je vois soupper en autre lieu
« Ce jourd'huy soir avecques Dieu.
« Je n'ay point haste au samedy;
« Se j'y suis dimanche à midi
« A disner, il (me) suffira bien.
« Mais quelle heure est-ce là ? Combien ?
« Or escoutez : l'orloge sonne,
« Il est jà tard, l'heure m'eslongne...
« Et une, et deux, et trois, et quatre...
« A cinq vous me verrez abattre,
« Sans tomber et sans estre assis.
« Auray-je plus d'argent à six
« Que j'[en] ay à l'heure presente?
« Non, non, car je n'ay bien ne rente;

---

1. Cette indication manque dans l'édition de Costé.

« Je n'ay soing de garder mes biens :
« Il vit sans soucy qui n'a rien.
« Je n'ay vaillant, par saint Erblanc[1],
« Que ce petit licol d'un blanc,
« Mes souliers avec ma chemise,
« Ma personne ainsi lasche est mise,
« Et n'emporteray rien des trois.
« Me fault-il passer les destroits
« De vile mort ? Je suis meschant.
« Si je fusse aussi bon marchand
« Que bon larron, plain de finesse,
« Que je fusse plain de richesse,
« Au roy presterois ma boutique
« Pour estre mis en sa cronique.
« Je suy bien fin : je dy cecy
« Afin qu'il ait de moy mercy,
« Tant ce seroit mon advantage.
« J'ay dueil de mourir avant aage,
« Et dueil de voir la larme à l'œil
« A celuy qui souffre un tel dueil
« Comme je fais[2]. On le deut pendre
« De tant de pleurs ainsy espandre :
« Cela suit mal de souspirer,
« Puisqu'il est force de expirer.

1. S. Erbland, abbé d'Aindre en Bretagne. Il y avoit Rouen une église de ce nom, où les peintres avoient fondé une confrérie.

2. Ainsi Vert-Janet, quoiqu'il n'ait pas été seul à voler le bonnetier, étoit le seul pendu, puisqu'il dit lui-même qu'on devroit pendre son complice pour pleurer. Celui-là étoit condamné à une autre peine, probablemen celle de la marque ou du fouet.

« S'on se sauvoit par lamenter,
« Vous me verriez tant tourmenter
« Que Vert-Janet seroit saulvé ;
« Vous me verriez sur le pavé
« Marcher d'arrogance moult grave.
« Le Vert-Janet seroit bien brave.
  « Laissons cela : par chagriner
« Sa vie on ne sçauroit gaigner.
« Qui plus est, je serois bien gruë
« De cuider passer par la ruë
« Pour eschapper. Quand ce adviendroit,
« Aussi bien on me reprendroit ;
« Car gens à six pieds[1] vont trop tost.
« Or, puisque je suis en ce post
« Lié, varroqué à plain nœu,
« C'est jeu lié : je fais donc vœu
« Que j'acheveray la partie.　　　　*Il rid.*
« Si l'ame du corps est partie,
« Je pry' Dieu la prendre au despart ;
« Quant est de mon corps, pour sa part,
« C'est raison qu'il soit au gibet
« Pour estre viande à bibet[2]. »
  Ce disant, Jean Thomas parla,
Criant tout haut : « Paix là ! paix là ! »
« Ha ! ha ! » dit-il, « audiencier,
« Puisqu'estes cy mon officier,
« Faites cesser tant de langages :

1. C'est-à-dire les soldats à cheval qui l'avoient conduit de la prison au gibet.

2. Pour être mangé par les mouches. Cotgrave : « Bibet : a gnat. Norm. »

« Vous serez payé de vos gages
« Faictes tousjours faire la paix ;
« Et vous aurez les pets lappez
« Qui sortiront lors de ma mort.
« Paté-Chaut, vous avez grand tort :
« Trop me poussez ; je tumberay,
« En tumbant je me blesseray,
« Car, par Dieu, nous sommes trop haut. »
— « Non feray, non », dit Paté-Chaut;
« Vous ne cherrez point, sur ma vie. »
— « Paté-Chaut, mais que je desvie.
« Mettez-moy tout droit le visage
« Du costé de nostre village ;
« Car j'en seray bien plus joieux ;
« Et puis après, closez mes ieux,
« Si que, moy pendant ès cordeaux,
« Ils ne soient mangez des corbeaux.
« Messieurs, voicy piteuse histoire :
« Je vouldrois bien un petit boire,
« Car ma soif est grande à merveille. »
On luy presenta la bouteille :
« Je n'y boiray point ; autre y but,
« Qui comme moy paya tribut ;
« Tel vaisseau », dit-il, « trop m'abhorre,
« Et puis je crains d'avoir la gorre [1],
« Ainsi que mon predecesseur.
« Que fut-elle à son successeur
« Jusques au mourir de la goutte !

---

1. *Gorre*, dans Cotgrave : « Also the french pockes : Norm. » Et la partie angloise traduit *french pockes* par : *grosse vérole*.

« Ceste bouteille me desgouste ;
« Je veux un verre de feugère [1],
« De crystallin ou une esguière.
« Fai(cte)s-moy ce bien pour dernier mets,
« Ce que je ne verray jamais,
« (Soit) sidre, peré [2], bière ne vin.
« Pourrois-je bien estre devin
« Sur mes derniers jours? Je ne sçay ;
« Si en fais-je bien tard l'essay,
« Et, par Dieu, pour oster ma toux,
« Je boiray. — J'ay beu à vous tous.
« Seray-je point d'aulcun plegé?
« Tant cela m'eust bien allegé.
« La belle bosse au cœur me frappe,
« S'il ne m'est advis que j'eschappe
« D'avoir beu la petite fois ;
« Je suis bien lié toutesfois.
« Paté-Chaut, à vostre desir,
« Loschez Vert-Janet à plaisir.
« Çà, fruictières, à la secousse !
« Messieurs, gardez bien vostre bourse,
« Car souvent à une assemblée
« Il advient que bourse est emblée ;
« Je sçay bien que frire souloye ;
« Changeur se congnoist à monnoye ;
« Gardez-vous tousjours d'homme fin.
« Paté-Chaut, pour mieux prendre fin,
« Faicte-moy sentir (des) temporels,

1. On sait que la cendre de fougères entre dans la composition du verre.
2. C'est à dire *poiré*.

« Que je me signe des orteils.
« Et vous, Messieurs, frères humains,
« Criez : Jesus! quand mort viendra;
« Par ce de luy me souviendra.
« Adieu vous dy en general;
« Vert-Janet n'aura que le mal.
« Dieu me pardonne mes pechez.
« Or sus [sus], Paté-Chaut, loschez
« Ce Vert-Janet, à qui Dieu aide.
« Mourir faut : il n'y a remède;
« Puisque je suy ainsi servy ;
« C'est raison, je l'ay desservy.
« Là sus au ciel sois-je heureux,
« Je voy la mort devant mes yeux,
« Adieu, Vert-Janet, c'est raison,
« Bien tost s'en va vostre saison;
« Vostre esprit vers Dieu peu rira,
« Et vostre corps cy pourrira.
« La belle est meschante au bordeau,
« Le bel homme estraint d'un cordeau,
« Ou mourir d'un coup de trenchant,
« Voilà comment meurt un meschant.
« Bel homme je ne me dy pas,
« Mais meschant, cogneu mon trespas. »
Ce disant, il fut espié,
Et secous hors, d'une rousée,
Et Dieu sçait comme il fut escous.
Le Vert-Janet fut bien escous ;
Dieu vueille en luy prendre amitié.
Il allongea bien de moytié,
J'ay menty d'un pied et demy.
Paté-Chaut luy fut bon amy ;

De tels amys je n'ay que faire.
Messeigneurs, pour l'escript parfaire,
Prenez exemple à Vert-Janet;
Gardez tousjours vostre cas net,
Si que de vous tel mal ne sorte [1].
Dieu mette aux saincts ciels ceste poire;
Si fera-il, comme j'espère,
Toute parée et preparée;
Dieu ait son ame separée,
Et à tous aultres separez.
Et qui n'aura les traicts passez
De dure mort, ains qu'il desvie,
Luy donne bonne et longue vie.
Au lecteur et à l'escoutant
En face par sa grace autant.

AMEN.

[1]. Il manque un vers pour rimer avec celui-ci.

*Le Blason des Basquines et Vertugalles, avec
la belle remonstrance qu'ont faict quelques
dames quand on leur a remonstré qu'il
n'en falloit plus porter* [1].

Blason des Basquines et Vertugalles.

A vous, dames et damoyselles,
Qui demonstrez qu'estes rebelles
A Dieu, vostre père et seigneur;
Oyez, oyez, par grand ferveur.
Iceluy vous fait à savoir,
Qui a entierement povoir
Sus vostre corps et sus vostre ame,　　Matth. 28.
Qu'il se vengera du diffame　　Luc 12.
Que journellement commettez　　Sap. 16.
Par voz grands impudicitez,　　Jean 5.
Par vos habitz et chevelures,　　Lev. 26.
Anneaux, affiquetz et dorures,　　Nomb. 15.
　　　　　　　　　　　　　　　　Job. 33.

[1]. A Lyon, par Benoist Rigaud, 1563, in-8 de 8 ff.
Il a été, en 1833, réimprimé à 50 exemplaires par Pinard, pour un amateur qui a signé de la devise : J'y tiendrai.

Psal. 30.	Qui donne suffisante preuve
Esaïe 3.	Qu'en vous nulle vertu se treuve,
Hier. 13.	Et qu'avez vouloir de desplaire
Ezech. 6.	A ce père tant debonnaire.
Sap. 23.	Que vous servent ces vertugalles,
Jacques 4.	Sinon engendrer des scandalles ?
S. Pierre 5	Quel bien apportent vos basquines,
S. Aug.	Fors de lubricité les signes ?
S. Hier.	Quel fruit vient de vos paremens,
	Sinon pertes et dampnements ?
	Pensez-vous que mieux on vous prise
	Quand vous vous parez à la guise
	Des folles femmes eshontées
	Pour apparoir plus affetées,
	Ou pour mieux à vostre aise aller ?
	Fault-il ainsi vous habiller
	Dissolument ? O femmes folles !
	Notez bien ces saintes parolles :
S. Jacq. 4.	Qui veult estre du monde amy
	Se rend du Seigneur ennemy ;
Rom. 8.	Qui suit la prudence charnelle
	Ira en la mort eternelle ;
2 Cor. 15.	Qui la chair maudite ensuyvra
	Torment eternel recevra ;
	Mais qui ceste chair mortifie
	Dieu le benit et justifie.
Galat. 5.	Pour rendre Dieu misericords,
	Convient mortifier le corps.
Matth. 10.	Par croix, ennuit, dueil et moleste,
	Irons en la gloire celeste.
Luc 9. 14.	Si avec Jesus nous souffrons,
Rom. 8	Certes avec luy nous vivrons.

Il faut doncques s'aneantir
Et au vueil de Dieu consentir,
Qui veut que les pompes mondaines   Matth. 19.
Soyent rejettées comme vaines.
Ces dissolutions infames
Font souiller et perdre vos ames.
Par vos habits desordonnez
Plusieurs brocards vous sont donnez.
Le peuple dit : « Voyez, la belle
« Pense estre plus jolie en elle
« Pour avoir de l'or sus sa teste. »
— « O ! » se dit l'autre, « qu'elle est beste !
« Pour fournir à tel ornement
« Chez elle vit fort pouvrement. »
L'un dit : « O la gente musquine !
« Qu'elle a une belle basquine !
« Sa vertugalle est bien troussée
« Pour estre bien tost engrossée. »
Un autre dit : « O quel plaisir
« Qui pourroit tenir à loysir
« Cette busquée si mignonne
« Qui a si avenante trongne ! »
Voilà les maux que vous causez
Par vos habits si desguisez.
Ne craignez-vous point de Dieu l'ire
Et qu'en enfer on vous martire
De tant irriter ce bon père
Par vostre mal et vitupère ?
Voulez-vous bien que vostre nom
Soit taxé de mauvais renom,
De perdre vos honneurs insignes,
Par trop vouloir estre poupines ?

Gala. 5.   La liberté que Dieu vous donne,
Est-ce, à votre advis, qu'on s'adonne
A prendre robes dissolues
Qui vous rendent toutes polues?
La liberté saincte et chrestienne
Ne permet que l'on s'entretienne
De ces braves mondanités
Ny d'autres grands difformités;
Mais bien icelle nous induit
A renoncer tout fol desduit,
Et nostre chair rendre subjecte,
Afin qu'en Dieu son espoir jette.
Aujourd'huy, plusieurs libertines
Disent sçavoir choses divines,
Parlent de Dieu souventes fois
Par grand' ardeur, à haulte voix;
Traitent par grande affection
De toute sainte instruction.
Mais, si à leur vie on regarde,
On cognoistra l'une paillarde,
Ou de son prochain mal disante;
L'autre, maquerelle meschante.
L'une secrettement derobbe
Son mary, à fin d'avoir robbe
Ou quelque affiquet precieux,
Pour bien se montrer en tous lieux;
Et si son mary n'a puissance
De la vestir à sa plaisance,
Au premier s'abandonnera
Qui plus d'argent luy donnera,
Pour braver à sa voulonté,
Confite en toute volupté.

Ce n'est ainsi qu'il fault congnoistre
Nostre Dieu, nostre père et maistre;
Car, pour bien cognoistre iceluy, S. Jean 2.
Nous fault cheminer comme luy.
De nos parolles ne tient compte
Quand peché nous vainc et surmonte.
Dieu ne cherche ces caqueteurs Jacques 1.
Qui de la loy ne sont facteurs.
La langue luy est odieuse Esaï. 29.
Si de l'œuvre n'est amoureuse.
Parlez, dames, tant que voudrez,
Du seigneur Dieu; ne le rendrez
Pour cela vers vous debonnaire
Si son vouloir ne voulez faire.
Non point celuy qui, par honneur,
Appelle Dieu : Seigneur! Seigneur! Matt. 7.
Ira en la gloire des cieux;
Mais bien cil qui est soucieux
D'executer tout promptement
Son souverain commandement.
Je sçay bien que quelque mondaine
Me fera response soudaine,
Et me dira, pour son excuse,
Que par grande contrainte ell'use
D'habits braves et precieux
Pour à son mari plaire mieux.
Une autre dira : « Ma voisine
« Porte vertugalle et basquine,
« Et pour ce, comme elle je puis
« M'acoustrer ainsi que je suis. »;
L'autre dira : « Dieu ne prend cure
« Et n'a regard sus la vesture;

« On peut tous habillemens prendre
« Sans offenser et se mesprendre ;
« Puisque Dieu l'or et la soye donne,
« De les porter c'est chose bonne. »
Ce sont les excuses frivolles
D'un tas de plaisantes et folles ;
Mais je leur responds que mieux vault
Complaire à Dieu, qui est là hault,
Qu'aux maris, tous par Adam faits,
Vains, mensongers et imparfaits.
A iceux on ne doit entendre,
Ny leur instruction apprendre,
Si non en tant que leur doctrine
Est saincte, fidelle et divine :
Car saint Paul, dedans son epitre

Chap. 3. Qui a des Colossiens le tiltre,
Commande fort estroitement
Que les femmes très humblement
A leurs maris servent et plaisent,
Non selon qu'iceux se complaisent,
Ains selon Dieu ; car l'homme vain
Est par trop charnel et mondain,
Et ne sauroit aucunement
Faire ny juger droitement,
S'il n'ensuit et revère en crainte
Du Seigneur la parolle saincte.
Par quoy, dames, fermez l'oreille
A tout homme qui vous conseille
De converser mondainement
Contre Dieu et son mandement.
N'ensuyvez aussi vostre proche,
Quand il vit en blasme et reproche,

Et quant à ce que ces follettes
Disent par leurs raisons ineptes,
Que Dieu ne defend que l'on porte
Habits pompeux, je m'en rapporte
Aux saincts et fidelles escrits
Dans les sainctes Bibles escrits.
N'a pas dit l'apostre saint Pierre,   1. C. no.
Duquel point la parole n'erre,   chap. 3.
Estant conduicte et inspirée
Du Saint-Esprit, chose asseurée,
Que l'ornement des femmes soit
Non en dehors, comme on parçoit,
Quasi en tout pompeux, lascif,
Ains au dedans un cœur naïf,
Un cœur paisible, doux, begnin,
Soit le parement femenin?
Sainct Paul aussi, vaisseau eslu
Du Dieu vivant, qui a voulu
Par luy, selon sa grand'bonté,
Nous declarer sa voulonté,
N'escrit-il pas à Timothée   epis. 2.
Ceste chose, entre autres notée,
Que les femmes de façon nette
S'accoustrent en habit honneste,
Avec modestie et vergongne,
Qui leur pudicité tesmoigne,
Non point en cheveux tortillez,
Passe fillons frisez [1], grelez [2],

---

1. Dans son charmant dialogue de deux amoureux, l'une de ses pièces les plus nettes et les plus heureuses,

Estofez d'or, perles, rubis,
Semez sus somptueux habits,
Très subtile et fine pratique
Pour apaster l'œil impudique,

Marot a parlé de cette coiffure :

> Elle vous avoit un corset
> D'un fin bleu, lassé d'un lasset
> Jaune, qu'elle avoit fait exprès ;
> Elle vous avoit puis après
> Mancherons d'escarlate verte;
> Robbe de feu, large et ouverte,
> J'entens à l'endroit des tetins,
> Chausses noires, petits patins,
> Linge blanc, ceinture houppée,
> Le chapperon fait en poupée,
> *Les cheveux en passe fillon*,
> Et l'œil gay en esmerillon.
>
> (Ed. Lenglet-Dufresnoy, I, 161.)

Il est curieux de rapprocher ceci de ce passage de la chronique de Jean de Troyes, sous l'année 1476 : « En soy retournant dudit Lyon fist venir après luy (il s'agit de Louis XI) deux damoiselles dudit lieu jusques à Orléans, dont l'une estoit nommée la Gigonne, qui, aultrefois, avoit été mariée à un marchant dudict Lyon ; et l'autre estoit nommée la Passe-Fillon, femme aussi d'un marchant dudict Lyon, nommé Anthoine Bourcier. Et, pour l'honnesteté desdites deux femmes, leur fist et donna de grands biens ; car il maria la Gigonne à ung jeune filz natif de Paris, nommé Gieffroy de Caulers, et, pour ledict mariage, donna argent et des offices audict Gieffroy ; et, au mary de Passe-Fillon, donna l'office de conseiller en la chambre des comptes à Paris, au lieu de maistre Jehan de Reilhac, auquel, pour ceste cause, elle fut ostée. Et puis laissa la conduicte desdites femmes à les mener à Paris dudict lieu d'Orléans à damoi-

Dont Salomon dit : Prens-toy garde Eccl. 9.
Fuir la femme qui se farde.
Aussi certes par tels appas
Luy-mesme en trebucha, las !
Par quoy, quittez ces vanitez,
Ces lascives mondanitez ;
Rejettez ces grands vertugalles
Qui vous causent rongnes et galles ;
Laissez ces vilaines basquines
Qui vous font laides comme quines [1] ;
Vestez-vous comme preudes femmes
Sans plus porter ces buscqs infames ;
Laissez ces cheveux tortillez,
Et simplement vous habillez ;
Ne portez aucunes dorures,
Qui sont du diable les armures :
Car c'est un or fait inutile,
Qui à l'indigent povre et vile,
Que devant vous voyez mourir,
Pourroit au besoin secourir,
Lequel certes point ne faudra,
Alors que ce grant jour viendra
Que l'eternel Dieu souverain

selle Ysabeau de Caulers, femme de maistre Phelipe le Bègue, correcteur en la chambre des comptes à Paris. » (Ed. de 1620, in-8, p. 301-2.)

2. Engrelé se disant, en blason, de toute pièce dentelée sur le bord d'une suite de dents légèrement arrondies, des *cheveux grelez* devoient être fort analogues à ce que de nos jours on appelle des cheveux *ondés*.

1. Notre mot *quinaud* est un souvenir de celui-là.

Jugera tout le genre humain,
Et qu'il dira à tous pervers,
Qui plutost ont laissé aux vers,
A la rouillure et moisissure,
Ronger leurs biens, or et vesture,
Que subvenir au languissant
Du bien qui alloit perissant :
Matth. 25. « Quand j'avois faim, soif, desconfort,
« Nyé m'avez aide et confort;
« Par quoy, allez, gens mal-heureux,
« Au feu de l'enfer tenebreux. »
A ceste voix, vous dis-je encor,
Ne faudra cest inutile or,
De vous convaincre et accuser
Qu'en avez voulu mesuser[1].
Doncq, si avez d'or pleine bourse,
Je vous pry n'en abuser pour ce ;
Thobie 22. Ains departez de vostre avoir
A tous pouvres que pourrez veoir.
Nostre Dieu deffend qu'on n'abuse
De ses biens, mais veult qu'on (n')en use
Avecques actions de gracc,
S. Cyprian Et que d'iceulx l'aumosne on face.
Nous sommes simples gardiens
De nos possessions et biens ;
Luc. 16. D'iceux chacun compte rendra,
Alors que nostre Dieu voudra.
Par ce, pour en rendre bon compte,
N'en abusez à vostre honte.
Vostre famille entretenez

1. Imp. : mesurer.

Et humblement vous maintenez.
Si de Dieu parlez en maints lieux,
Vivez encores beaucoup mieux.
Faites que vos œuvres reluisent   Matth. 5.
En bien, si qu'à bien vivre induisent.
Montrez, montrez par le dehors
Que Dieu habite dans vos corps.
Faites apparoitre envers tous
La foy vive qui est en vous,
Si qu'elle opère en charité :   Jacq. 2.
Car, vivant en tell' purité,
Serez du Seigneur couronnées,   Gala. 5.
Et par sa grace guerdonnées.
En renonçant au monde immonde,
Irez en la vie seconde,
Et jouyrez de paradis,
Là où sont tous les benedits.

Mourir et vivre.

Les Souhaitz du Monde[1].

L'Acteur.

près le nocturne[2] repos,
Au matin je me mis en voye;
Ung jour passay par Fol Propos
Sans sçavoir en quel part j'aloye;

---

1. Rien dans cette pièce ne peut, au premier abord, servir à lui assigner une date précise. La mention des guerres d'Italie nous reporteroit à l'un des trois règnes de Charles VIII, de Louis XII et de François Ier. Mais le vers mis dans la bouche du roi de France :

Dame à mon gré pour successeurs produire,

pourroit faire penser qu'elle a été écrite du temps de Louis XII et pendant son veuvage, de 1513 à 1514; car on sait que les fils d'Anne de Bretagne, dont on voit aujourd'hui l'élégant tombeau à Saint-Gatien de Tours, étoient morts, et que le dauphin étoit celui qui s'appela François Ier. Nous connoissons deux éditions de cette pièce. Celle que nous croyons la première (A) a été réimprimée dans les poésies gothiques françoises imprimées par Crapelet pour Silvestre, 1831, in-8 de 13 pages; une seconde (B), aussi sans lieu ni date, in-8 goth. de 6 ff., fait partie du cabinet de M. Veinant.

2. B : nocturnal.

Mais Fantaisie, qui convoye
Esperitz joyeux inventeurs,
Me guida, sans trouver montjoye[1],
Dont je receuz en mon cueur joye,
Dedans la rue des Souhaiteurs.
Là trouvay gens d'estatz plusieurs,
De souhaiter faisans merveilles;
Des aucuns, par leurs grans clameurs,
Et comme l'ung des auditeurs,
J'entendis choses nompareilles;
Alors destouppay mes oreilles,
Et les souhaitz qu'ils avoient faictz,
En rime je mis tous parfaictz.

Le Pape.

Lieutenant suis du fils de Dieu en terre;
Souhaiter vueil, pour mon souhait parfaict,
De veoir les jours que vit le bon sainct Pierre,
Moyennant Dieu, qui congnoist tout ce fait,
Et force plomb tousjours mettre en effaict
Pour le prouffit du siege apostolique;
Des grans vacquans souvent estre refaict,
Adnichiller le contenu et faict
De certains poinctz, aussi la Pragmatique[2].

---

1. Comme notre auteur ne devoit rien avoir à démêler avec Montjoye, le héraut d'armes de France, montjoye a ici le sens d'argent à grand tas; et le vers

    Dont je receuz en mon cueur joye

se rapporte non à cette idée, mais à la suivante.

2. La pragmatique sanction avoit été supprimée une première fois par Louis XI en 1461, puis rétablie, et ce

L'Empereur.

Pour mon souhait ne prendray pas le pire.
Je souhaite estre preux et vaillant,
Pour augmenter et regir mon empire,
Ne plus ne moins que fist Charles le Grant,
Des bons Rommains me demonstrer garant,
Acquerir loz par l'universel monde
Au grand temple d'honneur très excellent,
Et, de vertu sur tous bel et plaisant,
M'entretenir avec la pomme ronde[1].

Le Roy.

Avoir tousjours d'honneur la preference,
Dame à mon gré pour successeurs produire,
Chiens et oyseaulx pour prendre ma plaisance,
Sens naturel pour mes subjectz conduire
Et justement faire les armes luyre,
Doubté et craint aux estranges pays,
Sans que jamais homme[2] ne me peust nuyre,

vers vient à l'appui de la date de 1513 ou 1514, proposée dans une note précédente, puisque la pragmatique fut définitivement détruite en 1516 par le concordat passé entre Léon X et François Ier. La composition des Souhaitz est donc antérieure à cette année. Une variante de ce vers, qui se trouve dans une des deux éditions, nous prouve que celle-ci est la seconde et postérieure à cette date. La pragmatique abolie, le vers n'avoit plus de sens, et on le remplaça très niaisement par celui-ci :

De certains motz que sur terre applique.

1. Allusion à la boule ronde et surmontée de la croix, qui est un des attributs impériaux.

2. B : Honneur.

Mais par force debeller et reduyre
Dessoubz ma main mes traitres ennemys.

Le Chevalier.

Aussy hardy que fut Hector de Troye,
Aussi puissant que le preux Hercules ;
Sans craindre riens passer par toute voye,
Et assaillir donjons, chasteaulx, palais ;
Chevaulx puissans et de mesmes bardez
Que sans cesser fissent ruades et saultz,
Estre renté pour dire : J'ay assez,
Et, quant viendray au renc des trepassez,
Que mon vray Dieu me pardonne mes maulx.

Le Mignon de court.

Frisque et gaillard, des dames estre en grace,
Plaisant maintien, contenance asseurée,
Bel entregent, doulx parler plain d'audace,
Corps de mesmes, face bien collorée,
Habitz nouveaulx tous les jours de livrée
Pour me trouver ès festes et banquets ;
Très bien pigné, perrucque testonnée,
Estre appellé par bruyt et renommée
Le principal des mignons perrucquetz [1].

Le Praticien.

Pour le comble de tous mes bons souhaitz,
Je demande maison et heritaige,
Plaitz et causes, procedures, procès,

---

[1]. L'auteur des *Reveues franches* (vers 8) les appelle perrucatz :

> Entre vous, jeunes perrucatz.

Subtil engin, et avoir beau langaige ;
Les cautelles sçavoir par vray usaige
Pour attraper dons et presens mondains ;
Tenir faveur en asseuré estage[1],
Et aveugler justice en maint passage,   [mains.
D'*ab* [*h*]*oc,* d'*ab* [*h*]*ac* tousjours prendre à deux

Le Medecin.

Et moy, qui suis docteur en medecine,
Je souhaite, pour mieulx faire mon cas,
Avoir tousjours l'urinal et l'urine
Entre mes mains, pour serrer les ducatz ;
Autant sçavoir qu'oncques fist [H]ypocras,
L'air corrompu, infaict, puant, espez,
Plain de venin et de mauvais brouillas,
Et renverser malades à grans tas
Pour donner cours à tous mes recipez[2].

Le Cirurgien.

Je souhaicte pour mes joyeux esbatz
Paix entour moy et guerres aultres lieux,
A celle fin que noyses et debatz
Ayent leurs cours sur jeunes et sur vieux ;
Playes, bosses, sur le fronc ou aux yeux,
Il ne m'en chault comme vouldra Fortune ;
Dagues, poygnars, halebardes, espieulx,
De mon prouffit sont tousjours curieux :
Car par iceulx je attrappe la pecune.

1. B : Ostage.
2. Les ordonnances des médecins commençoient toujours par la formule *Recipe*, etc.

Le Prestre.

C'est mon souhait de faire bonne chère,
Avoir de quoy pour remplir les entrailles,
Et veoir bossu tousjours le cymetière,
A celle fin qu'on face funerailles,
Et chicaneurs dedans grosses murailles
Bien emmurez, autant grans que petis;
Car pour Margot je doubte leurs batailles.
Exempt je suys des impostz et de tailles :
En ce monde ne crains que *citetis*.

Le Saige.

Tousjours mon cueur en Dieu le souverain,
Vivre en sancté tout le cours de nature
Et posseder l'heritaige certain
Après la mort, laquelle est à tous seure;
Des grans tresors je ne prens soing ne cure;
Pompeux habitz je metz en oubliance,
Car Dieu pourvoit tout ainsy qu'on procure ;
Par mon souhait souhaitte par droicture
De peu assez et de tout souffisance.

Le Fol.

Pour mon souhait, qui nuyt et jour m'assotte,
Je souhaite des choses nompareilles :
Premierement, une belle marotte,
Et chapperon garny de grans oreilles,
Des sonnettes faisant bruyt à merveilles,
Fy de soucy, de chagrin et de deul,
Dancer de hait soubz buyssons et soubz treilles,
Bon appetit pour vuider potz, bouteilles,
Et, à la fin, pour tresor ung linceul.

L'Amoureux.

Puis qu'il convient par souhait souhaiter,
Je souhaite avoir la jouyssance
D'une pour qui le gris me fault porter
Pour demonstrer [1] que vis en esperance [2];
De ses regars tousjours estre en presence
Et recepvoir ung baiser de sa bouche;
Que sans rigueur nous fissions alliance
Et nud à nud, pour toute ma plaisance,
Faire cela sur une belle couche.

Le Mendien.

En verité, pour tout mon beau souhait,
Je souhaitte bribes en ma besasse;
A desjuner avoir ung œuf mollet,
[Et] à disner humer la souppe grasse;
Ung grant godet en lieu d'une grant tasse
Plain de vin blanc au retour de matines;
Reformateurs [3] estre plongez soubz glaces;

---

1. Les deux éditions ont : En demonstrance.
2. On trouve dans Charles d'Orléans le même sens donné à la couleur grise :

> Il vit en bonne esperance,
> Puis qu'il est vestu de gris,
> Qu'il aura, à son advis,
> Encore sa desirance.

Et dans la charmante ballade où il dément la nouvelle de sa mort :

> Nul ne porte pour moy le noir :
> On veut meilleur marchié drap gris.

3. On a vu, par ses souhaits, qu'il ne s'agit pas d'un

Lors verriez bigotz en toutes places
Mieux que jamais faire trembler courtines.

L'Usurier.

Souventesfois je regarde et advise,
Pour mon prouffit, si le vent tournera;
Je souhaite pour vent marin la bise,
En esperant que le fruit gelera,
Dont mes greniers à mon pris vuyderont,
Et mon souhait du tout se parfera;
Quand temps d'esté pour yver (se) passera,
Tous mes coffres de biens se rempliront.

Le Laboureur.

Sain et gaillard, en cultivant ma terre,
Temps attrempé, asseurée sayson,
Vivre cent ans sans veoir dominer guerre,
Et estre en paix tousjours dans ma maison,
Mengeant mes poiz auprès d'ung gros tison,
Petter, ronfler en prenant mes repos,
Et que chascun me fist droit et raison,
Pain bis et lard en lieu de venaison,
Et estre franc des tailles et impostz.

Le Gueux.

Soubz le caignart[1], où je faitz mon repaire,

pauvre, mais d'un moine mendiant : de sorte que les réformateurs dont il parle ne sont pas des Luthériens, mais les réformateurs qui vouloient faire des réformes dans les ordres religieux, et les ramener, entre autres, leur première sobriété.

1. Le *Caignard* étoit un abreuvoir placé au bas de la

Je souhaitte mie[1] frisque et gaillarde,
Et le rouart[2] estre au delà du Caire :
Car c'est celuy qui dessus moy regarde.
Pour tout chevet une grosse royllarde[3]
Pleine de vin pour resjouir le gueux ;
Grasses trippes à force de moustarde ;
Hors du massis je fusse en saulve garde
De ce tollart qui est si dangereux.

Le Coquin.

Je souhaitte, par monsieur saint Mathieu,
Bribes, lopins, tousjours pour ma demande ;
Estre pourveu de viande autre que Dieu,
Car plusieurs foys j'en ay très povre offrande.
Quant on me dit : « Dieu, par sa pitié grande,
Te pourvoye ; or t'en va, mon amy »,
De tristesse n'ay veine qui ne tende ;
Mais, en baillant, je ditz : « Dieu le vous rende ! »
Et suis joyeux, par monsieur sainct Remy[4] !

Le Prisonnier.

De fol juge evitter la sentence,

rue de la Huchette ; il devoit son nom aux *caignards* ou gueux qui s'abritoient sous l'arche de la descente. Cf. Ed. Fournier, *Hist. des hôtelleries et cabarets*, t. 1.

1 A : Millie ; B : mille.

2. Le rouart doit être celui qui roue, celui qui fut plus tard maître Jean Guillaume, et que les Allemands ont long-temps appelé l'homme à trois jambes.

3. B : Royallarde.

4. N'y a-t-il pas là quelque équivoque avec le mot *remis*, tranquille, reposé, se trouvant dans une situation agréable, du latin *remissus* ?

De faulx tesmoings les confrontations;
Grace obtenir, rigueur mettre en absence,
Pour le danger des grans vexations;
Sans amendes faire digestions;
Il m'est advis que j'ay bien souhaitté;
Mais de rechef, pour mes conclusions,
Hors de prison j'eslitz mes mansions :
Il n'est tresor que d'avoir liberté.

LE SERGENT.

Je souhaite, pour bien faire mon floc [1],
Trouver larrons saisir à l'avantaige;
Pour les griffer [2] prendre en tache et en bloc
Tout le butin qu'ilz ont eu au fourraige.
De les mener en prison par ostage
Il ne m'en chault, car ce n'est pas mon gaing.
Quant le contant me fournissent pour gaige,
Très voulentiers leurs foys voye et passaige :
Car pour argent à telz gens suis humain.

LE COQU.

De souhaitter il fault que je m'avance;
Pour tout souhait je n'en demande qu'ung :
Avoir femme que, pour or ou chevance,
Preste son bas à messire Chascun;
Car j'appète vivre sur le commun,
Porter velours au despens de son cul.

---

1. Nous avons conservé flocon, qui se dit d'abord de la laine. Le sergent veut dire ici : Pour me mettre en bon point. Floquart a été employé dans le sens de *vêtu avec recherche.*

2. B : Greffer.

Autant prise le blanc comme le brun ;
Mais qu'on baille, par Dieu, ce m'est tout ung ;
Il ne m'en chault s'on m'appelle coqu.

L'Adventurier.

Tant à Millan, à Napples que dans Romme,
Guerre tousjours, pour la poulle menger,
Je souhaite, dessus Jacques Bon Homme ;
Vivre de hait, villains faire renger,
Trouver butins après les grans assaulx,
Et puis après, quant fauldroit desloger,
A mon retour je me puisse loger
Sans rencontrer prevost des marechaulx [1].

Le Hazardeux [2].

Troys dez au poing pour tout [mon] passe-temps,
Quinze sur dix, et sur huyt faire seize,
Ou rencontrer, tout ainsi que j'entens,
Six, cinq et deux au per pour faire treize,
Faire cent mains [3] pour me rendre bien aise,
Que chascune fust de cinq cens ducatz ;
C'est mon souhait, par monseigneur sainct Blaise,
Et n'en sçay point d'autre que plus me plaise :
Car à ce jeu je prens tous mes esbatz.

---

1. Le prévôt des maréchaux étoit chargé de punir ceux qui commettoient des désordres. De nos jours, celui à qui, dans la même intention, est confiée la police du camp, s'appelle le grand prévôt de l'armée.

2. C'est-à-dire le joueur aux jeux de hasard.

3. Nous disons encore à certains jeux, au lansquenet, par exemple, avoir la main, passer la main.

L'Acteur.

Avoir tousjours en ma bource ung escu
Et estre exempt de toute maladie;
Que ma mye ne me fist point coqu,
Et que nulluy ne print sur moy envye;
Sans envieillir je finasse ma vie;
Que nature ne fist son payement
De ma personne jusques au jugement,
Et, quant la mort prendroit sur moy son droit,
Qu'en paradis fusse porté tout droit.

Finis.

FIN DU TOME PREMIER.

TABLE DES MATIÈRES

CONTENUES DANS CE VOLUME.

Préface. Pages v
1 Le Debat de l'homme et de la femme (par frère Guillaume–Alexis). 1
2 Le Monologue des Nouveaulx Sotz de la joyeuse Bende. 11
3 Les Tenèbres de Mariage. 17
4 Les Ditz de maistre Aliborum, qui de tout se mesle. 33
5 S'ensuit le mistère de la saincte Lerme, comment elle fut apportée de Constantinople à Vendosme. 43
6 Les Regretz de messire Barthelemy d'Alvienne, et la Chançon de la defense des Venitiens. 55
7 La Patenostre des Verollez. 68
8 Varlet à louer à tout faire (par Christophe de Bordeaux, Parisien). 73
9 Chambrière à louer à tout faire (par le même). 89
10 S'ensuyvent les Regretz et Complainte de Nicolas Clereau, avec la mort d'iceluy (par Gilles Corrozet). 109
11 Dyalogue d'ung Tavernier et d'un Pyon, en françoys et en latin. 116

TABLE

12 Le Pater noster des Angloys. 125
13 Le Doctrinal des nouveaux mariés. 131
14 La Piteuse desolation du monastère des Cordeliers de Maulx, mis à feu et bruslé. 139
15 Discours joyeux des Friponniers et Friponnières, ensemble la Confrairie desdits Friponniers et les Pardons de ladite Confrairie. 147
16 La vraye Medecine qui guarit des tous maux et de plusieurs autres. 152
17 La medecine de maistre Grimache, avec plusieurs receptes et remèdes contre plusieurs et diverses maladies, toutes vrayes et approuvées. 162
18 La grande et triumphante Monstre et bastillon de six mille Picardz, faicte à Amiens, à l'honneur et louenge de nostre sire le Roy, le XX juing mil cinq cens XXXV. 176
19 La Replicque des Normands contre la Chanson des Picardz. 182
20 Les Contenances de table. 186
21 Le Testament de Martin Leuther. 194
22 Sermon joyeulx de la vie Saint Ongnon, comment Nabuzarden, le maistre cuisinier, le fit martirer, avec les miracles qu'il faict chacun jour. 204
23 Les Commandemens de Dieu et du Dyable. 210
24 La Complaincte du nouveau marié, avec le Dit de Chascun, lequel marié se complainct des extenciles qui luy fault avoir à son mesnaige, et est en manière de chanson, avec la Loyaulté des hommes. 218
25 De la Nativité de Monseigneur le Duc, filz premier de Monseigneur le Dauphin. 229
26 Sermon joyeulx d'un Ramonneur de cheminées. 235
27 Eglogue sur le retour de Bacchus, en laquelle sont introduits deux vignerons, assavoir: Colinot de Beaulne et Jaquinot d'Orleans, composé par Calvi de la Fontaine. 240
28 Les Ditz des bestes et aussy des oyseaulx. 256

29 La legende et description du Bonnet carré, avec les proprietez, composition et vertus d'icelluy. 265
30 Le Discours du trespas de Vert Janet. 275
31 Le Blason des Basquines et Vertugalles. 293
32 Les souhaitz du Monde. 304

CATALOGUE

DE LA

BIBLIOTHÈQUE ELZEVIRIENNE

ET DES AUTRES OUVRAGES

DU FONDS DE P. JANNET

PARIS

Chez P. JANNET, Libraire

Rue des Bons-Enfants, 28

—

1855

Avertissement. 3

Bibliothèque elzevirienne. 7

Ouvrages de différents formats. 26

Publications de la société des Bibliophiles. 31

Manuel de l'Amateur d'estampes. 32

Recueil de Maurepas. 32

AVERTISSEMENT.

Lorsque j'entrepris, il y a deux ans, la publication de la *Bibliothèque elzevirienne*, je m'étais posé ce problème :
« Publier une collection d'ouvrages d'é-
» lite, dignes de tous par leur exécution
» matérielle, à la portée de tous par la modicité de
» leur prix. »

Jusque alors, les curiosités littéraires du genre de celles qui doivent composer en grande partie la *Bibliothèque elzevirienne* n'étaient — lorsqu'on les publiait — tirées qu'à un très petit nombre d'exemplaires, destinés à des amateurs riches et fervents. La rareté native et le prix exorbitant de ces publications les rendaient inabordables pour le plus grand nombre des lecteurs, et particulièrement pour ceux qui lisent pour les autres : les littérateurs ne sont pas tous assez riches pour acheter des livres sans regarder au prix.

En présence du mouvement qui porte la génération actuelle vers l'étude sérieuse des mœurs, de la littérature et de l'histoire du passé, je crus faire une chose utile en vulgarisant, autant qu'il serait en mon pouvoir, les documents propres à faciliter cette étude.

Malgré ma foi dans la possibilité de créer un public nouveau pour ce genre de livres, je crus devoir faire de mon mieux pour satisfaire les goûts du public déjà existant, goûts que je partage d'ailleurs : je trouve qu'un bon texte ne perd rien à être imprimé avec un certain luxe.

Le luxe dans les livres, je l'entends à ma manière.

Peu de texte dans un grand format, sur de beau papier très blanc, brillant, glacé, satiné — mais brûlé, cassant, d'une qualité déplorable — ce n'est pas là mon fait. Le format, je le veux commode ; le papier, je le veux solide avant tout ; du texte, j'en veux pour mon argent. Qu'il soit net, lisible sans fatigue, et cela me suffit.

Au point de vue des résultats — je ne parle pas des moyens — l'art d'imprimer les livres a fait peu de progrès depuis deux siècles. Les petits volumes sortis des presses des Elzevier auront long-temps encore de nombreux admirateurs. En donnant à ma collection le nom de ces imprimeurs illustres, j'ai compris l'étendue des obligations que je m'imposais. J'ai fait de mon mieux pour ne pas rester trop au dessous de mes modèles. J'ai fait fondre des caractères, graver des ornements, fabriquer du papier, modifier des presses. Les éloges que des amateurs d'une autorité considérable ont bien voulu donner à mes petits livres me prouvent que je suis dans la bonne voie. Je tâcherai d'atteindre le but.

Si le format et l'exécution matérielle de mes volumes ont trouvé des approbateurs, l'entreprise en elle-même a été bien accueillie. Le public sur lequel je comptais a répondu à mon appel ; son concours m'a permis d'entreprendre la publication d'un assez grand nombre de volumes, qui sont sous presse ou en préparation.

Je ne crois pas nécessaire de donner un catalogue détaillé des ouvrages que je me propose de faire entrer dans la *Bibliothèque elzevirienne*. Il suffit de rappeler le plan général. Cette collection doit se composer : 1° d'ouvrages anciens, inédits ou rares, utiles pour l'étude des mœurs, de la littérature ou de l'histoire ; 2° des ouvrages antérieurs au XVIII° siècle qui jouissent d'une réputation méritée. Les ouvrages postérieurs au XVII° siècle ne seront admis que par exception.

D'ailleurs, chaque volume qui paraît jette un nouveau jour sur le plan que je me suis tracé. Ainsi j'ai publié :

MORALISTES. *La Rochefoucauld, La Bruyère, le Livre du chevalier de la Tour*, qui serait mieux placé parmi les conteurs. Plus tard je donnerai *Montaigne, Charron, Vauvenargues*.

BEAUX-ARTS. *Mémoires pour servir à l'histoire de l'Académie de peinture. — Le livre des peintres et graveurs*. J'ai d'autres ouvrages du même genre à faire paraître.

POÉSIE. *Gerard de Rossillon*, poème provençal ; *Les Memoriaux de Saint-Aubin des Bois, Villon, Roger de Collerye, Regnier, Chapelle et Bachaumont*. J'ai sous presse ou en préparation : plusieurs *Chansons de gestes*, entre autres *Regnault de Montauban*, en 17,000 vers ; le *Recueil général des fabliaux et contes des poètes françois* ; un Recueil d'anciennes poésies françaises, morales, facétieuses, historiques ; *Matheolus, Gringore, Clément Marot, Vauquelin de la Fresnaye, Saint-Amant, Senecé* (œuvres connues et inédites), et quelques autres.

THÉATRE. Six volumes de l'*Ancien Théâtre françois*. A côté de cette collection, je donnerai les œuvres de *Molière, Corneille, Racine*, etc.

ROMANS ET CONTES. *Melusine*, le *Roman bourgeois, Don Juan de Vargas, Six mois de la vie d'un jeune homme*. J'ai en préparation plusieurs autres romans et une suite considérable de conteurs.

FACÉTIES. *Les Quinze joyes de mariage, la Nouvelle fabrique des excellents traits de verité, les Evangiles des Quenouilles, les Caquets de l'Accouchée*. J'ai sous presse ou en préparation : *Morlini, Rabelais, Tabourot*, et beaucoup d'autres.

HISTOIRE. L'*Histoire notable de la Floride*, les *Aventures du baron de Fæneste*, les *Mémoires de la Marquise de Courcelles*. J'ai sous presse quelques autres relations de voyages, les *Souvenirs de Madame de Caylus*, les *Mémoires de Madame de la Guette*, et en préparation plusieurs ouvrages intéressants.

Paris, le 1ᵉʳ septembre 1855.

P. JANNET.

AVIS IMPORTANT
(du 15 février 1855)

Les volumes de la Bibliothèque elzevirienne sont imprimés sur papier collé et très chargés d'encre : il est difficile de les relier tout de suite sans les maculer. D'un autre côté, leur couverture en papier blanc perd promptement sa fraîcheur, et on ne peut les garder long-temps brochés. J'ai pris le parti de faire couvrir ces volumes d'un élégant cartonnage en toile, à la manière anglaise, ce qui permettra aux amateurs soit de les garder toujours ainsi, soit de ne les faire relier que dans un an ou deux. A partir d'aujourd'hui, tous les volumes seront vendus cartonnés, non rognés et non coupés, SANS AUGMENTATION DE PRIX. *Les personnes qui possèdent des volumes brochés* non coupés *pourront les échanger, sans frais, contre des volumes cartonnés ; quant aux volumes coupés, je me chargerai de les faire cartonner moyennant 75 centimes.*

BIBLIOTHÈQUE ELZEVIRIENNE

LIVRES EN VENTE.

Moralistes.

Réflexions, Sentences et Maximes morales de La Rochefoucauld. Nouvelle édition, conforme à celle de 1678, et à laquelle on a joint les Annotations d'un contemporain sur chaque maxime, les variantes des premières éditions, et des notes nouvelles, par G. Duplessis. Préface par Sainte-Beuve. 1 vol. Prix : 5 fr.

Les *Annotations d'un Contemporain* sur les Maximes de La Rochefoucauld ont été attribuées à madame de La Fayette. Elles paraissent ici pour la première fois. Quelques unes seulement avaient été publiées par Aimé-Martin.

Les *Caractères* de Théophraste, traduits du grec, avec les *Caractères ou les mœurs de ce siècle*, par La Bruyère. Nouvelle édition, collationnée sur les éditions données par l'auteur, avec toutes les variantes, une lettre inédite de La Bruyère et des notes littéraires et historiques, par Adrien DESTAILLEUR. 2 volumes. 10 fr.

> Cette édition est le fruit de plusieurs années de travail. M. Destailleur s'est attaché à reproduire toutes les variantes des éditions données par l'auteur. Il a indiqué avec soin les passages des moralistes anciens et modernes qui se sont rencontrés avec La Bruyère. Il a fait assez pour que M. S. de Sacy ait pu dire : « Voilà enfin un La Bruyère auquel il ne manque rien. »

Le Livre du chevalier de la Tour Landry, pour l'enseignement de ses filles ; publié d'après les manuscrits de Paris et de Londres, par M. Anatole DE MONTAIGLON, membre résidant de la Société des antiquaires de France. 5 fr.

> Ce livre, œuvre d'un gentilhomme du quatorzième siècle, contient de précieux renseignements sur les mœurs du moyen âge. Les sentiments du chevalier sur l'éducation des filles, déduits avec une naïveté, une liberté d'expression qui paraissent étranges aux lecteurs de notre époque, sont appuyés du récit d'aventures empruntées à la Bible, aux chroniques et aux souvenirs personnels du chevalier de la Tour, récits souvent piquants et toujours gracieux, qui assignent à son livre une place distinguée parmi les œuvres des conteurs français.

Beaux-Arts.

Memoires pour servir à l'Histoire de l'Académie royale de peinture et de sculpture, depuis 1648 jusqu'en 1664, publiés pour la première fois, d'après le manuscrit de la Bibliothèque Impériale, par M. Anatole DE MONTAIGLON. 2 vol.   8 fr.

Ces Mémoires, que M. de Montaiglon attribue à Henri Testelin, secrétaire de l'Académie de peinture pendant plus de trente ans, contiennent une foule de renseignements précieux sur les artistes qui brillèrent en France au XVIIe siècle.
Epuisé.

Le livre des peintres et graveurs, par Michel DE MAROLLES, abbé de Villeloin. Nouvelle édition, revue par M. Georges DUPLESSIS. 1 vol.   3 fr.

Ce petit livre, curieux spécimen de l'incroyable versification d'un écrivain beaucoup trop fécond, a cependant un mérite : il apprendra une infinité de choses aux hommes les plus versés dans l'histoire de l'art.

POÉSIE.

*erard de Rossillon*, poème provençal, publié, d'après le manuscrit unique, par M. FRANCISQUE-MICHEL. 1 vol.   5 fr.

Chansons, ballades et rondeaux de Jehannot de LESCUREL, poète français du XIVe siècle, publiés d'après le manuscrit unique, par M. A. DE MONTAIGLON. 1 vol.

OEuvres complètes de François VILLON. Nouvelle édition, revue, corrigée et mise en ordre, avec des notes historiques et littéraires, par P. L.-JACOB, bibliophile, 1 vol.   5 fr.

OEuvres complètes de ROGER DE COLLERYE. Edition revue et annotée par M. Charles d'HERICAULT. 1 vol.   5 fr.

OEuvres de Mathurin REGNIER, avec les commentaires revus et corrigés, précédées de l'*Histoire de la Satire en France*, pour servir de discours préliminaire, par M. VIOLLET LE DUC. 1 vol.   5 fr.

    Le travail de M. Viollet Le Duc, publié pour la première fois en 1822, a été revu et modifié par lui pour la nouvelle édition. L'*Histoire de la satire* a reçu des additions.

Extrait abrégé des vieux Memoriaux de l'abbaye de Saint-Aubin-des-Boys, en Bretagne. 1 vol.   2 fr.

    Pièce en vers, publiée par M. Francisque-Michel. Quoique datée du XIIe siècle, elle est réellement du

XVIIe. C'est le résultat d'une de ces supercheries qu'on s'est parfois permises pour relever l'illustration de certaines familles.

OEuvres de Chapelle et de Bachaumont; nouvelle édition, revue et corrigée sur les meilleurs textes, notamment sur l'édition de 1732, précédée d'une notice, par M. Tenant de Latour. 1 vol. 4 fr.

Sous presse.

Recueil général des fabliaux et contes des poètes françois des XIIe, XIIIe, XIVe et XVe siècles, publiés d'après les manuscrits. 5 vol. à 5 fr.

Recueil de poésies françoises du quinzième et du seizième siècles, morales, facétieuses, historiques, revues sur les anciennes éditions et annotées par M. A. de Montaiglon. Le vol. 5 fr.

<blockquote>Dans ce recueil figureront les pièces anonymes piquantes et devenues rares, les œuvres de poètes qui n'ont laissé que peu de vers, les pièces les plus remarquables d'écrivains féconds, mais qu'on ne peut réimprimer en entier.</blockquote>

Le Livre de Matheolus. — Le Rebours de Matheolus. 2 vol. 10 fr.

OEuvres complètes de Pierre Gringore, avec des notes par MM. Anatole de Montaiglon et Charles d'Héricault. 4 vol. 20 fr.

OEuvres complètes de Saint-Amant, revues et annotées par Ch. L. Livet, 2 vol. 10 fr.

OEuvres choisies de Senecé, revues sur les diverses éditions et sur les manuscrits originaux, par M. Emile Chasles. 1 vol. 5 fr. — OEuvres posthumes de Senecé, publiées d'après les manuscrits autographes, par M. Emile Chasles. 1 vol. 5 fr.

THÉATRE.

Ancien *théâtre françois*, ou Collection des ouvrages dramatiques les plus remarquables depuis les mystères jusqu'à Corneille, publié, avec des notices et éclaircissements, par M. VIOLLET LE DUC. Tomes I à VI. Le vol. 5 fr.

Les trois premiers volumes sont la reproduction d'un recueil unique conservé au Musée Britannique, à Londres, contenant 64 pièces dont voici les titres :

TOME I.

1. Le Conseil du Nouveau marié, à deux personnages, c'est assavoir : le Mary et le Docteur.
2. Farce nouvelle, très bonne et fort joyeuse, du Nouveau marié qui ne peult fournir à l'appoinctement de sa femme, à quatre personnages, c'est assavoir : le Nouveau Marié, la Femme, la Mère et le Père.
3. Farce nouvelle, très bonne et fort joyeuse, de l'Obstination des femmes, à deux personnaiges, c'est assavoir : le Mari et la Femme.
4. Farce nouvelle, très bonne et fort joyeuse, du Cuvier, à troys personnages, c'est assavoir : Jaquinot, sa Femme et la Mère de sa femme.
5. Farce nouvelle, très bonne et fort joyeuse, à troys personnages, c'est assavoir : Jolyet, la Femme et le Père.
6. Farce nouvelle, à cinq personnaiges, des Femmes qui font refondre leurs marys, c'est assavoir : Thibault, Collart, Jennette, Pernette et le Fondeur.

7. Farce nouvelle et fort joyeuse du Pect, à quatre personnages, c'est assavoir : Hubert, sa Femme, le Juge et le Procureur.

8. Farce nouvelle, très bonne et fort joyeuse, des Femmes qui demandent les arrerages de leurs maris et les font obliger par *nisi*, à cinq personnages, c'est assavoir : le Mary, la Dame, la Chambrière et le Voysin.

9. Farce nouvelle d'ung Mary jaloux qui veult esprouver sa femme, à quatre personnages, c'est assavoir : Colinet, la Tante, le Mary et sa Femme.

10. Farce moralisée, à quatre personnages, c'est assavoir : deux Hommes et leurs deux Femmes, dont l'une a malle teste et l'autre est tendre du cul.

11. Farce nouvelle et fort joyeuse, à quatre personnages, c'est assavoir : le Mary, la Femme, le Badin qui se loue et l'Amoureux.

12. Farce nouvelle, très bonne et fort joyeuse, de Pernet qui va au vin, à troys personnaiges, c'est assavoir : Pernet, sa Femme et l'Amoureux.

13. Farce nuvelle, très bonne et fort joyeuse, d'un Amoureux, à quatre personnages, c'est assavoir : l'Homme, la Femme, l'Amoureux et le Medecin.

14. Colin qui loue et despite Dieu en un moment, à cause de sa femme, à troys personnages, c'est assavoir : Colin, sa Femme et l'Amant.

15. Farce nouvelle, très bonne et fort joyeuse, à quatre personnaiges, c'est assavoir : le Gentilhomme, Lison, Naudet, la Damoyselle.

16. Farce nouvelle, à troys personnaiges, c'est assavoir : le Badin, la Femme et la Chambrière.

17. Farce nouvelle, très bonne et fort joyeuse, de Jeninot qui fist un roy de son chat, par faulte d'aultre compaignon, en criant : Le roy boit, et monta sur sa maistresse pour la mener à la messe, à troys personnaiges, c'est assavoir : le Mary, la Femme et Jeninot.

18. Farce nouvelle de frère Guillebert, très bonne et fort joyeuse, à quatre personnages, c'est assavoir : Frère Guillebert, l'Homme viel, sa Femme jeune, la Commère.

19. Farce nouvelle, très bonne et fort joyeuse, de Guillerme qui mangea les figues du curé, à quatre

personnaiges, c'est assavoir : le Curé, Guillerme, le Voysin et sa Femme.

20. Farce nouvelle, très bonne et fort joyeuse, de Jenin, filz de rien, à quatre personnaiges, c'est assavoir : la Mère et Jenin, son fils, le Prestre et le Devin.

21. La Confession de Margot, à deux personnaiges, c'est assavoir : le Curé et Margot.

22. Farce nouvelle, très bonne et fort joyeuse, de George le Veau, à quatre personnaiges, c'est assavoir : George le Veau, sa Femme, le Curé et son Clerc.

TOME II.

23. Sermon joyeux de bien boire, à deux personnaiges, c'est assavoir : le Prescheur et le Cuysinier.

24. Farce nouvelle, très bonne et très joyeuse, de la Résurrection de Jenin Landore, à quatre personnaiges, c'est assavoir : Jenin, sa Femme, le Curé et le Clerc.

25. Farce nouvelle, fort joyeuse, du Pont aux Asgnes, à quatre personnaiges, c'est assavoir : Le Mary, la Femme, Messire *Domine de* et le Boscheron.

26. Farce nouvelle, très bonne et fort joyeuse, à troys personnages, d'un Pardonneur, d'un Triacleur et d'une Tavernière, c'est assavoir : le Triacleur, le Pardonneur et la Tavernière.

27. Farce nouvelle du Pasté et de la Tarte, à quatre personnaiges, c'est assavoir : deux Coquins, le Paticier et sa Femme.

28. Farce nouvelle de Mahuet, badin, natif de Baignolet, qui va à Paris au marché pour vendre ses œufz et sa cresme, et ne les veult donner sinon au pris du marché, et est à quatre personnages, c'est assavoir : Mahuet, sa Mère, Gaultier et la Femme.

29. Farce nouvelle et fort joyeuse des Femmes qui font escurer leurs chaulderons et deffendent que on ne mette la pièce auprès du trou, à troys personnages, c'est assavoir : la première Femme, la seconde et le Maignen.

30. Farce nouvelle, très bonne et fort joyeuse, à

troys personnages, d'un Chauldronnier, c'est assavoir : l'Homme, la Femme et le Chauldronnier.

31. Farce nouvelle, très bonne et fort joyeuse, à trois personnaiges, c'est assavoir : le Chaulderonnier, le Savetier et le Tavernier.

32. Farce joyeuse, très bonne et recreative pour rire, du Savetier, à troys personnaiges, c'est assavoir : Audin, savetier; Audette, sa Femme, et le Curé.

33. Farce nouvelle d'ung Savetier nommé Calbain, fort joyeuse, lequel se maria à une Savetière, à troys personnages, c'est assavoir : Calbain, la Femme et le Galland.

34. Farce nouvelle, à quatre personnaiges, c'est assavoir : le Cousturier, Esopet, le Gentilhomme et la Chamberière.

35. Farce nouvelle, très bonne et fort joyeuse, à troys personnaiges, c'est assavoir : Maistre Mimin le Gouteux, son varlet Richard le Pelé, sourd, et le Chaussetier.

36. Farce nouvelle d'ung Ramoneur de cheminées, fort joyeuse, à quatre personnaiges, c'est assavoir : le Ramoneur, le Varlet, la Femme et la Voysine.

37. Sermon joyeux et de grande value
A tous les foulx qui sont dessoubz la nue,
Pour leur monstrer à saiges devenir,
Moyennant ce, que, le temps advenir,
Tous sotz tiendront mon conseil et doctrine;
Puis congnoistront clerement, sans urine,
Que le monde pour sages les tiendra,
Quand ils auront de quoy : notez cela.

38. Sottie nouvelle, à six personnaiges, c'est assavoir : le Roy des Sotz, Triboulet, Mitouflet, Sottinet, Coquibus, Guippelin.

39. Sottie nouvelle, à cinq personnages, des Trompeurs, c'est assavoir : Sottie, Teste Verte, Fine Mine, Chascun et le Temps.

40. Farce nouvelle, très bonne, de Folle Bobance, à quatre personnaiges, c'est assavoir : Folle Bobance, le premier Fol, gentilhomme ; le second Fol, marchant ; le tiers Fol, laboureux.

41. Farce joyeuse, très bonne, à deux personnages, du Gaudisseur, qui se vante de ses faictz, et ung Sot, qui lui respont au contraire, c'est assavoir : le Gaudisseur et le Sot.

42. Farce nouvelle, très bonne et fort recreative pour rire, des cris de Paris, à troys personnaiges, c'est assavoir : le premier Gallant, le second Gallant et le Sot.

43. Farce nouvelle du Franc Archier de Baignolet.

44. Farce joyeuse de Maistre Mimin, à six personnaiges, c'est assavoir : le Maistre d'escolle; Maistre Mimin, estudiant; Raulet, son père; Lubine, sa mère; Raoul Machue, et la Bru Maistre Mimin.

45. Farce nouvelle, très bonne et fort joyeuse, à troys persounaiges, de Pernet qui va à l'escolle, c'est assavoir : Pernet, la Mère, le Maistre.

46. Farce nouvelle, très bonne et fort joyeuse, à troys personnaiges, c'est assavoir : la Mère, le Filz et l'Examinateur.

47. Farce nouvelle de Colin, filz de Thevot le Maire, qui vient de Naples et amène un Turc prisonnier, à quatre personnaiges, c'est assavoir : Thevot le Maire, Colin son filz, la Femme, le Pelerin.

48. Farce nouvelle, à trois personnaiges, c'est assavoir : Tout Mesnaige, Besongne faicte, la Chamberière qui est malade de plusieurs maladies, comme vous verrez ci-dedans, et le Fol qui faict du medecin pour la guarir.

49. Le Debat de la Nourrisse et de la Chamberière, à troys personnaiges, c'est assavoir : la Nourrisse, la Chamberière, Johannes.

50. Farce nouvelle des Chamberières qui vont à la messe de cinq heures pour avoir de l'eaue beniste, à quatre personnaiges, c'est assavoir : Domine Johannes, Troussetaqueue, la Nourrice et Saupicquet.

Tome III.

51. Moralité nouvelle des Enfans de Maintenant, qui sont des escoliers de Jabien, qui leur monstre à jouer aux cartes et aux dez et entretenir Luxure, dont l'ung vient à Honte, et de Honte à Desespoir, et

de Desespoir au gibet de Perdition, et l'aultre se convertist à bien faire. Et est à treize personnages, c'est assavoir : le Fol, Maintenant, Mignotte, Bon Advis, Instruction, Finet, premier enfant; Malduit, second enfant; Discipline, Jabien, Luxure, Honte, Desespoir, Perdition.

52. Moralité nouvelle, contenant
 Comment Envie, au temps de Maintenant,
 Fait que les Frères que Bon Amour assemble
 Sont ennemis et ont discord ensemble,
 Dont les parens souffrent maint desplaisir,
 Au lieu d'avoir de leurs enfans plaisir.
 Mais à la fin Remort de conscience,
 Vueillant user de son art et science,
 Les fait renger en paix et union
 Et tout leur temps vivre en communion.

A neuf personnaiges, c'est assavoir : le Preco, le Père, la Mère, le premier Filz, le second Filz, le tiers Filz, Amour Fraternel, Envie, et Remort de conscience.

53. Moralité nouvelle d'ung Empereur, qui tua son neveu, qui avoit prins une fille à force; et comment, ledict Empereur estant au lict de la mort, la sainte Hostie lui fut apportée miraculeusement. Et est à dix personnaiges, c'est assavoir : l'Empereur, le Chappelain, le Duc, le Conte, le Nepveu de l'Empereur, l'Escuyer, Bertaut et Guillot, serviteurs du Nepveu; la Fille violée, la Mère de la Fille, avec la sainte Hostie qui se presenta à l'Empereur.

54. Moralité ou histoire rommaine d'une Femme qui avoit voulu trahir la cité de Romme, et comment sa Fille la nourrit six sepmaines de son lait eu prison, à cinq personnaiges, c'est assavoir : Oracius, Valerius, le Sergent, la Mère et la Fille.

55. Farce nouvelle, fort joyeuse et morale, à quatre personnaiges, c'est assavoir : Bien Mondain, Honneur spirituel, Pouvoir Temporel, et la Femme.

56. Farce nouvelle, très bonne, morale et fort joyeuse, à troys personnaiges, c'est assavoir : Tout, Rien et Chascun.

57. Bergerie nouvelle, fort joyeuse et morale, de Mieulx que devant, à quatre personnaiges, c'est assavoir : Mieulx que devant, Plat Pays, Peuple pensif, et la Bergière.

58. Farce nouvelle moralisée des Gens Nouveaulx qui mangent le Monde et le logent de mal en pire, à quatre personnaiges, c'est assavoir : le Premier Nouveau, le Second Nouveau, le Tiers Nouveau, et le Monde.

59. Farce nouvelle à cinq personnaiges, c'est assavoir : Marchandise et Mestier, Pou d'Acquest, le Temps qui court, et Grosse Despense.

60. La vie et hystoyre du Maulvais Riche, à treize personnaiges, c'est assavoir : le Maulvais Riche, la Femme du Maulvais Riche, le Ladre, le Prescheur, Trotemenu, Tripet, cuisinier; Dieu le Père, Raphaël, Abraham, Lucifer, Sathan, Rahouart, Agrappart.

61. Farce nouvelle des Cinq Sens de l'Homme, moralisée et fort joyeuse pour rire et recréative, et est à sept personnaiges, c'est assavoir : l'Homme, la Bouche, les Mains, les Yeulx, les Piedz, l'Ouye et le Cul.

62. Debat du Corps et de l'Ame.

63. Moralité nouvelle, très bonne et très excellente, de Charité, où est demontré les maulx qui viennent aujourd'huy au Monde par faulte de charité, à douze personnaiges : le Monde, la Charité, Jeunesse, Vieillesse, Tricherie, le Pouvre, le Religieux, la Mort, le Riche Avaricieux et son Varlet, le Bon Riche Vertueux, et le Fol.

64. Le Chevalier qui donna sa Femme au Dyable, à dix personnaiges, c'est assavoir : Dieu le Père, Nostre Dame, Gabriel, Raphael, le Chevalier, sa Femme, Amaury, escuyer; Anthenor, escuyer; le Pipeur, et le Dyable.

Le tome IV contient les œuvres dramatiques d'Etienne Jodelle; les *Esbahis*, de Jacques Grevin; la *Reconnue*, de Remy Belleau. Les tomes V et VI contiennent les huit premières comédies de Pierre de Larivey. La dernière pièce fera partie du tome VII.

Histoire de la vie et des ouvrages de CORNEILLE, par M. J. TASCHEREAU. 1 vol.   5 fr.

Sous presse.

OEuvres complètes de Pierre CORNEILLE, 6 vol.
    30 fr.

Romans.

Mélusine, par Jehan d'Arras; nouvelle édition, publiée par M. Ch. Brunet. 1 vol. 5 fr.

> Reproduction exacte de l'édition originale, de Genève, 1478, in-fol.

Le Roman bourgeois, ouvrage comique, par Antoine Furetière. Nouvelle édition, avec des notes historiques et littéraires par M. Edouard Fournier, précédée d'une Notice par M. Ch. Asselineau. 1 vol. 5 fr.

> Le *Roman bourgeois*, décrié au XVIIe siècle par les ennemis de l'auteur, mal réimprimé au XVIIIe, était à peine connu au XIXe. L'édition publiée par MM. Asselineau et Fournier a révélé à nos contemporains un des livres les plus sensés, les plus amusants, les mieux écrits du siècle de Louis XIV, le plus précieux peut-être pour l'étude des mœurs bourgeoises et littéraires à cette époque.

Six mois de la vie d'un jeune homme (1797), par Viollet le Duc. 1 vol. 4 fr.

> Tiré à petit nombre pour la collection. Prix des exemplaires sur papier ordinaire, 2 fr.

Les Aventures de Don Juan de Vargas, racontées par lui-même, traduites de l'espagnol sur le manuscrit inédit, par Charles Navarin. 1 vol. 3 fr.

> Don Juan de Vargas a-t-il existé? Si vous lisez son

histoire écrite par lui-même, vous reconnaîtrez tout d'abord le gentilhomme espagnol du seizième siècle, avide d'aventures et servi à souhait. Suivez-le dans les quatre parties du monde, soyez témoin de ses hauts faits d'amour et de guerre, vous trouverez un homme réel, qui a vu les lieux qu'il décrit, assisté aux événements qu'il raconte, un homme en chair et en os autant qu'homme du monde. — Si vous consultez des critiques doués d'une pénétration incontestable, le *terrible aventurier* Don Juan de Vargas serait un être imaginaire, créé de toutes pièces par l'imaginaire Charles Navarin. La question ainsi posée, c'est au public à la résoudre. Après tout, « il » a bien de l'esprit, ce don Juan de Vargas. Il y a » de l'imagination et de la grâce dans ces aventures » apocryphes. » M. Jules Janin, qui dit cela, paraît ne point regretter les quelques heures employées à **la lecture de ce livre.**

Hitopadésa, ou l'instruction utile, recueil d'apologues et de contes, traduit du sanscrit, avec des notes historiques et littéraires, et un Appendice contenant l'indication des sources et des imitations, par M. Ed. LANCEREAU, membre de la Société Asiatique. 1 vol.   5 fr.

Ce livre a le double mérite de faire connaître l'antique civilisation des peuples de l'Inde, et de jeter sur l'histoire des littératures modernes un jour tout nouveau. C'est un volume dont la place est marquée en tête de toute collection de conteurs.

Facéties.

Les quinze Joyes de mariage. Nouvelle édition, conforme au manuscrit de la Bibliothèque publique de Rouen, avec les variantes des anciennes éditions et des notes. 1 vol.   3 fr.

Cet ouvrage si remarquable, qu'on attribue à l'auteur du *Petit Jehan de Saintré*, Antoine de la Sale, a toujours eu de nombreux admirateurs, au nombre desquels se trouvent Rabelais et Molière. Il a été imprimé plusieurs fois ; l'éditeur a reconnu l'existence de quatre textes différents, tous plus ou moins tronqués. En s'aidant des anciennes éditions et du manuscrit de la Bibliothèque publique de Rouen, il est parvenu à rétablir le texte tel qu'il a dû sortir de la plume de l'auteur. Les variantes recueillies à la fin du volume justifient pleinement ce travail, et les notes placées au bas des pages rendent l'intelligence du texte facile aux personnes même les moins versées dans la connaissance de notre littérature du moyen âge.

La Nouvelle Fabrique des excellens traits de verité, par Philippe d'Alcripe, sieur de Neri en Verbos. Nouvelle édition, augmentée des *Nouvelles de la terre de Prestre Jehan*. 1 vol.   4 fr.

Cet ouvrage, de la fin du seizième siècle, est le type et la source de ces nombreuses histoires où l'exagération joue un si grand rôle. De ce volume viennent en droite ligne les *Facetieux devis et plaisans contes du sieur du Moulinet*, les histoires de M. de Crac et de sa famille, et les célèbres *Aventures du baron de Münchausen*. En somme, c'est un livre fort amusant, et qui fait connaître un des côtés de l'esprit railleur de nos pères.

Les Evangiles des Quenouilles, nouvelle édition, revue sur les éditions anciennes et les manuscrits, avec Préface, Glossaire et Table analytique. 1 vol.   3 fr.

> « Ceci n'est pas seulement un livre amusant : c'est
> » encore un des livres les plus précieux pour l'his-
> » toire des mœurs, des opinions et des préjugés.....
> »-C'est le répertoire le plus curieux des croyances,
> » des erreurs et des préjugés répandus au moyen
> » âge parmi le peuple. »   (*Extrait de la Préface.*)

Recueil general des caquets de l'accouchée. Nouvelle édition, revue sur les pièces originales et annotée par M. Edouard FOURNIER, avec une Introduction par M. LE ROUX DE LINCY. 1 vol.   5 fr.

Sous presse.

MORLINI *novellæ, fabulæ et comœdia*. 1 vol. 5 fr.

OEuvres de RABELAIS, seule édition conforme aux derniers textes revus par l'auteur, avec les variantes des anciennes éditions, des notes et un Glossaire. 2 vol.   10 fr.

Histoire.

Histoire notable de la Floride, contenant les trois voyages faits en icelle par certains capitaines et pilotes françois, descrits par le capitaine Laudonnière; à laquelle a été ajousté un *Quatriesme voyage, fait par le capitaine* Gourgues. 1 volume. 5 fr.

Les Aventures du baron de Fœneste, par Théodore-Agrippa d'Aubigné. Edition revue et annotée par M. Prosper Mérimée, de l'Académie française. 1 volume. 5 f.

Mémoires de la Marquise de Courcelles, écrits par elle-même, précédés d'une notice et accompagnés de notes par M. Paul Pougin. 1 vol. 4 fr.

Sous presse.

Mémoires de Madame de la Guette. Edition revue et annotée par M. C. Moreau. 1 vol. 5 fr.

Souvenirs de madame de Caylus. 1 vol.

MÉLANGES.

ariétés historiques et littéraires, recueil de pièces volantes rares et curieuses, en prose et en vers, avec des Notes par M. Edouard FOURNIER. Le volume. 5 fr.

Le 1ᵉʳ volume contient :

1. Ensuit une remonstrance touchant la garde de la librairie du Roy, par Jean Gosselin, garde d'icelle librairie.

2. Le Diogène françois, ou les facetieux discours du vray anti-dotour comique blaisois.

3. Histoires espouvantables de deux magiciens qui ont esté estranglez par le diable, dans Paris, la semaine sainte.

4. Discours fait au parlement de Dijon sur la presentation des Lettres d'abolition obtenues par Helène Gillet, condamnée à mort pour avoir celé sa grossesse et son fruict.

5. Histoire veritable de la conversion et repentance d'une courtisanne venitienne.

6. Les singeries des femmes de ce temps descouvertes, et particulièrement d'aucunes bourgeoises de Paris.

7. La Chasse et l'Amour, à Lysidor.

8. Dialogue fort plaisant et recreatif de deux marchands : l'un est de Paris, et l'autre de Pontoise, sur ce que le Parisien l'avoit appelé Normand.

9. Discours prodigieux et espouvantable de trois Espaignols et une Espagnolle, magiciens et sorciers, qui se faisoient porter par les diables de ville en ville.

10. Histoire admirable et declin pitoyable advenu en la personne d'un favory de la cour d'Espagne.

11. Examen sur l'inconnue et nouvelle caballe des frères de la Rozée-Croix.

12. Rôle des présentations faictes aux Grands Jours de l'Eloquence françoise.

13. Recit veritable du grand combat arrivé sur mer, aux Indes Occidentales, entre la flotte espagnole et les navires hollandois, conduits par Lhermite, devant la ville de Lima, en l'année 1624.

14. Discours veritable de l'armée du très vertueux et illustre Charles, duc de Savoie et prince de Piedmont, contre la ville de Genève.

15. Histoire miraculeuse et admirable de la comtesse de Hornoc, flamande, estranglée par le diable, dans la ville d'Anvers, pour n'avoir trouvé son rabat bien godronné, le 15 avril 1616.

16. Discours au vray des troubles naguères advenus au royaume d'Arragon.

17. Recit naïf et veritable du cruel assassinat et horrible massacre commis le 26 août 1652, par la Compagnie des frippiers de la Tonnellerie, en la personne de Jean Bourgeois.

18. Les Grands Jours tenus à Paris par M. Muet, lieutenant du petit criminel.

19. La revolte des Passemens.

20. Ordonnance pour le faict de la police et reglement du camp.

21. Combat de Cyrano de Bergerac avec le singe de Brioché, au bout du Pont-Neuf.

22. La prinse et deffaicte du capitaine Guillery.

23. Le bruit qui court de l'Espousée.

24. La conference des servantes de la ville de Paris.

25. Le triomphe admirable observé en l'alliance de Betheleem Gabor, prince de Transylvanie, avec la princesse Catherine de Brandebourg.

26. La descouverte du style impudicque des courtisannes de Normandie à celles de Paris, envoyée pour estrennes, de l'invention d'une courtisanne angloise.

27. La Rubrique et fallace du monde.

28. Plaidoyers plaisans dans une cause burlesque.

29. Les merveilles et les excellences du Salmigondis de l'aloyau, avec les Confitures renversées.

Le second volume paraîtra dans deux jours.

OUVRAGES DE DIFFÉRENTS FORMATS.

BIBLIOGRAPHIE LYONNAISE DU XVe SIÈCLE, par M. A. Péricaud aîné. Nouv. édit. *Lyon*, imprimerie de Louis Perrin, 1851, in-8. 1re partie.   7 50
  2e partie, in-8.   4 »
  3e partie.   2 »

BIBLIOTHECA SCATOLOGICA, ou Catalogue raisonné des livres traitant des vertus, faits et gestes de très noble et très ingénieux Messire Luc (à Rebours), seigneur de la Chaise et autres lieux, mêmement de ses descendants et autres personnages de lui issus. Ouvrage traduit du prussien et enrichi de notes très congruantes au sujet, par trois savants *en us*. In-8.   10 »

CATALOGUE DE LA BIBLIOTHÈQUE LYONNAISE DE M. COSTE, rédigé et mis en ordre par Aimé Vingtrinier, son bibliothécaire. *Lyon*, 1853, 2 vol. gr. in-8. (18,641 articles).   12 »

CATALOGUE des livres imprimés, manuscrits, estampes, dessins et cartes à jouer composant la bibliothèque de M. C. Leber, avec des notes par le collecteur. Tome IV, contenant le supplément et la table des auteurs et des livres anonymes. *Paris*, 1852, in-8. avec 6 fig.   8 »
  Grand papier, fig. col.   25 »
  Grand papier vélin, fig. col.   30 »

CHOIX DE FABLES DE LA FONTAINE, traduites en vers basques par J.-B. Archu. *La Réole*, 1848, in-8.   7 50

CHRONIQUE ET HYSTOIRE faicte et composée par reverend pere en Dieu Turpin, contenant les prouesses et faictz darmes advenuz en son temps du tres magnanime Roy Charlemaigne, et de son nepveu

Raouland. (*Paris*, 1835), in-4. goth. à 2 col., avec lettres initiales fleuries et tourneures. 20 »
   Pap. de Hollande. 25 »

DIALOGUE (LE) DU FOL ET DU SAGE. (*Paris*, 1833,) pet. in-8. goth. 9 »
   Pap. de Holl. (à 10 exempl.). 12 »
   Pap. de Chine (à 4 exempl.). 15 »

DIALOGUE facetieux d'un gentilhomme françois se complaignant de l'amour, et d'un Berger qui, le trouvant dans un bocage, le reconforta, parlant à luy en son patois. Le tout fort plaisant. *Metz*, 1671 (1847), in-16. oblong. 9 »

DICTIONNAIRE pour l'intelligence des auteurs classiques, grecs et latins, tant sacrés que profanes, par Fr. Sabbathier. *Paris*, 1815, in-8. (t. 37ᵉ et dern.). 6 »

DIT (LE) DE MENAGE, pièce en vers, du XIVᵉ siècle, publiée pour la première fois par M. G.-S. Trebutien. (*Paris*, 1835,) in-8. goth. 2 50
   Pap. de Holl. 4 »

DIT (UN) DAVENTURES, pièce burlesque et satirique du XIIIᵉ siècle, publiée pour la première fois par M. G.-S. Trebutien. (*Paris*, 1835,) in-8. goth. 2 50
   Pap. de Holl. 4 »

ESSAI synthétique sur l'origine et la formation des langues (par Copineau). *Paris*, 1774, in-8. 4 »

HISTOIRE des campagnes d'Annibal en Italie pendant la deuxième guerre punique, suivie d'un abrégé de la tactique des Romains et des Grecs, par Fréd. Guillaume, général de brigade. *Milan*, de l'impr. Royale, 1812, 3 vol. gr. in-4. et atlas de 49 planch. gr. in-fol. 20 »

HISTOIRE DU MEXIQUE, par Don Alvaro Tezozomoc, trad. sur un manuscrit inédit par H. Ternaux-Compans. *Paris*, 1853, 2 vol. in-8. 15 »

LAI D'IGNAURÈS, en vers, du XIIᵉ siècle, par Renaut, suivi des lais de Melion et du Trot, en vers, du XIIIe siècle, publiés pour la première fois par MM. Monmerqué et Francisque Michel. *Paris*, 1832, gr. in-8. pap. vél., avec deux *fac-simile* color. 9 »

   Pap. de Holl. 15 »
   Pap. de Chine. 15 »

LANTERNES (LES), histoire de l'ancien éclairage de Paris, par Edouard Fournier, suivie de la réimpression de quelques poèmes rares (Les nouvelles Lanternes, 1745. — Plaintes des filoux et écumeurs de bourses contre nosseigneurs les reverbères, 1769. — Les Ambulantes à la brune contre la dureté du temps, 1769. — Les Sultanes nocturnes, 1769). *Paris*, 1854, in-8. 2 fr.

LETTRE d'un gentilhomme portugais à un de ses amis de Lisbonne sur l'exécution d'Anne Boleyn, publiée par M. Francisque Michel. *Paris*, 1832, gr. in-8. pap. vél. 3 »

MANUEL DU LIBRAIRE ET DE L'AMATEUR DE LIVRES, par M. Jacq.-Ch. Brunet, quatrième édition originale. *Paris*, 1842-1844, 5 vol. gr. in-8. à 2 col. 150 »

MORALITÉ DE LA VENDITION DE JOSEPH, filz du patriarche Jacob ; comment ses frères, esmeuz par envye, s'assemblèrent pour le faire mourir.... *Paris*, 1835, in-4. goth. format d'agenda, pap. de Holl. 36 »

MORALITÉ de Mundus, Caro, Demonia, à cinq personnages.— Farce des deux savetiers, à trois personnages. *Paris*, Silvestre, 1838, in-4. goth. format d'agenda. 12 »

MORALITÉ NOUVELLE DU MAUVAIS RICHE ET DU LADRE, à douze personnages. (*Paris*, 1833,) pet. in-8. goth. 9 »

   Pap. de Holl. (à 10 exempl.). 12 »
   Pap. de Chine (à 4 exempl.). 15 »

Moralité très singulière et très bonne des blasphemateurs du nom de Dieu. (*Paris*, 1831), pet. in-4. gothique, format d'agenda, papier de Hollande. 36 »

Mystère de saint Crespin et saint Crespinien, publié pour la première fois par L. Dessalles et P. Chabaille. *Paris*, 1836, gr. in-8. orné d'un fac-simile. 14 »
   Pap. de Holl. (*fac-simile* sur vélin). 30 »
   Pap. de Chine. 30 »

Nouveaux documents inédits ou peu connus sur Montaigne, recueillis et publiés par le Dr J.-F. Payen. In-8. de 68 pages, avec plusieurs *fac-simile*, gr. pap. vergé fort. 3 »
   Grand papier vélin, *fac-simile* sur papier du XVIe siècle. 6 »

Documents inédits sur Montaigne, recueillis et publiés par le Dr J.-F. Payen. N° 3. Ephémérides, lettres, et autres pièces autographes et inédites de Michel de Montaigne et de sa fille Eléonore. In-8. 3 »
   Tiré à 100 exemplaires.

Poésies françoises de J. G. Alione (d'Asti), composées de 1494 à 1520 ; avec une notice biographique et bibliographique par M. J.-C. Brunet. *Paris*, 1836, pet. in-8. goth. orné d'un *fac-simile*. 15 »

Proverbes basques, recueillis (et publiés avec une traduction française) par Arnauld Oihénart ; *Bordeaux*, 1847, in-8. 10 »

Recueil de réimpressions d'opuscules rares ou curieux relatifs à l'histoire des beaux-arts en France, publié par les soins de MM. T. Arnauldet, Paul Chéron, Anatole de Montaiglon. In-8. papier de Hollande (tirage à 100 exemplaires).
   I. Ludovicus Henricus Lomenius, Briennæ Comes, de pinacotheca sua. 1 »
   II. Vie de François Chauveau, graveur, et de ses deux

fils, Evrard, peintre, et René, sculpteur, par J.-M. Papillon. 3 50

RELATION des principaux événements de la vie de Salvaing de Boissieu, premier président en la chambre des comptes de Dauphiné, suivie d'une critique de sa généalogie, et précédée d'une Notice historique, par Alfred de Terrebasse. *Lyon*, imprim. de Louis Perrin, 1850, in-8. fig. 7 »

ROMAN DE MAHOMET, en vers, du XIIIe siècle, par Alex. du Pont, et livre de la loi au Sarrazin, en prose, du XIVe siècle, par Raymond Lulle; publiés pour la première fois, et accompagnés de notes, par MM. Reinaud et Francisque Michel. *Paris*, 1831, gr. in-8. pap. vél., avec deux *fac-simile* coloriés. 12 »

ROMAN DE LA VIOLETTE ou de Gérard de Nevers, en vers, du XIIIe siècle, par Gibert de Montreuil, publié pour la première fois par M. Francisque Michel. *Paris*, 1834, gr. in-8. pap. vél. avec trois *fac-simile* et six gravures entourées d'arabesques et tirées sur papier de Chine. 36 »
  Pap. de Chine. 60 »

ROMAN (LE) DE ROBERT LE DIABLE, en vers, du XIIIe siècle, publié pour la première fois par G.-S. Trebutien. *Paris*, 1837, pet. in-4. goth. à deux col., avec lettres tourneures et grav. en bois. 20 »
  Pap. de Holl. 30 »
  Pap. de Chine. 36 »

ROMAN DU SAINT-GRAAL, publié pour la première fois par Francisque Michel. *Bordeaux*, 1841, in-12. 4 »

ROMANS (LI) de Bauduin de Sebourc, IIIe roy de Jhérusalem, poème du XIVe siècle, publié pour la première fois (par M. L. Boca). *Valenciennes*, 1841, 2 vol. gr. in-8. br. 28 »

TABLE des auteurs et des prix d'adjudication, des livres composant la bibliothèque de M. le comte de La B*** (La Bédoyère). Gr. in-8. pap. vél. 2 50

Table des prix d'adjudication des livres composant la bibliothèque de M. L*** (Libri). *Paris*, 1847, in-8. 1 50

Table des prix d'adjudication des livres composant la bibliothèque de M. l. m. d. R. (du Roure). *Paris*, 1848, in-8. 1 25

Trésor des origines, ou dictionnaire grammatical raisonné de la langue française, par Ch. Pougens. *Paris*, imp. roy., 1819, in-4. 6 »
Pap. vél. 9 »

Publications de la Société des Bibliophiles françois.

Apparition (l') de Jehan de Meun, ou le Songe du prieur de Salon, par Honoré Bonet. *Paris*, 1845, in-4. fig. 22 »

Carrosses (les) à cinq sols, ou les Omnibus du XVIIe siècle (par M. de Monmerqué). *Paris*, 1828, in-12. 2 »

Jeux de cartes tarots et de cartes numérales du quatorzième au dix-huitième siècle, représentés en cent planches d'après les originaux, avec un précis historique et explicatif. *Paris*, 1844, pet. in-fol. Fig. noires. 72 »
Fig. color. 120 »

Ménagier (le) de Paris, traité de morale et d'économie domestique, composé vers 1393 par un bourgeois parisien. *Paris*, 1848, 2 vol. in-8. pap. fort. 22 »

Mélanges de littérature et d'histoire. *Paris*, impr. Crapelet, 1850, pet. in-8. de XXIII et 363 pages. 10 »

L'Heptameron des Nouvelles de Marguerite d'Angoulême, Reine de Navarre, nouvelle édition, publiée sur les manuscrits. 3 vol. pet. in-8. 36 »
Grand papier. 72 »

MANUEL
DE
L'AMATEUR D'ESTAMPES
PAR M. CH. LE BLANC

OUVRAGE DESTINÉ A FAIRE SUITE AU

Manuel du Libraire et de l'Amateur de Livres

PAR M. J.-CH. BRUNET

Conditions de la Publication.

Le *Manuel de l'Amateur d'Estampes* sera publié en 16 livraisons, composées chacune de dix feuilles, ou 160 pages gr. in-8, à deux colonnes, imprimées sur papier vergé, avec monogrammes intercalés dans le texte. Le prix de chaque livr. est fixé à 4 fr. 50 c.; il est tiré quelques exempl. sur *papier vélin* au prix de *huit francs* la livraison.

LES 7 PREMIÈRES LIVRAISONS (**A-Laan**) SONT EN VENTE.

La 8ᵉ livraison paraîtra le 15 février 1856, les suivantes dans un délai rapproché.

RECUEIL
DE
CHANSONS, SATIRES, ÉPIGRAMMES

Et autres poésies relatives à l'histoire des XVIᵉ, XVIIᵉ et XVIIIᵉ siècles

CONNU SOUS LE NOM DE

RECUEIL DE MAUREPAS

PUBLIÉ PAR M. ANATOLE DE MONTAIGLON

Ancien Élève de l'Ecole des Chartes
Membre résidant de la Société des Antiquaires de France.

Le **Recueil de Maurepas** sera publié en six forts volumes grand in-8° à 2 colonnes, imprimés sur beau papier vergé, en caractères neufs. Il paraîtra un volume tous les deux mois. Le prix est fixé à **25 fr.** par volume, ou **150 fr.** pour l'ouvrage complet. Chaque volume sera payé au moment de la livraison. Il ne sera tiré que 200 exemplaires. L'ouvrage sera mis sous presse aussitôt que cent exemplaires auront été souscrits. Les souscriptions sont reçues chez P. Jannet, éditeur, rue des Bons-Enfants, 28, à Paris.

4749.—Paris, imprimerie Guiraudet et Jouaust, 338, r. S.-Honoré.

www.ingramcontent.com/pod-product-compliance
Lightning Source LLC
Chambersburg PA
CBHW050312170426
43202CB00011B/1869